Jours de Provence

Ouvrages de Jean-Noël Pelen

La Vallée Longue en Cévennes : vie, traditions et proverbes du temps passé, Alès – Florac, Club Cévenol – Parc national des Cévennes, 1975.

Récits et contes populaires des Cévennes, Paris, Gallimard, 1978 (en collaboration).

Cançons popularas de las Cevenas, présentées et chantées par, disque 33t. et livret, Alès – Cavaillon, Club Cévenol – Sapem, 1980.

Le Temps cévenol. La Conscience d'une terre, Nîmes – Saint-Hippolyte-du-Fort, Sedilan – Espace Écrits, 1980-1988, 4 volumes (en collaboration).

L'Autrefois des Cévenols. Mémoire de la vie quotidienne dans les vallées cévenoles des Gardons, Aix-en-Provence, Edisud, 1987.

L'Homme et le taureau en Provence et Languedoc, Grenoble, Glénat, 1990 (en collaboration).

Les Voies de la parole. Ethnotextes et littérature orale, Aix-en-Provence – Mane, université de Provence – Alpes de Lumière, 1992 (en collaboration).

L'Image et le regard. Les Cévennes et la photographie (1870-1930), Montpellier, Presses du Languedoc, 1993 (en collaboration).

Le Gris et le bleu. Impressions des collines, Aureille, Clair de Terre, 1993 (illustrations de Joëlle Gay).

Le Conte populaire en Cévennes, Paris, Payot, 1994.

Récits de vie Payot

Laurent Merlo
Jean-Noël Pelen

Jours de Provence

Mémoire de la vie quotidienne
entre Crau et Alpilles

Carte exécutée par
Études et cartographie à Lille

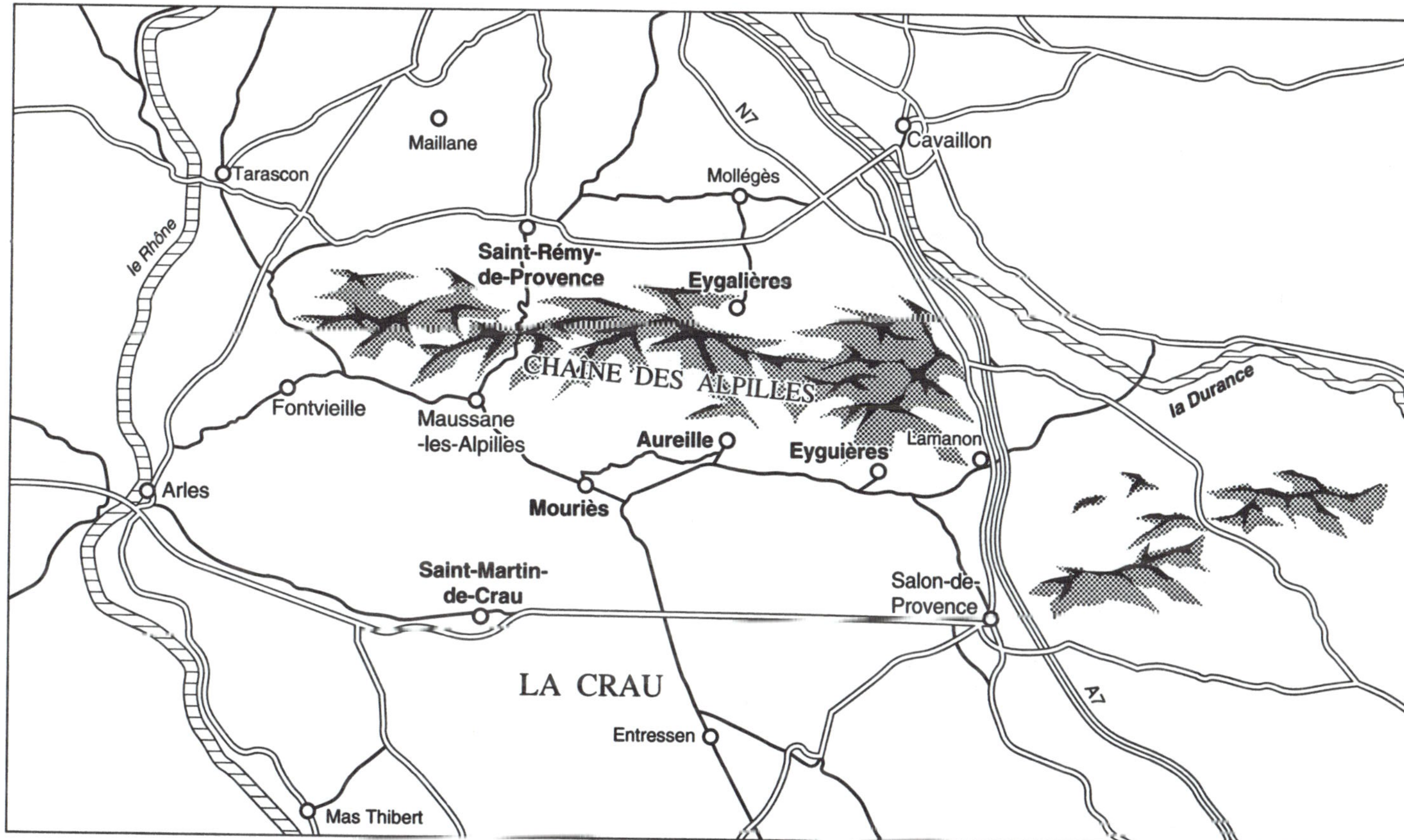
Maillane
Tarascon
Mollégès
Cavaillon
N7
le Rhône
Saint-Rémy-
de-Provence
Eygalières
CHAÎNE DES ALPILLES
la Durance
Fontvieille
Maussane
-les-Alpilles
Aureille
Eyguières
Lamanon
Arles
Mouriès
Saint-Martin-
de-Crau
Salon-de-
Provence
LA CRAU
A7
Entressen
Mas Thibert

À la mémoire de Frédéric

Avant-propos

Le village d'Aureille, dont parle ici Laurent Merlo, se situe au pied des Alpilles, au nord de la Crau, dans les Bouches-du-Rhône. C'est un village calme – comme bien des villages, mais à certains égards plus que d'autres –, qui avait quelque trois cent cinquante habitants lorsque Laurent y est arrivé en 1931, et qui en compte aujourd'hui treize cents. Un village de tradition agricole, jusqu'à un temps très récent, où les gens vivaient, comme l'on dit, de pas grand-chose : oliviers et amandiers dans les terrains secs, prés dans les terres irriguées de haute Crau, et un élevage ovin fort développé et ancien. Ceux des villages voisins disaient parfois qu'à Aureille les corneilles volaient sur le dos pour ne pas voir la misère, ainsi que l'on stigmatise fréquemment les régions pauvres. Aujourd'hui, ceux qui s'essaient encore aux activités anciennes en subsistent difficilement et le village, de plus en plus, plutôt que de vivre sur son terroir, travaille sur l'extérieur.

Les Alpilles forment une chaîne calcaire qui s'étend d'est en ouest sur environ vingt kilomètres. Elles ne sont pas hautes, culminant à 498 mètres à peine, mais abruptes, dessinant depuis de lointains horizons une barrière bleutée et déchiquetée, chantée par les poètes pour son caractère ensorcelé. En contraste avec elles, la Crau, pays des mas, créée par les anciennes divagations de la Durance, étend vers la mer sa platitude désertique et caillouteuse. Saint-

Martin-de-Crau, depuis quelques décennies, est la capitale de cette steppe, capitale des bergers avant tout. En basse Crau, proche du littoral, des zones marécageuses ont vu déambuler des manades de taureaux jusqu'au début des années soixante-dix, lorsque l'implantation du complexe industriel de Fos-sur-Mer « nécessita » leur éviction.

L'habitat des Alpilles est un habitat groupé, formant tout autour de la chaîne comme une couronne de villages. Au sud, les villages les plus proches d'Aureille sont ceux d'Eyguières à l'est et de Mouriès à l'ouest, tous deux situés à une égale distance de sept kilomètres. Pour des raisons difficiles à saisir, Aureille a toujours été plus tourné vers Mouriès que vers Eyguières, en toute chose, aussi bien pour aller chez le coiffeur que pour courir les fêtes. Ces attirances différenciées se retrouvaient au-delà de ces deux villages puisque les gens d'Aureille, autrefois, se sentaient beaucoup plus du « pays d'Arles », ville distante de trente kilomètres à l'ouest, au-delà de Mouriès, qu'ils ne se sentaient de Salon-de-Provence, située à l'est à moins de vingt kilomètres. Cette attirance vers Arles, cet amour d'Arles, presque, se reconnaît dans la passion des taureaux, le port du costume dit traditionnel, ou simplement pour aller au marché, aux foires, ou à l'hôpital quand il faut bien y aller... Elle se concrétise dans la représentativité de la culture locale attribuée au Museon Arlaten, musée de la Provence du pays d'Arles créé à la fin du siècle dernier par Frédéric Mistral. Quoiqu'ils se disent – et se disent encore pour la plupart – Provençaux, les Aureillois étaient plus proches en fait d'un certain Languedoc que de la Provence qui tire vers Aix ou Marseille.

Au nord d'Aureille, au nord des Alpilles, donc, se trouve le village d'Eygalières, plus touristique aujourd'hui et plus huppé, et, plus au nord encore, des villages comme Mollégès, Maillane – le village de Mistral –, ou, au nord-ouest, le bourg de Saint-Rémy-de-Provence. Mais on est déjà là, pratiquement, dans un autre pays, qui connaît des traditions spécifiques comme celle des courses et défilés de charrettes, pratiqués durant la belle saison en l'honneur de saint Roch et saint Éloi. De façon étonnante, cette tradition, si fortement revendiquée au nord de la chaîne comme définitoire, est presque méconnue au sud.

Lorsque j'étais enfant, dans les années cinquante-soixante, j'ai fréquemment emprunté, pour aller de Marseille dans les Cévennes, la route qui, d'Eyguières à Mouriès, passe par le piémont des Alpilles et frôle le village d'Aureille, qu'elle laisse à cinq cents mètres sur sa droite. Durant une dizaine de kilomètres, cette route est pratiquement rectiligne. Depuis Eyguières, elle s'élève lentement sur la lisière des Alpilles et de la Crau, dans un paysage jamais rompu d'oliviers, de pins et de chênes verts. Cette lente ascension, où l'on ne voyait âme qui vive, donnait l'impression d'atteindre un ailleurs hors du monde, une sorte de plateau vierge paré d'une verdure sèche écrasée de soleil. À hauteur d'Aureille, un panneau signalait le village ; mais celui-ci, tapi près de la barre des Alpilles, restait invisible derrière le manteau épais de la végétation. Cette invisibilité renforçait le sortilège du lieu. Je me disais alors que les gens de ce village avaient une chance extraordinaire d'habiter ce sanctuaire dense et silencieux, et je n'imaginais pas que, par le hasard de quelques trajectoires de vie, je serais amené, un jour, à y séjourner et à écrire sur lui.

Je connais Laurent Merlo depuis presque longtemps : 1976. La première fois que je suis vraiment venu dans son village, j'y avais été invité par un ami, et celui-ci me disait qu'Aureille restait un endroit de rêve : à la belle saison, on pouvait y entendre, la nuit, en promenant dans ses rues, les gens ronfler. Cela voulait dire qu'Aureille était encore d'un calme à percevoir les bruits paisibles d'une maison à l'autre, au-delà même d'une rue. Cela voulait dire aussi que ses habitants, les vieux tout au moins, y dormaient du sommeil des justes. Ils ne craignaient pas le qu'en-dira-t-on relatif au corps assoupi, et dormaient fenêtres ouvertes et contrevents entrecroisés. Ils avaient cette intelligente quiétude de n'avoir peur ni des voleurs ni des assassins, et ils avaient raison, car aucun ne fut égorgé, et tous profitèrent de la fraîcheur de la nuit.

À cette époque – 1976 – Aureille avait déjà grandi – six cents habitants environ –, mais les gens s'y sentaient, selon leur expression, comme dans une « grande famille ». La plupart vivaient sur le « pays », se déplaçaient peu, et l'interconnaissance était générale. Peu ou prou, chacun savait qui était le fils ou la fille de qui, démêlait les descendances, ascendances et alliances. À tel point que, lorsqu'on se rendait dans une maison, il était inconvenant de frapper avant d'entrer et d'attendre à la porte, car cette déférence aurait marqué trop de distance. Seul l'étranger au village faisait ainsi. De même ne se saluait-on pas tous les jours puisque – cela allait de soi – on ne se quittait pas d'un jour sur l'autre, on restait entre soi. Aujourd'hui, cette intimité villageoise a largement reculé, avec le doublement de la population en vingt ans, et surtout l'évolution du village au rythme de la société globale.

Lorsque j'ai rencontré Laurent Merlo, j'ai été immédiatement séduit par son ouverture peu commune. Ouvrier agricole, il avait lu la Bible et le Petit Livre rouge, sans faire son bréviaire ni son manifeste d'aucun, par simple curiosité intellectuelle et éclectisme. Par son histoire de vie, tant familiale que professionnelle, par ses passions, il pouvait s'entretenir – et aimait à le faire – d'à peu près tout ce qui concernait ce petit morceau de Provence, avec tout à la fois la précision et le recul que confère l'expérience bien assimilée. Je le voyais fréquemment dans l'unique café du village, où il jouait un rôle de galéjeur des plus appréciés. Il s'est tout de suite proposé de répondre à mon intérêt pour la vie du lieu, de me transmettre la connaissance qu'il avait de son passé récent comme de ses gens. Peut-être retrouvait-il en moi une part de lui-même, lui qui avait été à l'origine un immigré, décalage initial qui lui valut de devenir un « bon Provençal ». Et il se proposait de m'initier, de me conduire dans le chemin que lui-même avait parcouru. Peut-être ce livre est-il né là.

Plus concrètement, la matière de ce livre – la parole de Laurent Merlo – a été enregistrée de mars 1993 à novembre 1994, en une quinzaine d'entretiens totalisant une trentaine d'heures. C'est à la fois beaucoup et très peu, mais cette matière avait été nourrie de nos longues conversations antérieures. Notre projet, témoigner de la vie quotidienne entre Crau et Alpilles de 1930 à 1960 environ, au travers de l'histoire et du savoir d'un seul homme, était simple et ambitieux tout à la fois. S'il n'était pas « scientifique » au sens habituel du terme, il avait une visée descriptive précise, à partir d'une « ethnobiographie » qui ne devait pas se départir d'une certaine rigueur. Et, au bout du compte, l'intérêt d'un tel livre me paraît relever de plusieurs niveaux.

On y trouvera, finement traités – je peux dire cela puisque je ne suis pas le narrateur – les divers thèmes de la quotidienneté du pays : les travaux de l'olivier et du moulin, de l'amandier, des prairies de Crau et de l'élevage ovin, les jeux de l'enfance et les plaisirs de la chasse, la passion du taureau. Moins attendues étaient les descriptions du travail des charbonniers du bois et du traitement des résidus domestiques de la ville de Marseille, lequel s'opère en Crau, près du village d'Entressen. Laurent avait ces expériences peu communes et il nous a paru bon de les rapporter. Sur chacun de ces thèmes, on aurait pu être plus précis, de même qu'on aurait pu décliner un certain nombre de motifs secondaires, comme ceux de l'éducation ancienne des vers à soie, de la culture de la vigne et de la fabrication du vin...

Mais, somme toute, nous nous en sommes tenus aux éléments essentiels proposés par Laurent, qui fondent le sentiment de l'identité du lieu. De ce fait, le discours rapporté est significatif, tant par ses présences que par ses manques, et pourrait être analysé en tant que tel. C'est le discours d'un homme ayant connu une certaine époque et parcouru une trajectoire singulière, et qui égrène, dans les logiques de l'autobiographie et avec une philosophie nuancée sur les temps qui passent, les souvenirs qui lui paraissent le plus pertinents. Les femmes sont presque absentes de ce panorama – mais peut-on demander à un homme de témoigner de la place des femmes? –, de même que l'histoire événementielle du village, hors le vécu ancien du progrès technologique. L'évolution récente, avec le développement des lotissements, apparaît très peu, comme si la mémoire s'ancrait dans un en-deçà qui serait seul véridique.

De ce double point de vue, le témoignage de Laurent Merlo apporte à la connaissance ethnologique de cette partie de la Provence, tant par les descriptions techniques ou anecdotiques que par le choix des thèmes et les représentations mises en œuvre. Si ce n'est l'objet de l'analyser ici, le lecteur soucieux de mettre en perspective ce témoignage pourra se reporter à la bibliographie d'orientation donnée en fin d'ouvrage.

Une des questions qu'en tant qu'ethnologue je me suis souvent posée est celle de la représentativité et du poids de la mémoire d'un homme. Que vaut et que pèse, en quelque sorte, la mémoire d'un homme? Jusqu'où pourrait-on l'interroger de façon pertinente? Que représentent ainsi les pages de ce livre? En ce qui concerne Laurent, il est clair qu'elles sont loin de réunir tout son bagage, qu'il s'agisse de ses savoirs techniques, de ses souvenirs du quotidien, de son vécu plus personnel ou de son ample mémoire d'anecdotes. On aurait aisément pu tripler le volume retenu et la même question, probablement, se serait reposée. Il aurait fallu alors – il faudrait – interroger les dynamiques construisant ce discours, entre la représentation de soi pour soi, la représentation que le narrateur a de la communauté dont il parle et dont il est, momentanément au moins, le porte-parole, et la représentation qu'il a des attentes de son interlocuteur, tout cela étant placé dans une négociation de l'histoire, du changement, tant individuelle que collective. Cette tentation monographique m'a souvent effleuré et, quoique peu d'auteurs s'y soient vraiment essayés, en répondant aux questions posées, je la signale parce qu'elle a été, pour une part, à l'origine de ce travail, quand bien même je n'en ai pas mené la prospection à son terme.

Une autre dimension est ici présente en filigrane, celle de la place de l'ethnologue face à la culture qu'il étudie. Je me suis souvent demandé quelle devait être cette juste place, entre les parts d'observation, d'interrogation, de description et d'interprétation, entre la distance nécessaire à la clarté du regard et l'inévitable implication qu'entraîne, même par devers soi, la présence sur le terrain, entre le mandat scientifique et la responsabilité que donne le fait de parler d'une culture. J'avoue m'être fréquemment heurté à l'impossibilité de répondre simplement. Dans ce livre, et quoique j'aie nécessairement construit par mes questions et mes propres représentations le témoignage de Laurent, j'ai goûté au plaisir de pouvoir partiellement m'effacer – une fois n'est pas coutume –, de n'être que transcripteur et non traducteur, ne laissant d'abord émerger, hors cet avant-propos, que le seul regard intérieur sur la culture décrite.

Le discours de Laurent Merlo, effectivement, a été peu retravaillé. Je me suis contenté d'en gommer les éléments qui relevaient trop du français parlé – tout en gardant dans l'ensemble le style de l'oral et le vocabulaire régional – et de restructurer légèrement le texte lorsque mes questions avaient provoqué des retours en arrière. Mais je n'ai pas ajouté un mot – mes interventions apparaissent en notes – ni supprimé, pratiquement, aucune information. Le texte remanié a été soumis dans sa totalité à Laurent, qui a donné son accord aux retouches et en a proposé d'autres[1].

Ce livre, enfin, n'a pas de vocation identitaire ni touristique. Il est là pour connaître et reconnaître l'existence et la légitimité d'un lieu, mais cela eût pu être, par le hasard de la vie et des rencontres, tout autre lieu, celui d'à côté comme un plus lointain. Tout lieu, comme toute naissance, a sa légitimité. Il est vrai que l'on est toujours de quelque part – puisqu'il faut bien naître au monde –, et l'on peut trouver sa raison en cela, mais on eût pu être aussi d'à côté et y trouver

1. L'original des enregistrements a été déposé à la phonothèque de l'unité mixte de recherche Telemme, à l'université de Provence, unité du CNRS dans laquelle je travaille.

pareillement son bonheur. Chaque lieu – ou chaque culture – a sa part d'absolu et de relatif, et peut-être n'a-t-il celle-ci que parce qu'il a celle-là. La part d'absolu relève d'une sorte de logique interne, respectable en tant que telle. À titre d'exemple, l'amour ici énoncé des traditions taurines a plus de valeur et de vérité que la critique qui en est faite depuis l'extérieur, n'y voyant que « cruauté », dans une lecture dont le manque de perspicacité et de réelle générosité est surprenant. La part relative est que cette logique interne, cette évidence culturelle, n'a pas forcément de vocation universelle hors l'universalité qu'elle se donne pour elle-même. À ce double titre, le sens de ce livre est dans une démarche, non dans une élection.

Lorsqu'on se promène dans les vieilles rues du village, on peut être ainsi émerveillé, à regarder les façades des maisons anciennes, par ce que Roger Caillois relevait dans la fascination que procurent les pierres, cette conjonction en elles de l'impérissable – le fait qu'ayant traversé le passé elles semblent devoir franchir le futur – et du déjà péri – la mort irrémédiable des temps achevés. À contempler le village, à le voir dans son écrin de nature, blotti au pied des ruines de son château médiéval, on peut s'étonner à nouveau de cette conjonction des temps en lui, comme de la conjonction harmonieuse de la nature et de l'humain. Mais pour peu que l'on s'en éloigne, on s'aperçoit que cela est vrai de tout site, et peut être retrouvé et admiré pourvu que l'on ait quelque propension à admirer les choses.

Où est, d'ailleurs, le vrai village? Est-il dans les pierres patinées d'histoire endormie, dans les oratoires dressés aux quatre horizons comme les gardiens d'une magie authentique mais figée, ou dans les lotissements qui, crevant le présent en mitant le terroir alentour, ont agrandi le partage du lieu et tissent une histoire en devenir? Qui peut dire quel espace, en dehors des rêves qu'il nous donne, a plus de vérité qu'un autre? Et qui peut juger de la justesse des rêves?

Aureille pourrait apparaître encore, à bien des égards,

comme un lieu privilégié à nul autre pareil. Il y a en lui un équilibre presque vertigineux, quand on l'observe de loin, inscrit dans son territoire. Adossé à la verticalité grise et bleutée des collines, il fait face à l'immense platitude de la Crau comme s'il était lui-même l'épicentre de cette composition étonnante. Lorsque le mistral souffle, comme cela arrive souvent, le ciel est d'un bleu presque cruel, et cette immensité lisse renvoie à l'immensité bleue de la mer, qu'on devine au lointain depuis les crêtes des collines. De quel autre équilibre plus puissant peut-on rêver ? Comment relativiser une telle magie ?

C'est que le ciel et la mer sont si vastes que ce sentiment de perfection ne tient pas au lieu depuis lequel on les scrute mais à eux-mêmes ou à l'imperfection du regard. Il suffit de déplacer le regard pour que cette fascination subie devienne tout à coup relative, sans pour autant entamer le sens de l'équilibre perçu : le plaisir de voir le monde. On peut alors rester, car on le voit de tout point, ou au contraire partir, car seule la quête a du sens. Ainsi peut entrer dans le livre autant celui qui connaît le village, pour le bonheur possible de s'y retrouver, que celui qui ne le connaît pas, pour le possible bonheur de se trouver.

Jean-Noël Pelen

Préliminaire

Les Alpilles, c'est le royaume du romarin. J'avais un vieux voisin, jusqu'aux dernières années qu'il a vécues, pour peu qu'il arrive encore à se traîner, dès qu'il faisait un peu de soleil, quand il avait mangé à midi, il partait, il allait faire sa sieste dans la colline. Le premier romarin venu, il se couchait là, la casquette sur les yeux, puis il faisait sa sieste, et il prétendait que c'était mieux que dans son lit. Et si on me demandait quelles sont les limites de la Provence, je crois que c'est cela, en fait, que je dirais : la Provence, c'est tant qu'il y a du romarin.

Moi, je n'y suis pas né, dans les Alpilles, mais je les aime trop. Il y a des gens qui y sont nés mais qui ne les défendent pas assez, qui n'y sont pas assez attachés, peut-être parce qu'ils ne se rendent pas compte de la chance qu'ils ont d'avoir ce paysage sous leurs yeux. D'ailleurs, il est possible que je sois devenu un bon Provençal à cause de mes origines, parce que je suis né en Italie. Et aujourd'hui, on me vexerait si on me disait que je ne suis pas Aureillois.

Je suis arrivé à Aureille au mois de mars 1931. J'avais presque trois ans, puisque j'ai eu trois ans au mois de juin. Je suis né en 1928. J'arrivais du Piémont, du côté de Turin, un pays que je connais très peu, je n'y suis allé que deux fois depuis. Ainsi, en 1931 je suis devenu Aureillois. Je ne savais parler, à ce moment-là, que le patois du Piémont. Quoique né en Italie, je n'ai jamais su parler l'italien. Je suis arrivé à

Aureille et j'ai appris à parler le provençal, parce qu'à cette époque-là on ne commençait à parler le français que quand on allait à l'école. Et on n'allait à l'école qu'assez tard, c'est-à-dire à cinq ou six ans. Je ne me souviens pas qu'il y ait eu de maternelle à Aureille quand j'étais tout petit.

Je suis allé à l'école jusqu'à treize ans, et à treize ans : au boulot! Mon premier boulot, ça a été de faire le bûcheron et les charbonnières. Les charbonnières, je connaissais parce que je crois que quand je suis arrivé à Aureille mon père m'y menait déjà. Je couchais déjà dans la colline auprès des charbonnières, je n'y participais pas mais je savais comment on travaillait. À treize ans j'ai quitté l'école et j'ai commencé à travailler. J'ai fait ce même travail du charbon de bois jusqu'à vingt ans, jusqu'à mon service militaire, en 1948. Puis, après un an de service militaire, en 1949, la mode avait beaucoup changé. Beaucoup de gens avaient démoli leur cheminée, on utilisait beaucoup de charbon, mais c'était plus le charbon de bois, c'était celui qui venait des mines. Le commerce du bois alors n'était plus tellement rentable. Par la suite, j'ai eu trois frères, et insensiblement mon père a fini par abandonner ce métier.

Quand je me suis marié en 1953, j'avais vingt-cinq ans et je suis parti de la maison. Mon père était devenu paysan. Il avait acheté des oliviers, il avait abandonné complètement son travail de bûcheron. Durant ce temps, avec mon père, j'avais commencé à connaître le travail de l'olivier, puisqu'il avait acheté quelques vergers. C'était l'époque où le fameux melon de Cavaillon, qui est réputé dans l'Europe ou dans le monde, je ne sais pas, commençait à venir dans la Crau. On commençait à faire du melon dans la Crau, pas mal, alors qu'avant on ne connaissait pratiquement pas. On ne parlait pas encore de serres, à ce moment-là, ni de vitrages. On s'était aperçus que, dans la Crau, on avait un avantage sur les agriculteurs des bords de la Durance, au nord des Alpilles, vers Cavaillon, c'est que pour le melon, en pleine nature, on était plus précoces qu'eux. Le climat étant beaucoup plus sec au sud des Alpilles, on craignait moins les gelées blanches de printemps. Alors tout le monde se mettait à faire des melons et on en avait fait un peu. Je travaillais avec mon père dans ce genre d'agriculture. C'est là que j'ai appris à travailler l'olivier et, par la suite, c'est un arbre que j'ai toujours plus ou moins travaillé et aimé.

Dans les années avant mon service militaire, pendant trois ans j'ai fait trois saisons dans le moulin à huile du village. C'était l'époque où je faisais le bûcheron, mais exceptionnellement j'avais fait trois campagnes au moulin. Quand je me suis marié, en 53, je suis allé travailler dans un mas, à Eyguières, et là j'ai appris ce qu'était le travail du fourrage. Parce que du fourrage, on en rentrait un peu, nous, on en rentrait assez pour faire manger notre mulet, quelques petites charrettes, mais c'est tout. Là, j'ai commencé à savoir ce que c'était le foin, parce qu'il y avait quand même une centaine d'hectares de prés et il y avait encore les chevaux.

Les tracteurs, il commençait à y en avoir, mais peu. J'étais ouvrier agricole. On ne faisait pratiquement que le travail du foin. On rentrait le foin à la main. Les tracteurs commençaient à arriver, mais les presses à fourrage sur le pré, comme on fait actuellement, ne sont venues qu'un peu plus tard. On rentrait encore le foin en vrac, on faisait des meules dans les hangars. Là je suis resté cinq ans, à La Jasse, près de l'aéroport d'Eyguières. J'habitais au mas avec ma femme. Elle travaillait là aussi. Il y avait beaucoup de personnel. Pour une centaine d'hectares de prairie qu'il y avait, on se retrouvait facilement une vingtaine à travailler en été, pour rentrer les foins. Pour moi ça n'était pas pénible, mais c'était un travail pénible pour ma femme. C'était bien payé mais c'était pénible pour elle. À ce moment-là, on a eu une fille.

En 59, je suis revenu habiter à Aureille, et je suis venu travailler chez Louis Arlot, qui cherchait quelqu'un pour mener le travail dans sa propriété. J'ai passé la majeure partie de mon temps à travailler là. J'ai travaillé là pendant dix-neuf ans, jusqu'en 1978. C'était sensiblement la même chose qu'à La Jasse, mais il y avait beaucoup plus d'oliviers que de prés. La propriété avait des prés au nord de La Tapie, un mas qui est au sud de la commune, et puis énormément d'oliviers au pied des Alpilles et en haute Crau, ainsi que le moulin à huile où j'avais travaillé déjà, mais qui ne servait plus comme moulin. On avait vendu l'ancien moulin avec les presses, et les oliviers en étaient au stade de la repousse, ils étaient tout petits puisqu'ils avaient gelé en 56. On les travaillait mais ils ne donnaient rien.

Je n'étais plus ouvrier agricole. On appelait ça un *baile,* ce qui dans une entreprise correspond à un contremaître. Je dirigeais la propriété, en quelque sorte. Il y avait un Espagnol qui a travaillé là pendant quelque temps. L'été, il nous fallait un peu de monde pour les foins. Par la suite on embauchait pas mal de personnel temporaire, puisque pendant deux ans on a eu à nouveau le moulin et puis la cueillette des olives qui allait en augmentant au fur et à mesure que les oliviers repoussaient. Mais il y avait déjà eu beaucoup de progrès dans le travail. Il n'y avait déjà plus les chevaux, on avait le tracteur, ça avait déjà avancé beaucoup. Des amandiers, il ne restait plus qu'une plantation qui était aux trois quarts morte, même davantage. Il n'y avait que quelques amandiers, et ça devenait difficile, ça se vendait mal, l'amandier en était à sa fin. C'était plus rien.

Alors on a commencé à vraiment retravailler les oliviers pendant quelques années, jusqu'à ce que ça produise. Et en 63, on a commencé à cueillir des olives pour pouvoir faire fonctionner le moulin, un nouveau moulin que le fermier précédent avait fait installer. Là, j'ai fait deux autres campagnes de moulin, et puis on a abandonné complètement le moulin, parce que celui qu'on avait n'était pas valable, il aurait fallu en trouver encore un autre. Mon patron, Louis Arlot, avait plusieurs propriétés, et de toutes les propriétés qu'il avait je crois que celle où j'étais était la moins rentable. Parce qu'on travaillait beaucoup d'oliviers, mais ils produisaient quand même peu puisqu'ils avaient gelé. Puis l'huile ne se vendait pas tellement... Les gens s'étaient habitués aux huiles qui venaient d'Afrique du Nord ou de Grèce...

En 1978, la plantation d'amandiers on l'avait arrachée, c'était plus la peine de ramasser, il n'y avait plus rien. Les oliviers commençaient à bien produire, mais ça n'était pas bien brillant. L'huile d'olive, les acheteurs la trouvaient chère proportionnellement aux autres huiles. C'est d'ailleurs toujours vrai. Et on en était venu à un moment où pour le patron, ça n'était plus tellement rentable. On avait eu deux solutions : j'aurais pu me charger de la propriété, c'est moi qui dirigeais cette propriété depuis dix-neuf ans, j'aurais pu devenir fermier et le patron, à ce moment-là, ne plus s'occuper de rien. Mais ça impliquait beaucoup de choses : avoir du souci, se munir de matériel... J'ai préféré abandonner. On s'est séparés, tout s'est très bien passé.

Un jour, je lui ai dit que je cherchais du travail ailleurs. Il m'a dit : « Si vous voulez. » Et voilà, ça s'est passé comme ça : je suis devenu fonctionnaire. Je suis allé travailler pour la Ville de Marseille à la décharge d'ordures ménagères d'Entressen, dans la Crau. J'ai travaillé encore dix ans, en tant que conducteur d'engins. J'avais du temps de libre : il faut reconnaître que j'en avais plus en étant fonctionnaire que quand je travaillais dans l'agriculture. Alors là, j'ai consacré un peu plus de mes loisirs aux taureaux et aux chevaux. Jusqu'en 87.

En 87 j'ai commencé à avoir des ennuis cardio-vasculaires, j'ai décrété que j'étais malade et je n'ai plus travaillé. Ce sont les toubibs qui l'ont dit, mais enfin, j'aurais pu reprendre mon travail. Mais j'avais l'âge de la retraite et je ne voulais pas aller plus loin. Comme la retraite, on est jamais sûr d'en profiter longtemps, je me suis dit qu'il valait autant la prendre de suite...

Peut-être c'est pour ça que j'ai le temps de raconter un peu de mon histoire, et de ce que je sais... J'ai passé pratiquement toute ma vie à Aureille, surtout dans l'agriculture, à travailler et à m'intéresser à tout ce qui a fait la vie de mon village – la vie ancienne, j'entends. J'y ai été petit, plus tard j'y ai été amateur de taureaux, et un peu chasseur, pour le plaisir surtout d'être avec les collègues. Je m'y suis élevé, j'y ai grandi, j'y ai vieilli. Et je peux te raconter ça. Un bout d'histoire, on peut dire, entre la Crau et les Alpilles. Et je le fais pour ça : parce que j'aime ce village où j'ai vécu, et où je compte vivre encore un peu si c'est possible et finir ma vie parmi les oliviers et le romarin.

Grandir au village

Je suis né en Italie, mais j'aurais pu naître à Aureille. Quand je suis né, mon père connaissait et habitait Aureille depuis au moins cinq ou six ans. Il est venu à Aureille à dix-neuf ans. Il était travailleur saisonnier et retournait régulièrement chez lui, puis il a fini par se marier. Quand il s'est marié, ma mère est restée encore quelques années en Italie, et lui venait travailler ici puis retournait là-bas, jusqu'à ce qu'il puisse nous emmener et rester. Ce qui fait que moi, ma foi, je suis Aureillois. Je me considère comme Aureillois!

Avant Aureille, je ne me souviens de rien. Je devais être trop petit. Et je me souviens parfaitement de quand je suis arrivé, surtout de mon voisin. Je ne connaissais personne dans le village, on était étrangers, j'arrivais du Piémont. Mes parents connaissaient mais moi, je ne connaissais pas. Je me suis fait des camarades dans les années qui ont suivi, assez vite, je me suis assez bien intégré au village puisque j'y suis toujours et je l'aime bien. Mais enfin, à ce moment-là, je ne connaissais rien. Et la première chose dont je me souvienne, c'est de mon voisin Achille.

J'allais chez lui parce que c'était notre voisin, c'était la personne qu'on voyait le plus souvent. Puis il avait des animaux, j'aimais déjà ça. Il avait son âne, il élevait des lapins... Et c'est un homme que je n'ai jamais perdu de vue jusqu'à ce qu'on l'enterre. Ça a toujours été, pour moi, quelqu'un de formidable. Il passait pour un peu original – il l'était d'ailleurs. Mais c'est lui qui m'a appris à aimer la Provence, les oliviers, les courses de taureaux. Je me souviens que j'étais tout petit, il avait une vigne, il faisait son vin, j'allais déjà lui aider à faire son vin. C'était un vrai Provençal. C'est difficile à dire, ce qu'est un vrai Provençal, mais enfin lui, pour moi, c'était le vrai. Un peu cabochard, mais peut-être que ça fait partie du Provençal...

Être un vrai Provençal, à ce moment-là, c'était d'abord savoir vivre de peu. On entend dire maintenant qu'autrefois on travaillait beaucoup. En fait, on vivait largement! Ceux qui avaient des oliviers, par exemple, vivaient largement avec leurs oliviers, alors que maintenant ce n'est plus vrai. Mais il faut dire aussi qu'on savait vivre de peu, et on s'en contentait. On dépensait très peu. Les pantalons usagés, on ne les jetait pas, on les rapiéçait. Alors c'était peut-être ça. Enfin, mon premier souvenir c'est lui, et je l'ai toujours beaucoup aimé, cet homme. Je suis toujours resté en contact avec lui, même quelques années avant qu'il meure. Puisque je n'ai jamais quitté le village, je l'ai toujours vu.

Après, par la suite bien sûr, ça n'a pas duré longtemps pour se faire des amis. Quand on est petit, on commence à promener dans le village, on trouve des copains et voilà. Puis on grandit un peu. À ce moment-là on rentrait à l'école assez tard. On rentrait à l'âge de six ans, pas avant. Avant d'entrer à l'école, on savait déjà faire des mauvais tours. On savait dénicher les pies, les nids de pies.

Dénicher des nids de pies, il y avait le plaisir de dénicher; mais surtout il y avait le côté financier pour nous. Parce que c'était bien avant la dernière guerre et quand on était gosses, des sous, on n'en avait pas trop. On ne parlait pas d'argent, à ce moment-là, on ne savait pas ce que ça voulait dire, on l'a su quand on est allés à l'école. Pour nous, c'était « des sous ». Les sociétés de chasse donnaient une prime pour détruire les pies, alors quand on dénichait un nid de pies, on les tuait, on les étranglait, on leur coupait les pattes et on apportait les pattes à la mairie. Et ça nous faisait un peu de sous. On apportait les œufs, aussi, mais c'était moins payé, puis c'était plus compliqué à ramasser parce qu'on partait en bande, assez réduite parce qu'il ne fallait pas être trop nombreux. Plus l'équipe était grande, plus c'était difficile pour partager.

Elles nichaient dans les peupliers, dans les haies de cyprès, même pas loin des maisons, des fois. Il y avait plusieurs bandes qui ramassaient des nids de pies et quand on trouvait un nid assez loin du village, assez retiré, on se disait : « Celui-là, personne ne nous le prendra. » Alors, s'il n'y avait que quelques œufs, on attendait qu'il y en ait d'autres puis qu'ils aient éclos, qu'ils soient un peu grands pour avoir les « agassons », c'est-à-dire les jeunes pies. Mais si c'était dans un endroit trop près du village, un endroit trop visible, à ce moment-là on ne cherchait pas à comprendre, on mettait les œufs dans la poche et, des fois, en descendant de l'arbre, on en cassait quelques-uns, alors il y avait du déchet. Les agassons, comme on était toujours plusieurs, il n'y avait qu'à les jeter par terre, celui qui était en bas les ramassait. Alors que les œufs, on ne pouvait pas les jeter, il fallait les mettre dans la poche et, selon comment on les descendait, quand on arrivait en bas il y avait une omelette. Et puis on nous les payait un peu moins. Je ne me souviens pas des prix, c'était pas grand-chose mais, pour nous, c'était énorme.

Je ne sais pas combien on en attrapait, on ne tenait pas des comptes, mais il y en avait beaucoup plus que maintenant. Il y avait de tout à manger autour du village. Il y avait quelques vignes que maintenant il n'y en a plus, il y avait des amandiers, il y avait surtout des amandes très très tendres et elles aimaient ça. Il y avait quelques champs de blé. On n'en fait plus maintenant, ou presque pas. À part quelques grands mas de Crau, les céréales, on ne sait plus ce que c'est. Il y en a même qui, dans leurs oliviers, semaient quelques petites rangées de pois chiches, des légumes qui poussent au printemps et qui n'ont pas besoin d'être arrosés, parce que c'est sec. Et puis peut-être que les sociétés de chasse les détruisaient moins, et qu'elles avaient plus d'espace du fait qu'il y avait moins de maisons, les lotissements qu'il y a aujourd'hui n'étaient pas encore construits. Oh moi ! Il a dû m'arriver de faire une cinquantaine de pies dans l'année. C'est des chiffres un peu en l'air. On ne tenait pas les comptes, sauf pour les sous, c'était intéressant. Ça nous servait pour acheter des bonbons, pour acheter des clous, pour fabriquer des carrioles.

Le meilleur endroit, c'était la Crau. Avant qu'il y ait des plantations comme aujourd'hui, quand il y avait encore beaucoup de Crau sauvage et qu'il restait quelques amandiers ou quelques arbres épineux, on voyait les pies se poser de loin. Là où elles se posaient, automatiquement il y avait un nid. On partait d'Aureille, on allait jusqu'à la nationale 113, en bas. Ça représente quinze kilomètres presque, aller-retour.

Depuis ces dernières années, il y a beaucoup de choses qui ont changé. Les pies étaient classées comme nuisibles, et je crois que c'est fini, cette histoire, on ne doit plus les tuer. Les gardes fédéraux ne les empoisonnent plus comme ils faisaient. Au printemps, pendant une période déterminée, les gardes de la Fédération de chasse empoisonnaient les pies et les corneilles. Les gens étaient informés, alors il n'y avait pas tellement de risques. Il y avait des risques pour les chiens qui allaient promener. Il y a encore quelques minots, je pense, qui ont le courage d'aller dénicher les pies.

Pendant la guerre, j'en ai mangé. Les vieilles étaient dures, mais les jeunes qu'on prenait au nid, on attendait qu'elles soient à la limite de s'envoler pour qu'elles soient bonnes. Il fallait les écorcher, pas les plumer. On les écorchait comme un lapin et, ma foi, c'était pendant la guerre, alors il y a des choses qu'on trouvait bonnes que peut-être on trouverait moins bonnes maintenant, mais c'était mangeable. Beaucoup de gens, dans le village, mangeaient des agassons. Des corneilles, par contre, je n'en ai jamais mangé. C'était plus difficile à dénicher. Il fallait monter sur les vieux peupliers, elles nichaient dans les trous ou alors dans les rochers, sur le Castellas[1], mais pour monter, grimper dans ces murs, c'était pas bien commode. Les corneilles étaient payées comme les pies. On dit que, pour cuire les pies, il fallait mettre un galet de Crau avec, il y en a qui allaient jusqu'à dire la clé à molette, et quand le galet ou la clé était cuit, la pie l'était aussi. Ça devait être vrai si elles étaient vieilles, mais c'était exagéré. C'est sûr que ça devait être dur. Mais les agassons, c'était mangeable.

Les clous, on avait un endroit particulier pour les acheter. Il y avait trois épiceries dans le village, et il y en a une qui faisait un peu droguerie. La bonne femme était âgée, elle ne vendait plus grand-chose. Elle avait des clous, mais elle vendait aussi des bonbons, des bricoles. Je me souviens même qu'on n'était pas tellement réguliers, des fois. Quand on voulait des clous, on y allait plusieurs et on savait que les clous – dans les vieilles boutiques, il y a le magasin, puis il y a une arrière-boutique –, on savait que les clous il fallait aller les chercher tout au fond. Alors on lui demandait des clous, pas beaucoup, et pendant qu'elle allait les chercher on se servait un peu en bonbons, en caramels, pas beaucoup non plus parce qu'on n'allait pas emporter tout le magasin! Enfin on chapardait comme ça. On évitait de le dire aux parents quand même, parce que c'était grave, plus grave que maintenant. On ne s'en vantait pas. Maintenant, je crois que les enfants ne le font plus...

Et puis on allait à l'école... Une fois entrés à l'école, le jeudi et le dimanche d'abord, puis les vacances, on trouvait toujours de quoi s'occuper. Ne parlons pas de travailler, mais aller aider à faire les tas de foin par exemple. On nous embauchait pour faire des choses comme ça : « Allez les minots! » Même si on ne faisait pas grand-chose, ça avait un avantage pour les parents, c'est qu'ils nous avaient sous les yeux. On allait cueillir les amandes, il n'y avait qu'à les ramasser par terre. Les petits pouvaient le faire, ça. Et le reste du temps, on chapardait, on faisait des carrioles. Là, on allait chercher des clous.

1. Château médiéval dont les ruines dominent le village d'Aureille.

On se débrouillait de trouver des planches, des roulements à bille. C'était ça, le plus difficile à trouver. Ou alors une vieille voiture d'enfant qu'on avait jetée... Mais il fallait beaucoup chercher. Maintenant, dans les décharges publiques, on en trouve tant qu'on veut. Les voitures d'enfants faisaient très bien. Le châssis était fait, il n'y avait qu'à mettre des planches dessus et ça faisait une carriole. On se poussait là-dessus, ça allait bien. Seulement, quand les gens les jetaient, la plupart du temps elles avaient servi pour un petit, puis pour son frère, puis s'il avait trois ou quatre frères, ça avait servi pour tous les quatre, et si elle tenait debout on la prêtait peut-être après encore à quelqu'un. Ce qui fait que, quand on la jetait, les roues commençaient à être voilées. On n'avait pas la chance de maintenant. Pour nous, ça aurait été des Mercedes, ce qu'on voit jeter aujourd'hui.

Ici, à Aureille, c'était pas compliqué, il fallait partir du côté des Alpilles. En montant on poussait la carriole, puis en descendant ça descendait tout seul. On s'arrangeait pour faire une direction, on arrivait plus ou moins à la diriger, et quand on n'y arrivait pas on se retrouvait dans le fossé, ça n'était pas grave. On arrivait un peu écorchés. Il y a beaucoup de routes qui ont été goudronnées depuis, mais par exemple les routes d'Aureille à Eygalières, à Eyguières et à Mouriès, les trois routes principales qui relient le village aux villages voisins, étaient goudronnées. Bien entendu, il n'y avait peut-être pas les mêmes revêtements que maintenant, ça a été refait depuis, mais c'était goudronné, ça n'était plus des chemins, on pouvait rouler.

À la saison des fruits, on connaissait tous les arbres de la région, les treilles. On savait à quelle époque telle treille allait mûrir, alors on disait : « Qu'est-ce qu'on fait aujourd'hui ? – On va bouffer du raisin chez Untel ! » On attendait que le gars soit parti faire des courses ou travailler, qu'il n'y ait personne à la maison, et on allait faire une ventrée de raisins, histoire de chaparder quelque chose. Qu'est-ce qu'il fallait faire ? On chapardait les raisins, les cerises très peu parce qu'il fallait aller loin. On connaissait quelques cerisiers autour du village, mais les quelques-uns qui en avaient ne s'y intéressaient pas, ils n'arrivaient pas à manger une cerise mûre. On les avait bouffées avant qu'elles aient mûri.

Mais ici, pour les cerisiers, c'est trop sec. Les cerisiers demandent des terrains plus humides. J'en connais un, au vallon des Pins, qui était déjà vieux, je l'ai revu encore il y a quelques années, il arrivait encore à faire quelques cerises. Celui-là n'était pas loin, sur la route d'Eygalières. Sinon, pour chaparder des cerises, il fallait aller dans les terrains qui sont à l'arrosage, ça faisait un peu loin. Mais les amandes, les figues, les raisins, il n'y avait pas de problème, il y en avait tout autour du village. Des grenadiers, il y en avait beaucoup aussi autour des maisons.

Il y avait beaucoup de figuiers à cette époque. On ramassait les figues, et je me souviens qu'on les faisait sécher. Maintenant les figues sèches s'achètent à l'épicerie. Je connaissais un vieux qui devait manger des figues au moins quatre ou cinq jours par semaine. Il ne faisait que ça au moment des figues. Il cueillait des figues, il les faisait sécher sur des claies, une fois bien sèches il les saupoudrait d'un peu de sucre, pas beaucoup, et d'un peu de farine. Il empilait ça dans des boîtes et ça se conservait. Pendant le moment des figues, il les mangeait fraîches, puis il en faisait un peu sécher pour l'hiver.

D'ailleurs, les maisons du village, à ce moment-là, ça n'était pas du tout comme maintenant. S'il y avait un arbre dans la cour, c'était un arbre qui portait des fruits. Il y avait des grenadiers, des jujubiers, une treille, un figuier, un amandier, un mûrier, quoique les mûres, c'est pas fameux. Ces mûriers devaient rester de quand on faisait les vers à soie. Il y avait beaucoup de figuiers dans les cours, et beaucoup de choses qu'on ne voit plus. Parce que de cette époque à nos jours, beaucoup de vieilles maisons se sont démolies, on a refait des neuves, puis le village a grandi. On a bâti énormément de maisons. Mais ce n'est pas la même chose : il y a une pelouse devant, il y a de la verdure, il y a des arbres, mais c'est pour l'agrément. On fait des haies de troènes, ou de je ne sais quoi. Avant, on pensait plutôt à ce qui se mangeait. Aujourd'hui, tout ce qu'on plante autour des maisons, la plupart du temps c'est pour faire joli. C'est joli, il ne faut pas dire le contraire...

Mais, bon, les petits s'en foutent maintenant, parce qu'ils ne sont pas comme nous, ils n'ont pas besoin d'aller chaparder pour s'occuper. Ils ont la télévision, on ne l'avait pas. Tout petits, ils ont déjà des bicyclettes. Ils ne savent pas s'y tenir dessus qu'ils ont déjà des bicyclettes. Et nous... Moi, ma première bicyclette, mon père me l'avait achetée d'occasion, j'avais treize ans, et encore c'était parce que j'avais quitté l'école, c'était pour pouvoir aller travailler. Ils ont tout un tas de choses. Le chapardage, ça n'existe plus, de la façon dont on le pratiquait nous ! Ils ont droit d'entrer au café, aller jouer à toutes ces boîtes qu'on manipule, Baby-foot et je ne sais pas comment on appelle tout ça, flippers, trucs qui s'allument... Primo, de ces trucs-là, dans les cafés il n'y en avait pas, puis secundo, on ne pouvait pas entrer dans le café ! Je ne me voyais pas, moi, quand on avait moins de dix ans, entrer dans le café ! Si : avec les parents. Un des premiers qui m'a emmené au café, c'est Achille. Quand il montait les arènes avec des charrettes[1], comme c'était notre voisin, il disait à mon père : « Le petit viendra me donner la main ? – Oui, oui ! » Voilà, le vieux était content, il savait où j'étais. Et au retour, bien entendu, comme j'ai dit que c'était un bon Provençal, il s'arrêtait boire le pastis. Alors là, j'avais le droit d'entrer au café et boire un sirop. C'était un événement.

Alors on s'occupait comme on pouvait. Dans la colline, dans les chênes, partout autour du village, on avait des cabanes. Un peu avec des pierres, un peu avec des branches, on faisait des cabanes. On ne jouait pas aux Indiens parce qu'on ne savait pas ce que c'était encore, on n'avait pas encore vu de films ni de télévision. On faisait soi-disant des

1. Cf. le chapitre « Dans les taureaux », p. 79 et *sq*.

cabanes pour la chasse. On se disait que c'était un poste pour la chasse, mais on ne chassait rien puisqu'on n'avait rien pour chasser. Ou alors, s'il y avait des filles qui venaient, elles faisaient la cuisine. Il y en a qui soi-disant se mettaient en ménage. De temps en temps on faisait la dînette, il y avait trois cailloux dans une assiette ébréchée, et encore pour trouver des assiettes ébréchées, c'était difficile, on trouvait plutôt des morceaux. Toujours pareil : on ne jetait pas les choses comme aujourd'hui.

Les cabanes étaient en partie en pierres. Là où on trouvait des pierres plates on faisait un commencement de mur, puis ça nous emmerdait, alors on n'allait pas plus haut et on finissait avec des branches. Pour la toiture, les branches de chêne n'étaient pas difficiles à trouver. Les haches pour couper les branches, ça n'était pas difficile non plus, on en trouvait à la maison. On les piquait aux parents et on essayait de les ramener sans trop les avoir abîmées, mais ils s'en apercevaient toujours. J'en ai pris à la maison quand j'étais petit, pour aller faire des cabanes avec les copains, surtout que les cabanes, je savais ce que c'était parce que j'en avais fait ou j'en avais vu faire par mon père quand il faisait des charbonnières. Et, obligatoirement, je connaissais un peu. Il m'est arrivé de lui prendre des haches. Seulement c'était son métier, il avait des outils en très bon état, et nous pour couper des branches, des fois, si on voulait les couper un peu trop bas, on pouvait couper un caillou aussi et c'était pas du meilleur effet! Et pour aiguiser, après, on ne pouvait pas! Alors on remettait la hache à sa place, mais au bout de quelques jours on entendait dire : « Pourquoi tu t'es servi de ma hache? – Eh be, je ne sais pas... » Ça finissait par une paire de coups de pied au cul et voilà.

Ça, je crois qu'on en prenait plus que maintenant, des coups de pied au derrière! C'était courant. Des taloches et des coups de pied au cul, on en a pris! Surtout pour l'école buissonnière. Moi, je craignais ça. Parce que quand on était petits, si les parents avaient besoin d'un coup de main pour quelque chose qu'on pouvait faire et qui était important, ça ne leur faisait rien de nous faire manquer l'école. Ils faisaient un bout de papier comme quoi le petit ne pouvait pas venir ce jour-là et on restait à la maison. Des fois, c'était pas pour des grosses tâches, pour garder les petits frères... Mais si on faisait l'école buissonnière qu'on avait décidée nous, dire : « On va à l'école » et puis ne pas y aller, alors là c'était grave! La réaction était un peu dure, c'était mauvais. Il m'est arrivé d'aller me coucher sans bouffer le soir! Et encore de monter vite les escaliers parce qu'autrement, pour aller à la chambre, si je ne les montais pas assez vite, il y avait un coup de pied au derrière pour accélérer! En gros il ne fallait pas manquer l'école, à moins que ce ne soit pour la bonne cause. C'est les parents qui le décidaient, pas nous. Nous, quand c'était pour aller chercher des nids de pies, on comptait que c'était pour la bonne cause, mais les parents ne le voyaient pas de la même façon.

Quelquefois il y avait la guerre entre les équipes. Parce que si telle équipe avait trouvé des nids de pies et attendait que ça soit éclos, si il passait une autre équipe elle les ramassait. On ne lui tombait pas toujours dessus mais si on s'y trouvait en même temps qu'elle ou si on se doutait de qui c'était, des fois ça ne tournait pas rond : quelques coups de poings! Ça s'arrangeait vite. On se disait quelques mots un peu crus, on se tapait un peu sur la gueule : « Cette espèce d'imbécile, je ne lui parlerai plus! » Et puis le lendemain on allait à l'école, on n'y pensait plus. Il y a toujours eu des bandes, mais elles n'étaient pas bien précises, il y avait souvent des dissidents. Il y avait trois ou quatre bandes, avec cinq ou six minots de chaque côté et, si ça se trouve, six mois après ça n'était plus les mêmes. Tout avait changé, comme si on avait tout mis dans un sac, tout mélangé et puis remis autant d'un côté et autant de l'autre. Tel qui était dans une bande n'y était plus, il était dans l'autre, soit parce qu'il s'était disputé avec quelqu'un, soit autre chose...

Dénicher des pies, ça se faisait à une époque bien précise, au printemps, au mois de mai. Les vieux disaient : *« Pèr l'Ascensioun, i a d'agassoun*[1] *!* » Et puis après, dans l'hiver – quand on était tout petits, on ne savait pas le faire mais on y arrivait vite –, dès qu'on grandissait un peu on mettait des pièges pour attraper les grives, les rouges-gorges. Il y en avait tout autour du village, maintenant on n'en voit plus. On braconnait un peu, pour le plaisir d'attraper des oiseaux. Plus tard, quand on a été plus grands, il y a eu la guerre, là c'était pour avoir à manger, parce qu'une grive, c'est quand même important. Dans l'été, on allait dénicher aussi, on dénichait un peu tout, mais ça n'était pas comme les pies. Les pies, c'était important, ça nous faisait un peu de sous. Sinon, à ce moment-là, les oliviers étaient très grands, et c'est un bois qui est plein de trous. Là où on coupe une grosse branche, ça fait des trous, et je me souviens que des nids de mésanges, dans les trous d'olivier, on en sortait tant qu'on voulait... On essayait de les mettre en cage, puis elles finissaient par mourir. On dit que quand on est minot, on est sans pitié. C'est vrai, on n'a pas la notion du mal qu'on fait, des fois.

Tout le monde avait son lance-pierre. À cette époque, le calendrier des PTT servait beaucoup pour remplacer les vitres qu'on cassait. On n'allait pas chercher le vitrier toutes les fois. Ça arrivait qu'on casse une vitre quand on s'amusait à jeter des pierres dans le village, ou même en jouant au ballon. On avait des vieux ballons qui se laçaient avec un lacet en cuir, enfin quand on arrivait à en avoir un. Seulement il n'y avait pas de terrain de sport, pas d'association sportive, il n'y avait rien. On jouait comme ça, dans les rues, et autant ça partait dans une vitre ! Les lance-pierres, c'est ce qui cassait le plus de vitres.

Pour fabriquer un lance-pierre, il s'agissait de trouver une chambre à air. Elles étaient assez rares, mais étaient meilleures que maintenant. Les élastiques étaient beaucoup plus efficaces. Les chambres à air qu'on fait à l'heure actuelle ne valent rien. Elles étaient rouges, maintenant elles sont noires. Quand on arrivait à en trouver une, on coupait des

1. « Pour l'Ascension, il y a des petites pies ! »

bandes. Quand il y en avait un qui avait une chambre à air, il fallait être bien avec lui pour qu'il t'en refile, il gardait ça précieusement. Alors il s'en coupait, il se faisait un bon lance-pierre, puis il avait un copain avec qui il était peut-être un petit peu plus copain qu'avec les autres, alors il lui en donnait, puis après il en donnait à un autre puis la chambre à air finissait par y passer, parce qu'à la fin même celui avec lequel il était le moins copain, eh bien, on lui en donnait aussi.

On faisait la fourche avec du bois. Les meilleures étaient en buis. L'idéal était de couper la fourche et de la laisser sécher avant de s'en servir. Le bois de micocoulier faisait très bien aussi, seulement si on s'en servait de suite il finissait par se tordre un peu. Le buis, une fois l'écorce bien raclée, c'est du joli bois, mais il est dur et cassant. Ce n'est pas quand on tirait les cailloux qu'il cassait, c'est quand on mettait les élastiques. Pour mettre les élastiques sur les deux bouts de la fourche, on faisait une fente et là, dans un bois comme le chêne ou le micocoulier, ça se faisait très bien en tapant dessus avec le couteau. On mettait la pointe du couteau et on tapait avec un petit caillou ou un marteau. Dans cette fente on enfilait l'élastique, on serrait le tout par-dessus avec un bout de fil de fer, et quand on avait mis les deux élastiques dans le bois, à l'autre bout des élastiques alors, on mettait une bande de cuir qu'on attachait avec de la ficelle. Une bande de cuir assez grande pour qu'il y aille un caillou dedans. Il fallait avoir un couteau. Ce n'était pas tellement autorisé, mais on ne le montrait que quand on était entre copains, on ne le sortait pas à table à la maison, ça n'aurait pas marché.

Les lance-pierres nous servaient plus à casser des trucs pour faire du mal qu'à tuer. À l'origine, on les faisait pour tirer sur les oiseaux, mais à ma connaissance, des oiseaux, il n'en mourait pas beaucoup avec les pierres. Ça passait souvent à côté, même très souvent. Et quand on en avait marre, on s'en prenait au pire aux lampadaires, parce qu'il y en avait déjà, avec une ampoule, je me souviens, qui se vissait dans la douille, et s'il y avait un quartier qui était trop illuminé pour pouvoir aller faire un mauvais tour le soir, on cassait l'ampoule, puis voilà. À force d'y tirer dessus, on finissait bien par y arriver, encore qu'il fallait attendre qu'il n'y ait personne dans les environs. Autrement tout le monde avait son lance-pierre et on tirait aux oiseaux. Enfin c'était le prétexte...

Dans le gaudre[1], c'est là qu'il y avait le plus de grives. On y faisait des barrages. « Barrages », c'est un mot moderne, nous on ne connaissait pas : on faisait des « reboutes », ça doit venir du provençal. Et puis, quand on était arrivés à faire un petit lac, il fallait des bateaux pour faire nager dessus. Au mieux on arrivait à trouver des boîtes de sardines ! Et encore, des boîtes de sardines, on n'en mangeait pas beaucoup. Mais enfin on avait fait la reboute. On la faisait en pierres avec de la terre par-devant pour qu'elle soit étanche et que l'eau déborde par-dessus. On en faisait tout le long du gaudre, quand il y avait de l'eau. Mais tous les hivers il y avait de l'eau, plus ou moins. Quand le barrage devenait un peu important, ça forçait, ça emportait tout. Ou alors on en faisait de jolis, que ça versait bien par-dessus... Et puis, dans la nuit, il faisait une pluie un peu plus forte et le lendemain il n'y avait plus rien. Alors on recommençait, ça n'était pas grave.

Jouer aux courses de taureaux[2], ça venait après la fête d'Aureille. Avant, on n'y pensait pas de tout l'été. Quand on était petits, on n'allait pas aux courses dans les villages voisins. On ne savait pas. Pour la fête d'Aureille, au 15 août, il y a toujours eu quelques courses d'emboulés aux arènes. Alors, après la fête, automatiquement, on trouvait des bouts de bois qui représentaient des cornes, on mettait des chiffons à l'extrémité pour faire les emboulages, et on jouait au taureau. On allait dans l'arène, on mettait une barre par terre, c'était symbolique, c'était la barrière, il y en a un qui

1. Dans les Alpilles, ce terme désigne un torrent intermittent.

2. Sur la course de taureaux en Provence, *cf.* « Dans les taureaux », p. 79 et *sq.*.

faisait le taureau, qui prenait les cornes, et puis les autres faisaient les raseteurs. Et même, un jour, il y en a un qui s'est fait crever un œil! J'étais tout petit quand c'est arrivé. Avec le fil de fer avec lequel on attachait les chiffons, je ne sais pas comment ils se sont débrouillés, il s'était retrouvé avec un œil écorché, ça s'était infecté, et peut-être qu'à cette époque-là on ne soignait pas comme maintenant. Peut-être que maintenant il s'en serait tiré...

Les farces aux adultes et aux vieux, petits on n'en faisait pas trop, c'était dangereux. On morflait trop en arrivant à la maison, c'était grave. C'est pas qu'on n'aurait pas eu envie et qu'on ne savait pas les faire, mais on n'en faisait pas tellement. C'est venu quand on a été plus grands. Alors, on en faisait de pendables, qu'on ne ferait plus maintenant! Quand on était petits, attacher une casserole à la queue d'un chat, c'était courant, encore qu'il fallait trouver la casserole, ce qui était compliqué. Mais enfin on en trouvait.

Je me souviens d'une fois. En face le café, on avait attrapé un chat. C'était le soir après manger, il y avait du monde qui jouait aux cartes, il faisait beau temps. On avait attaché la casserole à la queue du chat et puis on avait laissé bouillir. On ne savait pas à qui était le chat. Et le chat appartenait aux gens qui habitaient juste en face le café. Dans la porte de la remise, il y avait le trou, la chatière, pour rentrer. Et le chat est parti chez lui. Il a foncé, il est passé, mais la casserole était trop grosse, elle n'est pas passée! Ce chat se met à gueuler, il ameutait tout le monde, alors les gens sont sortis, mais nous, on n'avait pas pu partir. On était deux ou trois, on était planqués à côté du bistrot, dans un recoin. On commençait à se demander comment ça allait se passer. Ils ne nous ont jamais vus. Ils ont bien gueulé : « Il faudrait les attraper, leur filer une bonne rouste à ces minots! » Et nous, on écoutait ça. Et ma foi, on se disait : « Pourvu qu'ils s'en aillent vite! » Enfin ils ont détaché le chat. Ils ont commencé par couper la ficelle, parce que pour attraper le chat, c'était difficile. C'est pas commode un chat qui a une casserole attachée à la queue et qui gueule! Ça, on le faisait couramment.

Les papiers-mouches, ces papiers qu'on déroule et qu'on pend au plafond, quand on en trouvait usagés, pleins de mouches ou non, c'était bon! Ça restait collé dans les poils du chat! On attrapait le chat, on le caressait un peu et puis, pendant qu'un le caressait, un autre commençait à lui entortiller le papier. Le chat s'en allait en colère d'accord, mais avec son papier-mouches autour de lui et il se roulait pour pouvoir s'en défaire. Et au plus il se roulait et au plus ça se collait! Si ça se trouve, des fois, quand c'était le chat du voisin, il me disait : « Tu ne les connais pas ceux qui ont fait ça ? – Non! » Si ça se trouve j'étais dans le coup, mais je ne connaissais personne! Aux chiens, on faisait rarement des misères, je ne sais pas à quoi ça tient... On préférait les chats. Pourtant, tout le monde avait des chiens et, à ce moment-là, ils étaient libres dans le village. On aurait pu les attraper, on les connaissait. Mais non, on préférait les chats.

J'ai dit, c'est vrai, qu'on est sans pitié quand on est minot! On attrapait les grenouilles, on leur mettait une paille au cul et on soufflait dedans. Elles gonflaient! Et quand on nous engueulait, on disait que c'était la faute à La Fontaine, qui a parlé d'une grenouille qui voulait se faire aussi grosse qu'un bœuf. On les faisait fumer aussi. Tout petits, on n'avait pas de cigarettes, c'est venu que plus tard. On fumait des espèces de lianes d'un bois qui est plein de creux tout le long, la clématite. On les coupait quand elles étaient sèches, on allumait, on tirait là-dessus. Le seul effet que ça faisait, c'était de nous brûler la langue! Mais les grenouilles, on leur filait dans la gueule, on choisissait les grosseurs, et elles fumaient. Elles arrivaient à se gonfler un peu, mais pas comme avec la paille. Avec la paille, ça allait plus vite. Une fois qu'elles sont gonflées, elles crevaient, et voilà!

Et les taons sur les chevaux! Les chevaux en avaient énormément. On les protégeait beaucoup mais quand même, ils en avaient. On les attrapait, on leur mettait une paille, mais on ne leur mettait pas au cul. On dit qu'on leur mettait la paille au cul mais ça n'est pas vrai. On la mettait en travers du taon. Il y a la tête, il y a ce qui représente chez nous la poitrine, puis il y a l'abdomen. On mettait la paille en travers de l'abdomen et ça faisait un avion, les ailes de l'avion. On trouvait ça joli, quand ça démarrait, et puis ils allaient mourir je ne sais pas où.

À propos de mouches à chevaux, j'avais un bon truc. Je me suis élevé dans le quartier du mas de Conse, au nord du village, et il y avait un maréchal-ferrant près du lavoir. Il était vieux, c'était un militaire à la retraite, et il paraît qu'il était très bon maréchal. Lui ne faisait que ferrer, il ne tenait pas les pieds comme on fait maintenant. De nos jours, les maréchaux-ferrants, d'abord, vont ferrer à domicile parce qu'ils ont leur fourgon dans lequel il y a tout ce qu'il faut : la forge, l'enclume, tout... Et puis ils attrapent le pied du cheval, ils le mettent entre leurs genoux et ils travaillent seuls. À ce moment-là, il fallait quelqu'un pour tenir le pied, puis le maréchal ferrait. Et je me souviens que, dans l'été, les gens venaient tôt, pour pas qu'il y ait trop de mouches. Mais dès qu'il se faisait un peu tard, qu'il y avait des mouches, les chevaux bougeaient un peu, alors il avait un genre de petit balai, ça faisait bien ça, et il cherchait toujours un minot pour chasser les mouches.

Et moi, j'étais des mieux placés, étant voisin, des fois je savais qui allait venir et je m'approchais. Je me disais : « S'il pouvait me demander de le faire ! » Parce qu'après, le bonhomme nous donnait toujours une pièce. C'était pas gros mais enfin on avait toujours gagné quelque chose. Il attachait les chevaux contre le platane qui est au bord du gaudre, sur le pont du gaudre, ce gros platane. Il doit avoir la peau dure, ce platane ! Parce que quand on y passait autour après, quand un cheval venait d'être ferré, tous les clous qui restaient, on les plantait dans l'arbre ! Si un jour quelqu'un s'y attaque avec une tronçonneuse, il va se régaler !

Les lézards, on ne leur faisait pas beaucoup de mal. On leur coupait la queue, mais ça n'était pas difficile ! Je les attrapais à la main. À la main ça s'attrapait bien, les petits lézards. Ils glissaient, ils foutaient le camp et il restait le bout de la queue. Alors on les regardait attraper les mouches. Les têtards, quand c'était le moment, dans le gaudre, ça en était plein. On les menait à la maison pour les voir grossir. Ça finissait toujours par crever! Mais il y en avait! Alors on les amenait à la maison, on les gardait dans l'eau pour voir à mesure. C'est assez intéressant de voir ces têtards qui petit à petit deviennent grenouilles. Mais ça ne nous intéressait pas longtemps. On finissait par oublier de changer l'eau et ils crevaient. Comme les oiseaux qu'on essayait de mettre en cage.

Les mésanges, c'est pas valable, ça ne faisait pas. Mais les chardonnerets, on arrivait à en élever. Moi, je ne l'ai fait qu'une fois. J'avais trouvé un nid de chardonnerets, je l'avais mis dans une cage. Les parents venaient les alimenter, leur porter à manger... J'avais entendu dire que les parents, quand ils les voient assez grands et qu'ils voient qu'ils ne peuvent pas leur rendre la liberté, ils les empoisonnent. Je ne sais pas si c'est vrai ou pas, mais toujours est-il que mes chardonnerets étaient tout petits quand j'ai trouvé le nid. Je les ai mis dans la cage et je les ai gardés au moins deux semaines. Ils grandissaient et puis, un beau jour, je les ai trouvés tous morts. Alors je ne sais pas si c'est que les parents les empoisonnent ou s'ils sont morts parce qu'ils se sont débattus dans leur cage, parce qu'ils commençaient à voleter un peu, je ne sais pas, mais je me souviens bien. Je ne l'ai plus fait. J'avais compris que c'était trop barbare. Ça ne servait à rien, puisqu'on n'arrivait pas à les élever. Je n'ai plus voulu le faire.

Tout le monde allait faire boire ses chevaux dans les fontaines du village. Devant le bureau de tabac, il y en avait une, mais c'était alors un bistrot, et là, quand on était minots, le Frigidaire, on ne connaissait pas. La glace, on en trouvait déjà, ça existait, mais ça n'était pas bien courant. Et Pauline, la patronne du bistrot, mettait ses bouteilles de bière et de limonade au frais dans la fontaine. Elle coulait en permanence et l'eau arrivait directement des Alpilles. Elle était assez fraîche, l'été. La bière, on s'en foutait un peu, mais les bouteilles de limonade, on en a bu! Alors on était vaches! Il y en a un qui surveillait, qui se tenait devant la porte, sur la route, on y voit bien, de là. Et les autres prenaient les bouteilles. On n'allait pas bien loin : on traversait une rue ou deux, pourvu qu'on arrive dans un endroit tranquille! On se sifflait une bouteille de limonade.

Mais là où on était vaches, c'est qu'on mettait de l'eau dedans après! Quand on ne retournait pas la bouteille, qu'on la laissait, c'était moins grave. Mais quand on mettait de l'eau dedans, elle gueulait! Elle croyait servir de la limonade à un client puis elle lui servait de l'eau. Alors ça gueulait. Là, on en prenait pour nos sous! Il ne fallait plus passer devant! Le premier qui passait, même s'il n'avait pas bu de la limonade celui-là : « Attends si je t'attrape! » Il se faisait engueuler. Invariablement il partait en courant parce que si il n'en avait pas bu cette fois-là, il en avait pris la fois d'avant!... On le savait tous! Quand il faisait bien chaud, on avait notre limonade. Bien sûr, on ne faisait pas ça tous les jours, on ne lui buvait pas toute sa limonade, quand même, parce que ça gueulait. Quand elle avait un peu gueulé, on restait quelques jours tranquilles. On disait : « On n'y va plus, hein! » Puis quelques semaines après, on n'y pensait plus. On disait : « Si on allait boire une bouteille de limonade? »

Au lavoir, on allait y jouer, mais faire des mauvais tours aux femmes qui lavaient le linge, je ne me souviens pas d'en avoir beaucoup fait. Ça ne nous venait pas à l'idée parce qu'on se serait fait allumer comme il faut! Petits, la nuit on ne sortait pas, puis en grandissant oui. Après, le soir, des mauvais tours alors, il s'en faisait! Mais tout petits, il y a des choses qu'on n'osait pas faire : par exemple aller chercher de la bouse de vache et bien farcir la poignée de la porte de quelqu'un qu'on savait être au café, et puis attendre qu'il rentre chez lui! Ça, on le faisait bien, mais on était déjà plus grands. Quand on était petits, on n'osait pas faire des trucs comme ça.

Quand on était plus grands, emmerder on appelait ça

« emmerder les cadaoules[1] ». S'il y avait des gens trop grincheux, on leur faisait des mauvais tours. Celui qui ne rouspétait pas, on finissait par ne plus rien lui dire, il n'y avait plus d'intérêt, ça ne comptait pas. Mais il y en a... Je me souviens d'un Marseillais qui était hargneux, qui était venu là pendant la guerre, il avait loué une maison. Et la première fois où on lui avait fait un mauvais tour, il était allé à la mairie se plaindre. « Houlala! on lui a dit, toi tu n'as pas fini! » Et on lui en a fait, le pauvre...

Je me souviens une fois il avait tombé de la neige, il allait faire des courses à une épicerie qui était près du lavoir. Maintenant elle n'y est plus. Et on l'avait vu passer. On a dit : « Au retour, il va être content! » Quelques-uns se sont postés et les autres sont allés chercher des copains. On a fini par se retrouver une douzaine, là où maintenant il y a la pizzeria. C'était une ruine, mais ça avait été un four à faire le pain, c'était rien que des voûtes. Et on était planqués là-dedans. Quand il est revenu, on l'entendait de loin parce qu'il faisait : « Hum! Hum! » Il avait un quelque chose dans la gorge et tout le temps il faisait ça. On disait : « Il arrive. » Oh le pauvre! Je ne sais pas tout ce qu'il avait acheté à l'épicerie, ça se promenait dans la rue! On avait eu le temps de tasser les boules de neige, elles étaient un peu dures. On avait même dû lui faire mal. Et il en avait pris, ce soir-là! Et il était retourné se plaindre!

On s'était fait engueuler un peu fort parce qu'on n'était pas nombreux, dans le village, des minots à faire des mauvais tours. À l'école, par exemple, on était entre vingt-cinq et trente dans la classe. Mais il n'y avait qu'une classe, on appelait ça le « cours préparatoire », de quand on entrait – on entrait à six ans, il n'y avait pas de maternelle – au certificat d'études, filles et garçons mélangés! Quand on arrivait à être une trentaine, du plus petit au plus grand, ça faisait un maximum et ça n'était pas beaucoup. Je ne sais pas au juste, mais il y avait moins de trois cent cinquante habitants

1. Du provençal *cadaulo*, « loquet ». L'expression désigne les taquineries que les enfants font aux adultes en faisant du bruit sur les portes des maisons.

dans le village, contre douze cents aujourd'hui, ce qui fait que quand on faisait des mauvais tours comme ça et que le bonhomme allait se plaindre, ça n'était pas difficile pour trouver les coupables...

Le garde champêtre n'avait pas de peine pour savoir à peu près qui il y avait dans le coup... Alors il avait commencé par faire le tour des maisons et dire : « Je ne sais pas si le tien y était de minot mais enfin, l'autre soir, ils ont fait un peu fort! » Et il racontait ça un peu partout. Et pardi, partout où il était allé on s'était fait engueuler. Moi, je sais qu'il avait dû venir chez moi puisque j'y avais eu droit. Mais automatiquement il y avait les représailles. On a dit : « Ah oui? Il se plaint! » Seulement après, quelque temps après, il n'y avait plus de neige. On s'était dit : « Il faut qu'il morfle une bonne fois et comme il faut. » On l'attend au même endroit, mais un bon mois après.

On avait trouvé un homme qui avait mis des tomates et c'était tard, c'était dans l'hiver, puisqu'il était déjà tombé de la neige. Il avait des tomates qu'il avait ramassées vertes, ça se faisait couramment, pour essayer de les conserver. On les mettait sur de la paille ou sur une planche, dans une remise, elles mûrissaient ou elles ne mûrissaient pas, parce que ça ne donnait pas grand-chose. Mais enfin, on en avait trouvé et on avait dit : « Il n'y a plus de neige, il va morfler les tomates! » Ces tomates étaient vertes. Comme on ne tirait pas de loin, il y en a qui le manquaient, mais on ne l'avait pas tous manqué. Il avait pris des tomates, et cette fois-là il avait craint, il avait fait vilain fort. Ça avait été méchant, on lui avait fait mal. C'est dur, une tomate verte! Si ça avait été en plein été, des tomates bien mûres, mais c'étaient des tomates qui avaient été cueillies il y avait deux ou trois mois. En les tenant au sec et pas trop humide, pas trop au chaud, ça arrive à se conserver comme ça. Il y en a qui les conservaient tout l'hiver, mais ça ne donnait rien de bon. Si : c'était bon pour canarder le bonhomme dans la rue...

J'ai quitté l'école à treize ou quatorze ans. Là, on nous faisait déjà travailler, mais on avait encore le temps de faire des mauvais tours le soir. Parce que les tomates, là c'était un cas particulier, mais en plein été, quand on prenait le frais le soir dans le village, il n'était pas rare qu'il y en ait un en passant, s'il avait l'air de dire qu'on faisait trop de bruit, qu'il en reçoive quelques-unes. Mais alors elles étaient bien mûres, c'était moins grave! Ça passait encore. Maintenant, ça ne passerait plus! Ce qu'on avait fait au Marseillais, je suis sûr qu'on se retrouverait à la gendarmerie d'Eyguières le lendemain, vite fait. Ma foi, là ça gueulait un peu...

Tout ça a évolué très vite, parce que ma jeunesse s'est passée à une époque où il y a eu un changement rapide, d'un coup, à la Libération. En 44, j'avais seize ans, et là ça a changé du tout au tout. On avait été privés de beaucoup de choses. Puis les Américains sont arrivés, et des cigarettes, on en trouvait! Ils en avaient des paquets, des cartons! On s'est mis à fumer. Je n'avais jamais fumé. Peut-être que si il n'y avait pas eu les Américains je n'aurais jamais eu l'idée d'aller acheter des cigarettes pour fumer, je ne sais pas! Les choses ont changé du tout au tout. Il y avait la guerre, les restrictions, et d'un coup il y a eu l'abondance.

On sortait très peu hors du village mais on avait le temps et les occasions de s'amuser. De nos jours, par exemple, il y en a qui disent qu'ils font des « castagnades », c'est-à-dire qu'ils font griller les châtaignes et qu'ils vont les manger ensemble. Et il y a même des sociétés, des associations qui en organisent dans l'hiver. Nous, à partir du mois de novembre, l'époque où il y avait des châtaignes, on se disait : « Ce soir, on mange les châtaignes. » En une heure, c'était décidé et fait. Parce que pour faire griller des châtaignes, il suffit de trouver la maison de quelqu'un qui a une cheminée d'allumée. On allait acheter deux kilos de châtaignes, quelques bouteilles de vin blanc et on se réunissait quelques-uns. C'est pas que c'était un clan, c'était qu'on s'était trouvé quelques-uns à ce moment-là pour en discuter et puis, voilà, on mangeait les châtaignes. Le lendemain, sûrement, on en rencontrait qui disaient : « Ah! Si j'avais su, j'y serais allé! » Et voilà, on avait fait une castagnade. Mais bien souvent, deux heures avant, on ne savait pas qu'on allait le faire! Ça se décidait et ça se faisait aussitôt.

À ce moment-là, dans le village, tout le monde avait des poules, des lapins. Il n'y avait pas la myxomatose. Les poules pouvaient promener dans les rues, elles ne risquaient pas beaucoup. Des automobiles, on n'en voyait pas tellement. Alors on chapardait les poules. Après la guerre, beaucoup de choses étaient permises. On n'était pas moderne comme maintenant. Pendant le mois de décembre, aux environs des fêtes de Noël et du nouvel an, que ce soit un peu avant ou un peu après, pour un oui ou pour un non, on décidait de faire un réveillon. Si on faisait un réveillon, il fallait de quoi. On avait déjà un peu d'argent. Après la guerre, les choses s'amélioraient, puis on travaillait déjà. Mais une poule chapardée, c'était mieux.

Alors on choisissait quelqu'un qui ne soit pas trop hargneux, on allait au poulailler et on cherchait en principe un coq, parce qu'une poule on se disait : « Si elle fait l'œuf, il ne sera pas content. » Avec le coq il n'était pas content quand même, mais c'était moins grave. Il nous semblait que c'était moins grave. On l'apportait à la maison, on le plumait et on disait aux parents qu'on l'avait acheté. On n'avait peur de rien, à ce moment-là, ça ne nous gênait pas! On passait le réveillon chez quelqu'un ou au bistrot. On invitait le cafetier, il mettait quelques bouteilles. Souvent on faisait une anchoïade, ça se faisait bien : un pot d'anchois, un peu d'huile d'olive et le céleri, la carde... Le céleri était difficile à trouver, on n'en faisait pas beaucoup par ici. Mais tout le monde avait un petit jardin où il faisait les cardes pour Noël. Alors il y avait toujours quelqu'un qui connaissait un endroit où aller arracher une carde.

Les sorties n'étaient pas grandes. Quand il y avait un bal dans les environs, on allait au bal. Mais il y en avait moins que pendant la guerre. Pendant la guerre, pour un oui ou pour un non, Vincent avec son accordéon faisait le bal là où il y a les expositions maintenant, dans l'ancien moulin, dans le grenier du moulin. C'était interdit, il fallait un peu se cacher, mais on trouvait toujours un endroit. On se faisait des petits bals comme ça, on appelait ça les « bals clandestins ». Et on n'allait pas ailleurs qu'à Aureille. Tandis qu'après la Libération, insensiblement c'est allé vite après. Le véhicule à moteur n'est venu que plus tard, mais quand même tout le monde avait sa bicyclette déjà. Puis après il y a eu des voitures, il y a eu de tout, ça allait.

Avec les voitures, on roulait déjà du temps des Américains. On leur fauchait leur voiture devant le bistrot! C'était bien quelques années après la guerre. J'ai passé mon permis de conduire à dix-huit ans, en 1946. À ce moment-là, eux arrivaient au bistrot et laissaient leur voiture devant... C'était assez rare, quelqu'un qui conduisait. Moi, je savais conduire parce que mon père avait un vieux camion Ford sur lequel il avait mis un gazogène. Ils laissaient leur camion, leur Jeep... Tous mes collègues étaient de grands chasseurs. Et quand il y avait une belle lune, le soir, les Américains étaient au café, ils ne s'apercevaient de rien, la route est en pente devant le bistrot, ça n'était pas difficile de pousser un peu la voiture puis, une fois un peu plus loin, démarrer, passer à la maison prendre son fusil et nous voilà partis... Des lapins, il y en avait tant et plus la nuit. Il en cavalait de tous les côtés. Dire que c'était braconner... C'étaient des choses de minots, on n'était jamais que des grands minots.

Et alors là, avec la Jeep, sans capote, je nous vois toujours : « Passe où tu en vois le plus! » Il y avait quatre ou cinq canons de fusil qui me passaient par-dessus la tête et qui visaient dans les phares. Bien entendu on ne tuait pas beaucoup de lapins, parce qu'il fallait aller dans des champs comme là où il y a aujourd'hui le terrain de sport, là où on a fait le lotissement devant le cimetière, des espaces un peu grands et assez clairs. Et une voiture, ça cahote quand même... On n'en tuait pas beaucoup mais on avait tiré tant et plus des coups de fusil et on était contents. Enfin quand je dis « on », c'est « ils », parce que moi, je ne tirais pas.

Ramener la voiture, c'était le plus délicat. Il fallait arriver par la rue qui vient du château, tout doucement, regarder qu'il n'y ait personne devant le bistrot et descendre au point mort, arrêter la voiture quelque part. Si elle n'était pas au même endroit, ça n'était pas grave pourvu qu'ils la retrouvent. Il paraît qu'il est arrivé – nous, on ne le voyait pas, puisqu'on n'y était pas – qu'ils sortent et disent : « Mais la voiture n'y est plus ! » Ils se sont inquiétés une fois, puis après ils n'ont plus rien dit. Ils s'apercevaient qu'on la leur ramenait, ils s'en foutaient. On leur brûlait un peu d'essence mais ils n'en manquaient pas.

De l'enfance à la jeunesse, il n'y a pas que le fait de s'intéresser aux filles qui change. Il y a tout un tas de choses. Les activités ne sont plus tout à fait les mêmes. On commence à aller au café, à sortir un peu. Pour aller au cinéma, il fallait prendre la bicyclette, aller à Eyguières ou Mouriès. On ne se sent plus un minot ! On commence à avoir un peu de moustache qui pousse, un peu des poils partout ! Alors, quand on était minots, on nous disait, à l'âge où on commence à avoir un peu de duvet à la place de la moustache et puis ailleurs, les vieux nous disaient qu'il y avait des trucs pour que ça pousse plus vite. C'était de mettre du lait de figue par exemple.

Le lait de figue, il paraît que c'était bon. Alors on y croyait. Tout le monde y croyait au moins une fois ! Alors ma foi, sous le nez, pour faire pousser la moustache, ça n'était pas grave, et ce n'est pas là qu'on en mettait le plus. On en mettait autour du sifflet et là, le lait de figue, c'est pas trop... Ça commence par brûler et puis après il faut frotter pour le faire partir, c'est une misère ! Des trucs comme ça, on s'y laissait prendre au moins une fois. Il y a eu d'autres moyens, mais le lait de figue, c'était ce qui avait de meilleur il paraît. C'était ce qu'il y avait de meilleur pour les emmerdements, ça c'est sûr ! Mais ce sont des choses que par la suite on a refait aux autres.

L'école, ça n'était pas comme maintenant où on va à l'école jusqu'à très tard, mais c'était quand même important. C'était exceptionnel qu'on manque l'école pour donner un coup de main à la maison. Nous, on ne le voyait pas de la même façon. On préférait aller dénicher des pies, ou chaparder des raisins, ou faire n'importe quoi plutôt que d'aller à l'école. Enfin, en ce qui me concerne : il y en a qui avaient peut-être un peu plus la passion, mais je n'en ai pas connu beaucoup. D'une manière générale, on préférait les jeudis. À l'époque, c'est le jeudi qu'il n'y avait pas classe. On préférait le jeudi aux autres jours.

Moi, j'allais à l'école parce qu'on nous obligeait à y aller. À treize ans on nous présentait au certificat d'étude, on l'avait ou on ne l'avait pas. J'ai eu la chance de l'avoir. Et puis c'était fini, on n'allait plus à l'école. Notre pauvre instituteur, on lui en a fait des tours ! Il fallait qu'il ait bon caractère pour supporter tout ça. Une fois, on avait pris l'habitude d'avoir envie d'aller au cabinet entre la rentrée et la récréation. Ça ne faisait pas long, mais : « Monsieur, je peux aller au cabinet ? – Oui. » Alors on avait fini par en prendre l'habitude. Il y en a un qui sortait, il allait au cabinet et il ne revenait pas. Il y en a un autre qui demandait aussi, il sortait puis on se retrouvait dehors. On disait : « On a le temps de rentrer ! » Jusqu'au jour où il en a trouvé trois dans la cour qui étaient sortis soi-disant pour aller se soulager et les trois étaient en train de jouer aux billes ! Il a gueulé bien fort. Les trois ont eu une punition, bien entendu, et le lendemain matin, leçon de morale. Il a dit : « À partir d'aujourd'hui, vous irez au cabinet avant d'entrer en classe, pendant la récréation, mais personne ne sortira pendant la classe. Puisque vous voulez vous amuser à jouer aux billes ! » Ah ! On ne sortira plus !

Au bout de quelques jours, il y en a un qui d'un coup dit : « Putain, j'ai une envie de pisser ! » Alors il demande : « Non ! » Au bout d'un moment, cette envie le tenaillait, il devait en avoir vraiment besoin. Alors il a dit : « Tant pis, je vais pisser dans l'encrier ! » On avait l'encrier devant nous ! Il a bien essayé de pisser dans l'encrier, mais c'était pas bien grand. Il n'y en allait pas suffisamment, de la marchandise, là-dedans ! C'est connu : pour s'arrêter, c'est difficile quand on a commencé! Enfin il y était arrivé. Il en avait eu un peu dans le pantalon... « Oh, il dit, puisque vous jouez au plus malin! » Le lendemain il était arrivé avec une bouteille, et puis c'était devenu un jeu. Tout le monde avait pris une bouteille, tout le monde apportait sa bouteille et on pissait dans la bouteille. Il y en a qui n'avaient même pas envie, mais ça ne faisait rien.

Il était venu un moment où ne pas avoir sa bouteille pour pisser c'était être plus couillon que les autres! Alors tout le monde en avait une. Mais là aussi, ça n'a pas duré! Ces bouteilles, on les plaçait plus ou moins bien. Après, en sortant pour aller les vider, on mettait ça dans la poche. Il fallait les planquer. Mais un jour, la bonne femme qui faisait le ménage, qui nettoyait la classe, qui balayait, a trouvé une bouteille qui avait dû se renverser dans le bureau. Elle cherche à comprendre. Elle le dit à l'instituteur et ils regardent un peu partout. Pardi! Des bouteilles, ils en ont trouvé pas mal. Houlala! Alors le lendemain matin, quand on est arrivés, tous ceux qui avaient laissé leur bouteille là le soir, leur bouteille était debout sur le bureau. Alors de nouveau il se met à gueuler fort et il dit : « Pour le moment je ne donne aucune punition mais à midi vous préviendrez vos parents que, ce soir, ils viennent vous chercher. Personne ne sortira tant que ses parents ne seront pas venus le chercher! »

J'arrive à la maison et je dis ça. Je ne me faisais pas d'illusion! Tout ce que m'a dit mon père : « C'est pas moi qui ai fait le couillon, c'est toi, alors débrouille-toi! » C'est tout ce qu'il m'a dit, il ne m'a même pas engueulé. Le soir, quand c'était le moment de sortir, les parents ont commencé à arriver. Chacun a discuté avec l'instituteur. Il y en a même qui défendaient leur petit parce qu'il fallait qu'il aille au cabinet souvent, il avait la vessie fragile... On en entendait... Je savais qu'il ne viendrait pas, mon vieux, il n'est pas venu d'ailleurs, j'avais fait partie des derniers. J'avais eu le temps d'avoir tout le cinéma. Quand il a commencé à faire nuit, il a fini par me lâcher.

On lui faisait des tours pendables ! Il avait une blouse grise, et quand il passait entre les rangées de bancs, quand il avait passé, on trempait la plume dans l'encrier et on jetait l'encre sur la blouse derrière, ce qui fait que sa blouse n'était plus grise, elle était pleine de taches d'encre. Dès qu'on avait l'occasion, qu'il passait devant quelqu'un le dos tourné... Il s'en est aperçu aussi. Alors il filait des verbes ou des lignes à faire, cinquante lignes, cent lignes. Quand on avait un verbe, on pouvait payer avec des bons points, ça éliminait la punition. Seulement ça manquait après au classement... On avait mis au point un truc. On savait que le midi la fenêtre était ouverte, et le bon point, c'était un tampon qu'il avait : « École communale d'Aureille ». Alors ça n'était pas difficile de passer par la fenêtre, de prendre une couverture de cahier, d'en tamponner tout plein dessus, ce qui fait que tout le monde avait des bons points. Seulement il avait fini par s'en apercevoir aussi, parce que, forcément, ceux auxquels il distribuait le plus de punitions étaient ceux qui faisaient le plus de mauvais tours, ça se comprend. Et au plus il distribuait de punitions, au plus ils avaient de quoi payer. Il avait fini par se dire qu'il devait y avoir un truc.

Il avait cravaté mon frère Ernest, qui n'était pas un de ceux qui avaient beaucoup de bons points ! Il en avait mais des faux ! Alors un jour, il se dit : « Pour savoir, il n'y a qu'à lui demander. » Il commence à l'interroger au bureau et il ne répond pas, jamais il ne répond. Et à ce moment-là, l'instituteur pouvait très bien filer une paire de claques, les parents lui en donnaient l'autorisation. Ils ne rouspétaient pas comme on fait aujourd'hui. Alors il lui donne une paire de gifles : « Et alors, où tu te les procurais, les bons points ? » Il ne répondait pas. Quand il a morflé la paire de claques, il a fini par baisser la tête, mettre la tête entre ses bras, sur le bureau, l'instituteur le questionnait et jamais il ne répondait. Il ne disait plus rien. Alors il l'attrape par les cheveux pour lui soulever la tête. Seulement ça a dû lui faire mal, il a chopé l'encrier et il lui a filé dans la gueule.

Oh ! Il n'était pas beau à voir ! Il l'avait craint, cette fois-là !

Sa figure pleine d'encre, il s'est essuyé un peu mais pendant plusieurs jours on voyait encore les traces. Le pauvre Ernest avait morflé une bonne rouste. À la maison pas tellement : l'instituteur avait envoyé un bout de papier en expliquant à mon père qu'Ernest devenait impossible. C'était une catastrophe, plus possible de le commander. Le vieux ne s'était pas dérangé. Il avait dit que s'il n'était pas capable de faire son travail, il n'avait qu'à faire autre chose. Ce qui fait qu'Ernest se retrouvait au fond de la classe. Heureusement que ça n'était pas loin des vacances, parce que jusqu'aux vacances il n'a plus rien foutu. On l'avait mis au fond, on l'ignorait, il s'en foutait, il était heureux, personne ne l'emmerdait.

Quand j'ai commencé à sortir, c'était une époque où la vie avait changé pour tout le monde puisque c'était la fin de la guerre. On avait souffert avec les restrictions, le couvre-feu. Même dans les villages, quand on était minots, le soir on s'est fait engueuler plus d'une fois parce qu'on se promenait dans les rues! Ça n'était pas bien grave parce que des Allemands, on n'en a jamais trop vu dans le village. Mais enfin on avait un bonhomme à la mairie qui n'était pas tellement commode et le garde champêtre de l'époque faisait un peu respecter la loi. Le soir, il ne fallait pas qu'on voie de la lumière. Les minots, on faisait du bruit dans les rues, il ne fallait pas! Je ne sais pas pourquoi. Je ne sais pas en quoi ça pouvait les déranger! Quand ils nous engueulaient, on restait deux ou trois jours sans trop faire de bruit, puis on recommençait. Qu'est-ce qu'il fallait faire? En hiver, les soirées sont longues. La télévision, on ne connaissait pas encore. On se rassemblait devant le café, et puis dedans. Mais on n'y entrait pas souvent parce qu'on n'avait pas trop d'argent. Les sous, on n'en avait guère. Le rendez-vous était sur la place, devant le café. On allait au café, surtout si c'était l'hiver, qu'il faisait froid, pour se mettre au chaud. On jouait aux cartes, ça s'y jouait beaucoup plus qu'aujourd'hui!

On jouait aux boules aussi plus que maintenant, surtout

plus que ce que les jeunes jouent. C'était une distraction qui n'était pas trop coûteuse, il suffisait d'avoir une paire de boules, il n'y avait pas besoin d'un gros équipement! Maintenant, quoi qu'on fasse, il faut être équipé. Ceux qui font de la bicyclette ont des bicyclettes qui sont très chères. Nous, on avait des vieux tacots. On allait à l'école qu'on jouait déjà aux boules, mais pas avec celles qu'on a maintenant. Celles-là existaient déjà, on les appelait les boules « intégrales ». Sinon, les boules étaient en bois et avec des clous. Les clous avaient une tête un peu particulière parce que ça arrivait à être lisse. Bien plantés les uns à côté des autres, ça faisait un revêtement sur le bois. On en avait que les vieux ne voulaient plus parce que ça n'était pas réparable! Quand un clou commençait à partir de la boule, elle était pratiquement foutue. On pouvait s'en servir encore mais elle ne roulait pas tellement bien. Ce sont des trucs de musée, maintenant, ces boules avec des clous. Moi, j'ai joué longtemps avec.

Et même plus tard, étant jeunes, il nous arrivait le dimanche de jouer aux boules faute de pouvoir aller au cinéma ou au bal. Le soir, c'était courant. Pas dans l'hiver mais l'été, tous les soirs il y avait des parties aux boules. J'ai dû jouer aux boules pendant que j'allais à l'école, puis dans ma jeunesse jusqu'au service militaire, puis je n'ai plus joué. Il faut dire que les taureaux, et plus tard les chevaux, ont occupé une grande place dans mes loisirs. Ça avait la priorité sur tout le reste.

Les charbonnières dans la colline

J'ai couché dans la colline, dans les charbonnières, tout petit, pendant bien quelques années. C'est à l'époque où on m'a amené à Aureille. On rentrait à l'école à six ans, et comme ma mère travaillait, pour pas que je l'emmerde, le vieux m'emmenait avec lui et des fois j'y couchais, même assez souvent. Je n'emportais pas de nounours ni la petite voiture, encore moins la télécommandée. Je jouais avec les moyens du bord : les coquilles d'escargot, les pierres, des bouts de bois.

Après, il y a eu l'école. Comme j'ai dit, il y avait peut-être vingt-cinq élèves, quelques-uns de plus les jours où il faisait mauvais temps, parce que ces jours-là l'école buissonnière, ça n'était pas intéressant. En 1942 on m'a obligé à aller encore un peu à l'école alors que j'avais mon certificat d'étude. Le régime de Vichy avait rendu la scolarité obligatoire jusqu'à quatorze ans. Moi, je n'y allais que quelques jours par semaine, juste pour montrer que j'y allais. Mais je m'en foutais. Et là, j'ai commencé à travailler.

Mon premier boulot, ça a été de transporter le bois avec un mulet et une charrette. Ça a été le premier cadeau de mon père, ça. Il m'a acheté un mulet et une charrette pas tellement grosse pour faire le transport de bois dans la colline, depuis les endroits qui n'étaient pas accessibles avec un camion et qui étaient assez carrossables pour pouvoir passer avec une mauvaise charrette. J'ai commencé comme ça. Et puis un beau jour, on m'a donné une hache, la serpe, avec un crochet à la ceinture pour la pendre sur le derrière, pour toujours l'avoir sous la main. J'ai commencé à faire du bois, puis le charbon.

On partait d'Aureille pour la colline, en camion pas souvent, avec la charrette un peu plus souvent, et le plus souvent à pied. Quand on ne faisait que du bois, on rentrait tous les soirs. On ne rentrait pas le midi, ça c'est sûr, on apportait le manger. On mangeait dans la colline et on rentrait le soir. À partir du moment où on avait décidé de faire une charbonnière, qu'on avait fait notre tas de bois et qu'on y avait mis le feu, alors il fallait vite faire une cabane et coucher sur place pour surveiller le feu.

Avant la guerre, il se consommait quand même pas mal de charbon de bois. Aujourd'hui, on en utilise un tout petit peu pour le barbecue, c'est tout, alors qu'à cette époque-là il y avait ce qu'on appelait des « potagers », des petits appareils en fonte dans lesquels on mettait de la braise. On prélevait de la braise dans le fourneau et on mettait par-dessus un peu de charbon. Ça permettait de faire la cuisine assez vite et ça économisait le bois, bien entendu. Il y avait aussi des petits poêles à charbon de bois, qui tenaient beaucoup moins de place qu'une grosse cuisinière à bois et qui servaient à chauffer. Puisqu'on faisait du charbon, c'est que quelqu'un devait l'utiliser ! À l'époque où j'ai commencé à en faire, il s'en utilisait beaucoup plus parce qu'il y avait les gazogènes. Les gazogènes existaient avant la guerre, mais il y en avait très peu. C'est devenu courant pendant la guerre parce qu'il manquait de l'essence. Ça pourrait nous arriver si un jour les Arabes ne nous vendent plus de pétrole : il faudra revenir au gazogène.

Faire le charbon de bois, je saurais encore, mais je ne pourrais peut-être plus. Il y a l'âge. Parce que c'était quand même un travail... On avait plusieurs haches, des haches de plusieurs grosseurs : un peu plus grosses pour abattre, un peu moins grosses pour couper les plus grosses branches une fois qu'on les avait tombées, puis un peu plus petites pour les petites. Puis on finissait avec la serpe. À ce moment-là, on ne gaspillait pas le bois comme aujourd'hui. Aujourd'hui, avec la tronçonneuse, ceux qui vendent du bois coupent les plus gros morceaux et laissent le reste, ils ne s'en occupent pas. Alors que nous, avec les serpes, les petits morceaux jusqu'à la grosseur d'un manche à balai, même plus petits, étaient bons. On allait jusqu'aux brindilles. C'était comme de tout : on économisait, on gaspillait rien.

Et de là j'en suis venu à faire les charbonnières... Moi, personnellement, j'ai toujours aidé, j'y ai toujours participé, mais je n'en ai jamais eu la responsabilité, disons. J'étais avec mon père d'abord, puis après il a eu des employés. Mais j'y restais souvent, parce que ça me plaisait. Que ça me plaisait, c'est vite dit, mais on m'avait habitué. Tout petit, je m'y étais habitué, à vivre dans la colline, et j'y étais bien. Ce qui fait que de dormir sur une paillasse dans une cabane au lieu de dormir dans mon lit, ça ne me gênait pas tellement. Au début, quand j'étais tout petit, c'était par jeu. C'était un jeu, c'était bien. Les enfants de notre époque, ne parlons pas de leur faire mener la vie de ce temps-là parce qu'il leur manquerait beaucoup de choses. Il leur manquerait des croissants et tout un tas de choses... On n'avait même pas d'eau pour se débarbouiller dans la colline! Tout ça manquerait, mais ça serait une vie passionnante pour les jeunes de la ville, à l'heure actuelle... Et puis après, je m'y suis fait : c'était mon travail, comme d'autres font autre chose...

On n'était pas tellement nombreux. Il y a eu l'époque du Service du travail obligatoire, qui avait amené pas mal de monde dans la colline. Des jeunes qui ne voulaient pas partir en Allemagne et ne pouvaient pas habiter en ville essayaient de trouver du travail à la campagne. Il y en a qui n'étaient pas tellement doués, mais enfin ils s'en foutaient un peu. Tout ce qu'ils demandaient, c'était de passer leur journée dans la montagne, dans les Alpilles : ils étaient au moins à l'abri d'un contrôle de papiers et d'être obligés de prendre le train et d'aller travailler en Allemagne. Mais sinon, on n'a jamais été trop nombreux. Ça n'est pas tellement grand, les

Alpillles. Et c'était un métier, à part les années pendant la guerre où il y en a eu un peu plus, que beaucoup de gens faisaient sans être exploitants... Maintenant, on appellerait ça « travail au noir », à cette époque on savait pas ce que ça voulait dire. Sinon, il n'y avait que mon père qui faisait du bois avec deux ou trois employés, et puis le père Benoît.

Le père Benoît a travaillé pour nous quand il est arrivé à Aureille, pas mal de temps. Puis un beau jour, pas au plus gros de la guerre mais pendant l'Occupation, à l'époque des restrictions, il avait dit : « J'aimerais bien travailler pour mon compte », et il en avait fait un peu. Il se défendait pas mal, il connaissait le travail. Parce que mon père, lui, avant d'arriver à Aureille, arrivait du Piémont, et là-bas, c'est tout ce qu'il faisait! Du bois... Bûcheron et charbonnier. À Aureille, mon père était exploitant forestier. Il y avait déjà une carte professionnelle à l'époque et il était exploitant forestier, pas marchand de bois. C'est-à-dire qu'il n'avait pas le droit de détailler du bois, il fallait qu'il le revende en gros. Partir avec un camion et aller le livrer quelque part, c'était bon. Mais avoir un entrepôt, détailler du bois, en vendre cinquante kilos à l'un ou à l'autre, c'était illégal. Encore qu'à ce moment-là, on n'était pas trop sévère sur ces choses-là, mais il fallait quand même une carte professionnelle... En 1950, il a abandonné, et moi, j'ai arrêté quand je suis parti faire mon service militaire. Quand je suis revenu, on n'a plus fait de bois, plus rien... Mon père avait conservé quelques clients à Aureille, qui étaient habitués, auxquels il portait un camion de bois par an, mais c'était insignifiant. Le charbon, plus question d'en faire...

Ici, tout le monde se chauffait au bois, mais tous les agriculteurs arrivaient à trouver du bois chez eux. D'abord les oliviers. Aujourd'hui, on ne peut pas trop s'en apercevoir parce que les oliviers ont gelé en 1956, et depuis on n'a pas de très grands oliviers. Mais moi, je me souviens de quand les oliviers étaient immenses! Ils étaient vieux. Le dernier gel datait de 1929, donc tout le monde avait son bois. On régénérait quelques oliviers, on taillait un peu les haies, et dans le village on vendait du bois seulement à la poste : le postier n'allait pas faire du bois, bien entendu. On en vendait aussi à l'instituteur, un peu à la mairie et à quelques retraités qui venaient de la ville, mais ils étaient rares. Le gros de notre clientèle de bois, c'étaient les fermes, les maraîchers du côté nord des Alpilles. Ça a toujours été des pays plus riches...

Pour aller dans la colline, on partait d'Aureille à pied. Même fonctionnant au gazogène, on ne partait pas avec le camion, par économie. On le prenait si on avait à retourner chargés, si on avait un camion de bois à descendre et à livrer pour le lendemain, sinon c'était à pied ou avec le mulet. En haut, on attachait le mulet à un arbre, on apportait un sac de foin, et des fois, le temps de la journée, il restait attaché sans travailler. Il était content parce que le travail dans les Alpilles n'était pas bien évident. Les mulets étaient bien ferrés : entre le fer et le sabot, on leur mettait une plaque de tôle. Ils étaient mieux ferrés que les chevaux, qui marchaient sur la route. Sinon, dans les morceaux de bois qui restent, ils se seraient estropiés à tout moment.

À cette époque-là, on ne retournait pas souvent les outils à la maison, ça n'était pas la mode. Le soir, celui qui s'arrêtait de travailler mettait ses haches et ses outils par terre, puis deux branches dessus. Il ne les laissait pas à la vue, mais on ne craignait pas comme maintenant de ne plus les retrouver le lendemain. On aurait pu laisser beaucoup de choses que maintenant on ne peut plus.

Des charbonnières, on pouvait en faire toute l'année. Aujourd'hui, les réglementations sont beaucoup plus sévères pour les feux en forêt. Mais déjà, il y a un demi-siècle, il y avait une loi qui interdisait de faire du feu de fin mars au début d'octobre à moins de trois cents mètres des bois et forêts... C'était interdit. On faisait du charbon quand même, mais on demandait une autorisation à la préfecture, qui nous était accordée à condition que le garde forestier donne son accord. Les gardes forestiers étaient beaucoup plus souvent dans les Alpilles que maintenant. Je sais même pas s'il y a encore un garde dans la région... Sinon on travaillait toute l'année. On évitait de le faire par temps de mistral. Seulement, comme le mistral, c'est dur à prévoir... Même aujourd'hui la météo ne tombe pas toujours juste, et pourtant ils ont fait des progrès. À ce moment-là, la météo, on ne connaissait pas, c'était nous-mêmes. On se disait : « Il risque de faire une période sans trop de mistral », alors on faisait une charbonnière.

Il y a des années où on en faisait beaucoup, mais on ne dépassait pas une par mois... Peut-être que si, parce qu'il nous est arrivé d'en avoir deux en même temps, c'est-à-dire d'en préparer une pendant que l'autre cuisait. Dès que la première était démontée, il n'y avait qu'à allumer l'autre. Et il peut il y avoir eu des mois, des mois d'automne ou de printemps, où on en a fait deux ou même trois en un mois, mais c'était l'exception... Une douzaine par an, c'est tout ce qu'on pouvait faire, en en faisant beaucoup à certaines périodes et beaucoup moins à d'autres. Ça suffisait pour la clientèle qu'il y avait. L'hiver, les journées sont courtes. En plein hiver on en faisait le moins possible. Le plus qu'on en faisait, c'était à l'automne et au printemps. Après, selon la demande, on était obligés d'en faire en plein été, mais on évitait d'en faire souvent parce que ça n'est pas évident dans des pays secs comme ça. On n'avait pas d'eau, on n'allait pas se donner la peine d'en monter, et surtout d'éteindre un feu... Ça n'existait pas...

Les gens qui travaillaient, qui coupaient du bois, ne travaillaient pas à la journée. On travaillait au stère. Ils faisaient leurs stères, ça n'était pas difficile. On coupait le bois à un mètre de longueur, et il suffisait de faire des tas de un mètre de hauteur. Si le tas avait dix mètres de longueur, sur un mètre de hauteur, il y avait dix mètres cubes, donc dix stères de bois. On le mesurait comme ça. On coupait environ, par personne, deux à trois stères de bois par jour. Un stère de bois dans les Alpilles, ça va chercher, selon les endroits, entre quatre et cinq cents kilos. Dans les vallons, le bois est beaucoup plus gros, beaucoup moins biscornu aussi, parce que les arbres montent droit, c'est connu, ils cherchent à aller au soleil. Alors que les chênes, qui étaient escarpés au bout des rochers, eux étaient tout biscornus, tout tordus, ils étaient un peu moins gros. Donc ça variait un peu.

À trois ou quatre personnes, si on avait voulu le chronométrer et se dire : « On va faire une charbonnière d'environ une trentaine de tonnes de bois », du jour où on commençait à couper du bois au jour où le charbon était en sacs, il fallait quand même compter un mois et demi, des fois peut-être un mois. Ça dépendait un peu du bois : s'il était plus gros, si il y avait moins de broussailles... Si il y avait moins de broussailles on allait beaucoup plus vite. Si on arrivait dans une touffe de chênes pleine de broussailles, il fallait d'abord commencer à la débroussailler avant de couper avec la hache. Il y avait tout un tas de facteurs qui faisaient qu'on pouvait aller plus ou moins vite. Mais enfin, il fallait compter un mois, un mois et demi. Si ça allait bien, au bout d'un mois on avait le charbon en sacs. Seulement ça n'était jamais régulier : il y avait des gens qui venaient travailler deux ou trois jours et d'autres qui travaillaient la semaine complète, puis le lendemain ils ne venaient pas.

On ne faisait le bois que dans les Alpilles autour d'Aureille : du côté du poste de vigie, vers Eyguières, et à l'ouest jusqu'à Eygalières. Vers Eygalières, c'était mieux pour les charbonnières parce qu'on trouvait de la terre, tandis que de l'autre côté, c'est de la rocaille, il n'y a que dans le vallon qu'il y a des jolis bois... Des petites propriétés dans la colline, il y en avait très peu. La colline à l'est d'Aureille appartient en grande partie à Arlot et Brahis, et se trouve sur la commune de Saint-Martin-de-Crau. On leur achetait le bois debout. On appelait ça le « bois debout ». On faisait une estimation : « Ça fait à peu près tant d'hectares... » On finissait par tomber d'accord sur le prix et après, qu'on en sorte un peu ou beaucoup, un peu moins ou un peu plus, si on en sortait bien, c'était tant mieux pour nous, et si on en sortait moins, c'était tant pis. Le jour où on faisait l'affaire, il fallait verser des arrhes, et l'affaire était faite. Du côté ouest, c'est la commune qui encaissait, mais c'était les Eaux et Forêts qui vendaient les coupes. C'était le maire qui décidait de vendre une coupe de bois, c'était sérieux. Le garde forestier venait souvent. C'est lui qui délimitait, qui disait : « Voilà, cette parcelle va être vendue. »

On faisait des charbonnières d'une trentaine de tonnes de bois au maximum, de soixante et dix stères, ce qui représentait un peu moins de dix tonnes de charbon. À la cuisson, il partait plus des deux tiers du poids. Pour trente tonnes de bois, la durée de cuisson était de huit à dix jours. Pour couper, on choisissait un vallon, chacun choisissait son coin puis s'en tenait là. On ne travaillait pas côte à côte. L'un était dans le vallon, l'autre de l'autre côté, et chacun faisait son bois. Et puis on se débrouillait de trimbaler le bois jusqu'à un emplacement pour faire la charbonnière. On appelait ça une « place », l'endroit où on faisait la charbonnière, c'était une « place ». On avait fait une charbonnière là, c'était une place, et le jour où on en faisait une autre à un kilomètre plus loin, c'était une autre place.

Dans les vallons, c'était facile : le bois était à l'endroit où on devait faire la charbonnière. Mais plus c'était escarpé, plus il y avait du travail pour le transporter. La première des choses, après avoir coupé un morceau de bois, une fois qu'il était propre, on commençait par le jeter le plus loin possible. Et si c'était bien escarpé, à la pente on laissait glisser. Ça allait où ça voulait, mais ça allait toujours vers le bas, c'est ce qui comptait le plus pour nous. Puis il y a des endroits où on n'arrivait pas à aller avec la charrette, et alors c'était le traîneau. Les traîneaux, on les fabriquait nous-mêmes, on allait vite : deux morceaux de chêne un peu recourbés, des trous faits avec la tarière, quatre montants, et le traîneau tenait ce qu'il tenait ! Quand il n'en voulait plus, il faisait du charbon ! On montait avec le traîneau sur le dos, on le chargeait – de cent à deux cents kilos peut-être –, et puis à la descente, on se mettait devant et on essayait de ne pas se laisser passer par-dessus ! Quand il fallait, si la pente était trop faible, on le tirait... Quand on prenait des bûches, on se relevait! On le tirait avec les bras avec lesquels on se tenait pour le retenir, des bras comme ceux d'une charrette, ou comme les mancherons d'une brouette, pas plus gros. On se tenait à ça et on tirait là-dessus.

Quand on avait rassemblé tout le bois suffisant, ou même avant qu'il soit rassemblé, on commençait par faire une cheminée d'environ deux mètres de hauteur sur cinquante centimètres de diamètre à peu près, plus ou moins ronde. La rondeur, on s'en foutait un peu. Il fallait être deux pour la faire car c'était toujours en déséquilibre! Pour l'emplacement, il fallait qu'il y ait au moins une vingtaine de mètres carrés à peu près plats, plutôt trente ou trente-cinq, et qu'il y ait de la terre à proximité. Quand il n'y en avait pas, on l'amenait d'ailleurs, toujours sur la charrette qui nous servait pour charrier le bois. On cherchait l'endroit où il y avait le plus de bois autour, pour avoir à le véhiculer le moins possible.

Des fois, on trouvait un emplacement, le plus bas possible, assez large, on se disait que ça faisait, seulement il manquait de la terre. Mais on préférait porter la terre que changer de place. Évidemment, on aurait pu emmener tout notre bois jusqu'à l'entrée du village où il y a beaucoup de terre arable, c'était facile! Seulement il y avait le transport! Faire le charbon sur place avait l'avantage d'économiser le transport, puisque ça éliminait presque les trois quarts du poids. Ça dépendait si le bois était vert ou sec. Quand il était vert, ça fumait un peu plus, il perdait plus de poids, ça se comprend.

Quand on avait commencé à monter la cheminée, il n'y avait plus qu'à empiler du bois debout contre. Pour la cheminée, on cherchait quatre ou cinq morceaux de bois de chêne de deux mètres de longueur, mais on ne le plantait pas en terre! Car si on le plantait en terre, il ne pouvait plus se carboniser. Alors ça faisait un édifice pas tellement bien équilibré! Ça devenait équilibré à partir du moment où on avait empilé du bois tout autour. Seulement quand on en empilait un peu plus d'un côté que de l'autre, ça bougeait. Alors au départ on faisait tenir les bois de la cheminée avec des branches d'osier entrelacées. En haut, il fallait mettre aussi des bouts de bois en travers pour empêcher que la cheminée se referme, parce que il n'y aurait plus eu de cheminée!

On empilait le bois debout. On commençait à l'appuyer contre la cheminée, et à mesure le cercle s'agrandissait. Comme à la coupe on tirait toujours au plus fin, on ne coupait pas le bois régulièrement à un mètre comme on le fait maintenant avec une tronçonneuse. Quand on était au bout de la branche, s'il ne restait plus qu'un morceau de cinquante centimètres on ne le jetait pas : on l'ébranchait et il filait dans le tas. Et pour équilibrer une charbonnière, c'était bien d'avoir des morceaux comme ça, parce que ça bouchait les trous et ça faisait des liaisons. On ne faisait pas une couche de bois après l'autre. On élargissait à mesure. On mettait d'abord plutôt les bois de un mètre, et en haut de la charbonnière, on s'efforçait de mettre les bois les plus courts pour faire l'arrondi du sommet.

On mettait les bois l'extrémité la plus grosse vers le bas plutôt que vers le haut, ce qui nous permettait de gagner de la pente petit à petit, sans laisser de trous. Ça n'était pas interdit de laisser des trous, mais c'était de la place perdue... Si on avait laissé un trou, ça n'aurait pas empêché le charbon de se cuire quand même... On appelait ça « cuire »... Et au plus ça allait, au plus on donnait de la pente. On arrivait au faîte de la cheminée quand on avait fait la moitié de la charbonnière à peu près. On en avait encore pas mal à mettre après, vers l'extérieur, mais au centre on était déjà en haut. Alors après, quand on empilait, insensiblement ça devenait plus plat. Il ne fallait pas qu'il y ait trop de pente, pour que la terre tienne.

Si on avait de la place, on arrivait à quinze mètres de diamètre. C'était fonction de la place et du bois qu'il y avait. On a eu des places qui avaient vingt mètres d'un bord à l'autre. Une fois le bois empilé, on mettait, maintenant on dirait de la « paille » mais nous la paille, on ne connaissait pas, on allait chercher de la bauque[1] dans les oliviers incultes, c'était ce qu'il y avait de meilleur. On faisait la bauque un jour à l'occasion, et puis en montant dans la colline on la portait, ça n'était pas un gros travail. On mettait ça dans des sacs ou dans un bourras[2]. Mais on en mettait très peu sur la charbonnière, le moins possible : c'était juste pour empêcher la terre de couler dans le bois. On couvrait la charbonnière en partant du bas : on mettait un peu de bauque puis de la terre par-dessus, au fur et à mesure, et on couvrait jusqu'en haut, en laissant toujours le trou de la cheminée. On mettait une petite épaisseur de terre : dix centimètres, pas plus.

Quand la charbonnière était bien recouverte, on mettait le feu. On avait une échelle assez rustique fabriquée dans la colline, qu'on attachait avec du fil de fer et des morceaux de bois. On fabriquait tout sur place! On travaillait avec les moyens du bord... On faisait un peu de braises à côté de la charbonnière, et avec l'échelle on montait sur la charbonnière pour jeter au fond, par la cheminée, un peu de braises et du petit bois. Et cela pendant quelques heures, le temps qu'on s'aperçoive que ça s'enflammait bien. Quand il commençait à sortir beaucoup plus de flammes que de fumée, on couvrait le dessus avec un morceau de tôle et de la terre, pour que ça devienne hermétique.

Du moment que le feu y était, il ne s'éteignait plus, et on commençait à faire des trous tout autour. On disait : « C'est fait, elle cuit. » On « cuisait » le charbon. On faisait trois rangées de trous, en cercles, d'abord près de la cheminée puis de plus en plus vers l'extérieur, de façon à ce que le feu se propage lentement du centre vers le bord. On pouvait faire quelques trous supplémentaires quand on s'apercevait que la charbonnière ne s'aplatissait pas bien. Le fait que la charbonnière s'aplatisse signifiait que le bois cuisait : il dimi-

1. Du provençal *bauco*, « graminées sauvages ».
2. Terme provençal passé en français régional : drap grossier qui sert à transporter du foin ou de la paille.

nuait de volume. Pendant cinq ou six jours, il n'y avait qu'à surveiller que ça ne croule pas... Le bord des trous devenait dur. La terre ne coulait plus autour des trous. Le goudron la durcissait, parce qu'il y a beaucoup de goudron dans le bois, et dans le charbon il n'y en a plus. Ça durcissait le bord des trous et là elle ne croulait pas. Seulement elle risquait de crouler ailleurs.

Et on attendait : tant qu'il sortait de la fumée, ça n'était pas cuit. Puis il venait un moment où la fumée changeait de couleur. Il n'y avait pas trente-six couleurs : ça fumait noir au départ, et puis à mesure ça blanchissait. Quand elle devenait bien blanche on se tenait prêts, on attendait qu'il sorte une petite flamme bleue. Dès qu'il sortait une petite flamme bleue, c'est que le charbon commençait à brûler, donc il était cuit. On bouchait le trou, et on surveillait tous les trous. Ça s'affaissait un peu, à chaque endroit ça s'affaissait.

Les endroits qui ne s'affaissaient pas assez, on les voyait en appuyant l'échelle contre, parce que même lorsqu'elle cuisait, on pouvait monter dessus pour aller voir tel trou, pour voir si la cheminée avait pas pris de l'air. En mettant l'échelle, on pouvait marcher dessus. Si il y avait un endroit trop dur, si ça ne s'affaissait pas, ça voulait dire qu'il y avait encore du bois. Alors on faisait un trou supplémentaire. Le gros du travail, c'était le final. Les cinq ou six premiers jours, s'il n'y avait pas de mistral, surveiller une charbonnière, ça n'était rien du tout, on s'occupait à autre chose. On se permettait même d'aller couper du bois, seulement pas bien loin, pour pouvoir revenir jeter un coup d'œil. Ah, les jours de mistral, c'était le pire ennemi, ça! Il fallait rester tout autour au cas où ça aurait emporté un peu de terre. Tout serait parti en fumée, c'est le cas de le dire!

Une fois que la charbonnière était cuite, qu'on avait décidé que c'était cuit, on fermait tous les trous et on faisait autre chose. On faisait du bois pas loin ou on en préparait une autre, et de temps en temps on venait voir si il ne s'était pas fait un nouveau trou, pour s'assurer qu'elle s'éteigne bien. Pour monter dessus, quand elle était cuite, on ne quittait pas les barreaux de l'échelle! On ne serait pas allé au fond, mais quand même... On n'y montait que pour quelques instants, histoire d'aller jeter un coup d'œil. Si du bas on avait pu voir un petit brin de fumée suspect, on montait, et avec une pelletée de terre on bouchait. On la laissait mourir comme ça au moins quarante-huit heures. En quarante-huit heures elle arrivait à s'éteindre, c'était du charbon. C'était quand même toujours un peu tiède : il nous est arrivé bien des fois de sortir un brandon de là-dedans, qu'on mettait sous un petit tas de terre.

Puis on défaisait la charbonnière. Ça n'était plus qu'un tas, elle s'était affaissée, elle avait diminué d'un tiers à peu près. On commençait à la base, d'un côté, et à l'aide d'une pelle on démolissait le tas, on l'escampait[1]. La terre restait. On avait eu la précaution de mettre de la terre qui n'avait pas de cailloux. On les avait enlevés ou on était allés la chercher où il fallait, mais il n'y avait pas de cailloux pour pas qu'il y en ait dans le charbon. Ce qui fait qu'on pouvait la démolir avec un râteau. Mais là, il ne fallait pas n'importe quel outil : on ne faisait pas un râteau avec du bois des collines! On avait de très bons râteaux en fer pour faire du bon travail. Et à mesure on démolissait, ça se démolissait tout seul! On l'élargissait, on l'escampait et on râtelait... Dans la charbonnière, les divers bois s'étaient mélangés, on ne voyait plus tellement les différences. Le buis faisait un charbon lourd, dur. On le voyait en sortant les morceaux...

On mettait le charbon en tas, on le laissait en tas une demi-journée quand même avant de le mettre dans les sacs. Au cas où il y aurait eu un morceau qui reprenne, qu'il ne prenne pas feu dans le sac pour le brûler. Mais c'était rare. Une fois éteint, on mettait tout ça en sacs, et arrivé au bout il n'y avait plus rien. Si : en bas, vers le fond, il restait toujours quelques morceaux où la terre avait coulé, qui n'avaient pas pu se cuire parce qu'ils étaient dans la terre. On les conservait pour la fois d'après, pour la charbonnière d'après, c'était bien utile pour boucher les trous. Si on n'empile que

1. Du provençal *escampa*, « répandre », « étendre », « épancher ».

des morceaux de bois de un mètre de longueur, il reste toujours des trous. On cherchait à restreindre le plus possible les trous. La charbonnière avait moins de volume, donc avec moins de volume il nous fallait moins de place, et moins de terre pour l'enterrer. On cherchait à gagner sur toute la ligne.

Le mistral, c'était notre terreur : il nous gênait sur toute la ligne! D'abord parce qu'on ne dormait pas, de peur que la charbonnière prenne feu. Et la charbonnière, c'était encore une chose, puis ça aurait foutu le feu à la colline! Ensuite, il provoquait des petits éboulements de terre, des infiltrations qui empêchaient de bien se cuire. Il nous gênait là aussi. Et puis il y a des endroits, quand il n'y avait pas de vent, à quelque chose près on arrivait à se baser à la couleur de la fumée, on savait quand ça allait être cuit. À la couleur de la fumée, on se disait : « Dans quelques heures, celui-là de trou, on viendra le boucher. » Avec le mistral, c'était impossible : là où on aurait prévu quelques heures, des fois au bout d'un quart d'heure il sortait des flammes parce que le feu était arrivé d'un autre côté. Puis il nous emportait la terre. Pendant la cuisson, il y avait très peu d'érosion, il n'emportait pas beaucoup de terre, mais quand la charbonnière était finie, il nous emportait tout! Alors on essayait de prévoir. On n'était pas tellement bons pour ça, mais il nous arrivait de préparer une charbonnière, de la recouvrir de terre par temps de mistral, et de ne pas l'allumer. Parce qu'une fois recouverte, tant qu'on y touchait pas, ça ne risquait rien... Il fallait attendre que le temps soit propice.

Quand on faisait ce charbon, quand on avait fini de recouvrir notre charbonnière, avant d'y mettre le feu, un orage, c'était grave. Mais une petite pluie par-dessus, c'était une bénédiction pour nous! Ça durcissait la terre, on était heureux comme des papes, c'était quelque chose de formidable. Un orage, non : ça ravine! Ça arrivait plus souvent que de nos jours, les orages! On avait toujours des sacs, les sacs dans lesquels on mettait le charbon, et en cas d'orage on les mettait sur la charbonnière, surtout vers le haut. Des fois, il nous arrivait d'en brûler quelques-uns, si la charbonnière était déjà allumée. L'eau s'infiltrait quand même dans la terre, à travers le sac, puis elle finissait par couler, mais elle ravinait moins. Le bas, on le surveillait : on faisait le tour de la charbonnière avec la pelle et on comblait là où ça ravinait. Dès qu'il y avait un ravin un peu trop grand, qui arrivait à découvrir le bois, il sortait des flammes! Parce qu'on n'avait pas peur que ça nous l'éteigne! Ça représente une masse de braises quand même! Quelques dizaines de tonnes de bois embrasées, c'est pas un orage qui l'éteint! Ça n'est pas ce qu'on craignait : on craignait surtout que ça nous fasse des trous et que ça nous le brûle!

Quand il y avait un mistral vraiment épouvantable, de grosses rafales, on était obligés de tout fermer comme si on voulait l'éteindre, et de refaire des trous quelques jours après quand le vent avait calé! Seulement, si on attendait trop, ça finissait par s'éteindre pour de bon. De toute façon, par mistral, ça marchait toujours mal. C'était mal cuit. Alors mal cuit : il n'y avait pas de problème, ça n'était pas du charbon, c'était à refaire. Les morceaux pas bien cuits, on les mettait de côté, c'était du temps perdu. Mais il y avait le trop cuit! Une fois qu'il avait brûlé, le charbon, ça n'était plus du charbon... À partir du moment où ça devenait de la braise, il fallait l'éteindre, impérativement et assez vite! Autrement, après, la braise devient des cendres, et les cendres, pour nous, ça n'était pas intéressant... Déjà que c'était un travail assez dur. Assez dur, ma foi : on le faisait.

Les petites charbonnières cuisaient six jours. Pour trente tonnes de bois, il fallait compter huit. Pendant huit jours on ne rentrait plus à la maison. Il fallait qu'il y ait quelqu'un en permanence, et on se levait souvent la nuit, même par beau temps. Pas les premiers jours, mais les derniers. Ça n'empêchait pas de faire un autre travail, parce que les premiers jours il n'y avait qu'une surveillance... On s'arrangeait pour ne pas perdre du temps. On surveillait mais on travaillait à côté! Il ne fallait pas perdre du temps, c'était défendu, ça! Il y avait toujours du bois à transporter ou on pouvait même aller préparer une nouvelle place un peu plus loin : on s'occupait en attendant que ce soit prêt.

Et une fois la charbonnière finie, on ne pouvait pas en refaire une autre immédiatement sur la même place. Cette terre brûlée, on n'arrivait plus à l'utiliser tant qu'il n'avait pas plu... Parce que la terre avait cuit aussi, elle était trop poudreuse, elle aurait passé à travers. Un coup de mistral l'emportait... La plupart du temps, pourtant, cette terre restait d'avant, parce que les coupes de bois dans les Alpillles se faisaient entre vingt et vingt-cinq ans. Ça se vendait à l'adjudication. À ce moment-là, c'était entretenu, le bois se coupait et les chênes, à vingt ans, on les considère adultes.

Dans les vallons où il n'y avait point de terre, on en mettait dans des sacs sur la charrette et on la montait. C'était la meilleure. On la prenait, parce qu'elle était un peu argileuse, dans un terrain d'Arlot qu'on appelle d'ailleurs « le trou d'argile », sur le chemin qui mène du village à la colline. La terre argileuse, c'était bon, mais il fallait la mélanger pour que l'argile ne colle pas trop. Là, on en prenait pas mal. Elle avait un avantage formidable : il n'y a pas de pierres. Il y a un trou, il y a des peupliers qui poussent là. Ils ont un peu soif, ces temps-ci, parce que ça fait quelques années qu'il ne pleut pas beaucoup... Maintenant, les jeunes y vont pour faire du cross, dans cette carrière.

On montait chaque jour un sac, avec une charrette. On avait des charrettes qui servaient pour mettre du bois tout le jour, alors les planches jointaient[1] bien ou jointaient moins bien. On ne les chargeait pas beaucoup parce que ça monte... Au pire, tout ce qu'on aurait pu mettre sur une charrette, c'est un quart de mètre cube de terre. Mais si on avait mis ça carrément sur la charrette, en arrivant en haut il n'y en aurait plus eu. Entre ce que les planches en laissaient passer, les cahots... Ça cahote pas mal, ce chemin, pour monter jusque là-haut. Alors on la mettait dans des sacs, comme ça on était sûr que chaque pelletée montait. Mais on le prévoyait à l'avance : il nous arrivait de partir

1. Français populaire pour « jointoyaient ».

travailler et en passant de prendre quelques sacs de terre, même si on n'en avait pas besoin. On savait que quelques semaines ou quelques mois après, un jour ou l'autre, il faudrait faire une charbonnière, et on les mettait en place.

On allait assez loin en charrette, beaucoup plus loin qu'on ne le ferait maintenant, parce que c'était un chemin. Avec le camion, je me souviens qu'on allait assez loin aussi. Quand il n'y avait pas la charbonnière, on pouvait aller dans la place de la charbonnière, et en manœuvrant bien on finissait par arriver à tourner. Mais quand la charbonnière était faite, il n'y avait plus d'espace pour faire demi-tour, alors on y allait en marche arrière sur cinq cents mètres, parce que il y avait juste le passage du chemin. On avait un vieux Ford. On s'était servi un peu, pour rouler là-dedans, d'un camion qu'on avait acheté à un dénommé Berlingot. Ces gens-là avaient été forains, et il lui restait un camion, un Ford, avec les roues à bandage. Il n'y avait pas de pneus. Ah, on ne risquait pas de crever! Seulement il ne fallait pas aller sur la route, c'était dur!

Le mulet, je l'avais habitué, jeune, à s'arrêter au cimetière, à l'entrée du village, quand on revenait. Quand je venais de travailler, arrivé au cimetière je l'arrêtais, je descendais de la charrette, je le prenais par la bride et je le menais à la main. Et il s'était habitué à ça. Alors il m'arrivait de m'endormir en partant de là-haut. Les cahots et tout ça, on s'en fout pas mal, quand on est jeune, on dort bien! Et arrivé au cimetière, il s'arrêtait. Et quand la charrette s'arrêtait, ça me réveillait! Et pour y aller, là, c'est lui qui s'y était habitué tout seul! Arrivé à la place de la charbonnière – il ne pouvait pas faire autrement – il s'arrêtait.

Quand on restait dans la colline, il fallait porter l'eau sur la charrette. On avait bien une bonbonne, mais il fallait bien la calfeutrer pour ne pas la casser. On a commencé à vraiment porter de l'eau quand il y a eu les Américains et qu'il y a eu des jerricanes. Alors, à force de les rincer, on pouvait apporter de l'eau dedans. Les bonbonnes, c'était fragile, et de l'eau, on en avait pour boire, et encore! La plupart des compagnons qui travaillaient, les bûcherons, ne buvaient pas beaucoup d'eau! Ils buvaient plutôt du vin que de l'eau.

Je me souviens que Basile, un ouvrier, avait le tonneau dans un coin de la cabane! Le tonneau, le sac de pommes de terre, de l'ail et des oignons, du sel et voilà. Et pour le reste, on lui portait des bricoles de temps en temps. Le tonneau de vin n'était pas bien grand, mais à raison de quatre ou cinq litres par jour, ça allait vite! Basile ne descendait au village qu'une fois tous les deux ou trois mois. D'une charbonnière à l'autre, on lui apportait le manger et tout. Bien sûr, le jour où il descendait, il ne fallait pas compter qu'il revienne travailler le lendemain, ça on le savait. Il l'annonçait dans la semaine, bien entendu, il était quand même assez sérieux! Il ne venait pas au village quand il y avait une charbonnière en train! Mais quand il faisait du bois après, il disait : « Dimanche, je descendrai jusqu'à Aureille. » Et là, de quelques jours on ne le voyait plus, il ne dessaoulait pas. Et puis un beau jour, il retournait et il recommençait à travailler. Aujourd'hui, il n'y en a plus des gens comme ça...

Moi, j'étais jeune, il m'est arrivé de rester plusieurs jours sans me laver. Je me languissais de voir la maison! Et alors c'était laborieux... L'été, ça n'était pas difficile! En arrivant à la maison bien sale, il n'y avait qu'à prendre la bicyclette, un gros morceau de savon, des vêtements propres et aller au canal! Mais l'hiver, on faisait chauffer des bassines d'eau et... Moi, j'avais la chance d'avoir une écurie où il y avait le mulet, pendant la guerre on avait une vache et il ne faisait pas bien froid là-dedans! Alors une bassine d'eau après l'autre, la première faisait une eau bien juteuse, et puis on finissait par se laver! Et les autres jours, quand on restait dans la colline, l'eau servait un peu à boire, on se lavait juste un peu le tour des yeux pour pouvoir se réveiller le matin, et c'est tout. On était noirs comme des charbonniers...

La cabane était faite selon le temps que le travail risquait de durer. Aux endroits où on savait qu'on ne ferait qu'une petite charbonnière, on faisait des fagots de bois comme ceux qu'on portait au boulanger, parce qu'on fournissait des fagots à la boulangerie, à ce moment-là aussi, ils chauffaient leur four au bois, et avec des fagots comme ça, pas mal empilés, ça protégeait pas mal de la pluie, du froid éventuellement. Aux endroits où on n'en faisait qu'une, que ça ne durait pas, on s'arrangeait plutôt pour ne pas y aller l'hiver. La cabane était faite pour deux : un lit de chaque côté et la cheminée au milieu, avec un petit trou pour laisser sortir la fumée, et c'est tout ! J'ai d'abord couché avec mon père, puis quand mon père ne venait plus, j'avais des employés et ils couchaient là-bas.

À chaque endroit où on faisait une charbonnière, on faisait une cabane, mais vite faite ; il fallait moins de la journée des fois. Maintenant, il y a des endroits où on faisait plusieurs charbonnières, on en faisait énormément au fond des vallons, alors là on en avait fait une dans laquelle je couchais il y a une cinquantaine d'années et il y a encore le vestige. On avait creusé dans la terre, ce qui fait qu'elle était à moitié enterrée, puis on avait mis des cailloux, des grosses pierres sur les bords, ça ressemblait déjà un peu à quelque chose !

La paillasse était faite de brins de buis. On n'a jamais cherché à avoir de la paille. On mettait le buis dans un bourras, on ne coupait que des brindilles, on les laissait sécher – en quelques jours c'est sec – et on y est bien dessus ! On couchait là-dessus. C'était un bourras cousu, avec de la ficelle, et ça finissait par être une paillasse. On y dormait bien. Le lit faisait quatre-vingts centimètres maximum, pourvu qu'on ne se casse pas la gueule ! C'est tout. Et bien des années plus tard, quand j'ai commencé à avoir des ennuis avec la colonne vertébrale, on me disait qu'il fallait dormir sur le dur. Là je me suis dit : « J'aurais dû continuer à dormir dans les cabanes des charbonnières ! » Des fois, on était seul dans la cabane. Quand on était deux, on n'avait pas le temps de trop blaguer, on était assez fatigués. On blaguait un peu devant la cabane le soir.

J'ai fait ça de quatorze ans, que j'ai quitté l'école, jusqu'à ce que je parte faire mon service militaire, pendant six ans.

Mais j'étais tout petit que j'allais déjà y coucher, dans les charbonnières. Et puis, à onze ou douze ans, pendant les vacances, on n'allait pas à la neige ni à la mer! La neige, on attendait qu'il en tombe si on voulait en voir... Et on travaillait... Et le temps que je fasse mon service militaire, tout a changé. Mon père avait acheté une maison quelque temps avant, il avait quelques oliviers, on devenait modernes. Le charbon de bois, on en vendait beaucoup moins, et de même le bois. Parce que les cheminées, maintenant, redeviennent à la mode : tout le monde veut une cheminée dans sa maison pour faire joli. Mais je me souviens d'une époque où on les démolissait pour installer du chauffage au fuel! C'était dépassé, la cheminée, on n'en voulait plus. Maintenant, c'est redevenu à la mode et c'est un luxe.

Mais ça n'est pas tellement ça qui l'avait fait abandonner. C'est qu'on était quatre frères, alors il avait décidé d'acheter des terres. Comme il avait quatre fils, il avait dit : « Les quatre fils ne vivront jamais à faire du charbon. » Surtout que la situation se détériorait pour la vente. Pour la consommation de la maison, c'était fini, les gazogènes, ça a été fini, il y a eu de l'essence tant qu'on a voulu. À la Libération, l'essence coulait dans les fossés, ici. C'est épouvantable, le gaspillage qu'il y avait, quand les Américains sont arrivés. On ne la gaspillait pas, nous, mais eux en avaient tant qu'ils voulaient, ils ne regardaient pas! Ils s'en foutaient... Et nous qui étions habitués à économiser, on le trouvait gros, ça. Parce que ces années que j'ai passées dans la colline, c'était pas jojo, mais c'était la vie de cette époque-là. On vivait comme ça : c'était normal, mis à part que comparativement à ceux qui travaillaient leurs oliviers, on était un peu plus sales quand on arrivait, sales comme des charbonniers! La fumée, la poussière du charbon...

Maintenant les souvenirs... J'aimais bien. J'aime bien les Alpilles. Tout ça, c'est vrai. Mais après, il faut reconnaître que c'était un peu dur quand même. Passer une semaine sans se laver... D'accord, il n'y avait que la poussière du charbon, et ça n'est pas grave... Le docteur me disait toujours que c'était bénéfique pour les bronches. La fumée, non. La fumée, on n'en avalait pas beaucoup. Mais la poussière de charbon, c'était très bon. Certains disent : « C'était la belle vie, on vivait bien, c'était le bon temps. » Oui, d'accord, moi, je l'ai passé et ma foi... Mais enfin je trouve qu'il y a quand même des choses modernes qui sont bien aussi...

Dans les taureaux

En Provence, on fait courir les taureaux. Ici, qui dit fête dit course de taureaux. On ne fait pas de fête chez nous sans cela. Seulement, il y a une grande différence entre nos courses de taureaux ou de vachettes et les corridas. La corrida est une chose, et les courses camarguaises ou courses de taureaux en sont une autre. « Course camarguaise », c'est une appellation qui n'existe que depuis quelques années. Moi, j'ai toujours entendu parler de « courses de taureaux », en provençal *courso de biòu* quand c'était des courses de taureaux importantes, et de courses de vaches « emboulées » quand c'étaient des courses de moindre importance dans lesquelles on ne mettait que des vaches, et encore on les emboulait, c'est-à-dire qu'on mettait, à l'époque, des cuirs au bout des cornes pour éviter que les coups soient trop mauvais. Et on appelait ça « courses de taureaux ». C'est devenu la « course camarguaise » depuis qu'il y a eu la Fédération française de la course camarguaise, en 1975.

Il y a trois parties différentes, dans la fédération : les manadiers qui sont propriétaires des taureaux, les clubs taurins, c'est-à-dire les comités organisateurs des courses, et les raseteurs, ceux qui coursent les taureaux. Tous ont leurs propres intérêts, alors c'est assez difficile à gérer. Les raseteurs, leur intérêt principal, c'est l'argent : ils risquent leur vie quand même. Les manadiers, c'est de faire courir leurs taureaux le plus possible, c'est leur gagne-pain, et les organisateurs, c'est aussi une question d'argent, pour faire vivre leurs clubs d'abord et pour pouvoir payer les raseteurs et les manadiers. Ce qui fait qu'il y a des tiraillements et, depuis 1975 que ça dure, la situation s'est même plutôt dégradée qu'améliorée. Il y a toujours des gens dévoués qui essaient de faire quelque chose, mais il y a toujours des dérogations, des jours où les règlements ne sont pas respectés.

Par exemple on a limité le nombre de raseteurs dans les arènes selon l'importance de la piste. Dans les grandes pistes, je crois que c'est seize raseteurs, et il arrive qu'il y en ait dix-sept ou un dix-huitième, et on continue quand même. C'est une chose qu'en football, par exemple, on ne voit pas : on n'a jamais vu un match de football avec douze joueurs dans une équipe. C'est assez sévère alors que là, ça ne l'est pas, peut-être parce que c'est une chose qui est régionale, ce n'est pas à l'échelon national, c'est tout à fait limité. Il y a un petit coin de la Provence où on fait des courses de taureaux, et un petit peu du Languedoc. En Provence, c'est de Salon-de-Provence à Arles, en Languedoc, ça part de l'autre côté du Rhône jusque vers Montpellier, ça monte un peu vers les Cévennes, mais pas tellement. Alors c'est peut-être parce que ça se passe dans un espace restreint d'abord, et puis peut-être parce que ça se passe en Provence aussi, parce que Provence et Languedoc, c'est bien la même chose : on est réputés pour ne pas être tellement respectueux des lois, ou enfin un peu moins que les autres.

Les courses importantes, on les appelait aussi « courses libres », ça voulait dire que n'importe qui était libre d'y participer à condition d'avoir un peu de courage et des bonnes jambes. C'est tout à fait différent de la corrida. Le taureau de corrida est élevé jusqu'à l'âge de trois, quatre ou même cinq ans – quand ça dépasse cinq ans, ça devient grave parce qu'ils sont vieux et ont pris du vice –, mais le taureau de corrida ne sort en piste qu'une fois : pour mourir, puisqu'on le met à mort. Il est sélectionné selon d'autres méthodes que le taureau camarguais. Lui, on ne l'essaie pas : quand il entre en piste, on ne sait pas si il sera bon ou mauvais. Il est sélectionné à partir de sa mère. Les éleveurs de taureaux de corrida essaient leurs vaches quand elles sont toutes jeunes, ils appellent ça une *tienta*, pour tester leur bravoure, et à partir de là ils décident si elles sont bonnes ou si elles ne sont pas bonnes. Si une vache est déclarée bonne, on la garde et elle fait des veaux. Et ces veaux-là, on se dit : « Ils vont être bons. » On les met en piste mais sans les avoir essayés. Alors que les taureaux camarguais, eux, à partir de deux ou trois ans, quand ils sont en état de courir, on commence à les essayer dans des petites pistes, ils courent plusieurs fois dans l'année, et au fil des années on voit si ils sont valables ou pas.

Il y a des taureaux camarguais qui ont tenu l'affiche en course libre pendant une dizaine d'années, même davantage, parce qu'ils étaient bons, et il y en a d'autres qu'à quatre ou cinq ans on s'aperçoit qu'ils ne seront pas bons, et à ce moment-là ils vont à l'abattoir. Sinon, ils peuvent faire une carrière. Il y a même des taureaux, chez nous, qui sont morts de leur mort naturelle. Ils sont très rares parce que les éleveurs ne font pas tellement de sentiment. Pour qu'on laisse mourir un taureau de sa mort naturelle puis qu'on l'enterre dans un coin du pâturage, il faut qu'il ait été exceptionnel. Il y en a même qui ont droit à un monument, comme le Sanglier, qui est mort dans les années trente, ça va chercher loin, et qui a une stèle du côté du Cailar, dans le Gard, au croisement des routes de Vauvert, Le Cailar et Aimargues.

Sinon, quand ils naissent, les éleveurs savent qu'ils sont destinés à l'abattoir, plus ou moins. Le taureau de corrida, c'est dans la piste qu'il meurt. Les camargues, soit ils montrent de mauvaises dispositions quand ils sont jeunes, alors on les fait abattre de suite, soit ils font une carrière bonne ou moyenne et on ne les fait abattre qu'à la fin de leur carrière, quand ils sont assez vieux. Un taureau peut courir jusqu'à quinze ou seize ans, mais ce sont des exceptions. Dix ou douze ans, c'est la moyenne. Après, il devient vieux, vicieux, il ne cherche plus que la faute des raseteurs. Les raseteurs, chez nous, ce sont les *toreros* chez les Espagnols.

Les raseteurs connaissent les taureaux, puisque les taureaux courent une fois par mois environ dans l'été. Il y en a qui courent davantage mais, quand on exagère trop, ils sont trop habitués à voir les pistes. Il faut les laisser se reposer, pas sur le plan physique, parce que l'énergie qu'ils dépensent dans une course ils l'ont vite récupérée. Seulement c'est le moral aussi qui y fait. Un taureau qui est trop souvent dans les arènes finit par s'y habituer, ça n'est pas bon. Alors que si il reste plusieurs semaines entre chaque course dans son pâturage, en liberté, son instinct sauvage reprend bien le dessus. Et là, le raseteur, quand il rentre en piste, il connaît le taureau.

Son travail consiste à enlever des attributs qui sont sur les cornes : une cocarde d'abord, c'est-à-dire un petit morceau de chiffon rouge attaché avec une ficelle entre les deux cornes, puis deux glands qui pendent chacun sous une corne, le tout bien attaché avec des ficelles. Ces attributs sont primés par les organisateurs. Ils ont un prix fixe au départ, quand ils sortent, puis après on rajoute des primes, les organisateurs d'abord puis les commerçants pour se faire de la publicité... Il y a un micro avec lequel le président de la course annonce les primes au fur et à mesure. Les primes augmentent, sur un même taureau, durant sa course et en fonction de la difficulté qu'il présente. En ce moment, je crois que dans les très grandes courses les attributs sortent à trois cents francs, mais on en a vu monter jusqu'à cinq mille francs. C'est assez rare, ça arrive sur un taureau très difficile, lorsque les raseteurs ont de la peine à les enlever. Dans les courses normales, quand un attribut arrive à mille francs, c'est déjà pas mal.

Les raseteurs prennent en principe la cocarde d'abord, mais ils font un peu ce qu'ils peuvent. C'est la cocarde qui est primée en premier. Il y a un prix fixe au départ, puis les primes sont ajoutées d'abord à la cocarde, uniquement. C'est-à-dire que la cocarde, sortie à trois cents francs, peut être primée à cinq cents francs ou mille si le taureau est difficile, et les glands en sont toujours à trois cents francs comme ils étaient à la sortie. Si un raseteur enlève un gland, il a trois cents francs et c'est tout, les primes ajoutées n'étant qu'à la cocarde. Bien entendu, une fois la cocarde enlevée on prime sur le premier gland, puis sur le second, et puis quand il n'y en a plus, éventuellement c'est sur les ficelles qui restent. C'est déjà un peu plus difficile. Les ficelles font plusieurs fois le tour de la corne. Les raseteurs ont bien un petit crochet en fer pour les couper ou enlever les autres attributs, mais c'est un tout petit crochet qu'on met au bout des doigts...

Face à un taureau, il y a plusieurs raseteurs en piste, qui se concurrencent pour enlever les attributs. Il y a ce qu'on appelle des « tourneurs », qui eux ne rasetent pas mais aident les raseteurs. Ils positionnent le taureau dans la piste de telle façon à ce qu'il soit plus aisément rasetable. Mais quand le raseteur passe sur un raset pour enlever un attribut, il est seul. Quand il arrive en face la tête du taureau, il est seul : il n'y a plus que lui et le taureau. Contrairement à un *matador*, il n'a pas une cape pour le dévier, il n'a que ses jambes. Et s'il veut enlever un attribut, il faut arriver à mettre la main sur la tête, entre les cornes. À ce moment-là, le taureau est déjà presque en pleine course. Un raseteur risque sa vie autant qu'un *torero*. Je crois que la seule différence c'est qu'il est beaucoup moins payé : il n'a que les attributs qu'il enlève et un engagement au départ s'il est bien coté. Un mauvais raseteur va aux arènes, il enlève ce qu'il enlève, s'il n'enlève rien il retourne avec les poches vides, alors qu'un mauvais *torero* a toujours un cachet, même s'il n'est pas énorme.

La technique du raset est assez compliquée à expliquer, parce qu'il y a plusieurs façons de raseter. « Raseter », c'est citer le taureau, c'est-à-dire attirer son attention, lui foncer droit dessus, et quand on est à la tête, essayer de le contourner en envoyant la main pour tenter d'enlever un attribut. Seulement, de tous les raseteurs que j'ai connus, il n'y en a aucun qui avait la même méthode que les autres. Certains ont beaucoup plus de facilité, sont beaucoup plus efficaces, et ce n'est pas forcément ce qui plaît au public. Ce qui plaît au public, c'est un raseteur qui – ils ne le font pas tous exprès, ça ne se commande peut-être pas tellement –, mais c'est le raseteur qui, arrivé à la tête, qu'il le veuille bien ou qu'il ne puisse pas faire autrement, se laisse poursuivre par le taureau et arrive aux barrières de la piste en même temps que lui. À ce moment-là, au moment où le raseteur saute les barrières pour échapper au taureau, le taureau se jette sur lui. C'est beaucoup plus spectaculaire qu'un raseteur qui passe devant le taureau, qui envoie la main, enlève un attribut avec beaucoup de rapidité sans que le taureau ne s'aperçoive de rien. C'est beaucoup moins beau...

Il y a six taureaux par course. La course de chaque taureau dure un quart d'heure ou moins, mais jamais plus. Ce n'est pas tout à fait vrai : exceptionnellement, j'ai vu des éleveurs, sur un taureau qui avait été formidable, qui avait été applaudi parce qu'il avait fait plusieurs coups de barrière – on appelle « coup de barrière » quand il poursuit le raseteur jusqu'à la barrière et qu'il s'y jette contre –, accorder quelques minutes supplémentaires qui étaient annoncées par le micro à la présidence de la course. Mais c'est un fait assez rare : la course dure un quart d'heure. Moins, c'est souvent : si le taureau a été dépouillé de tous ses attributs, qu'il ne reste plus ni cocarde, ni glands, ni ficelles, à ce moment-là on le rentre. Ce n'est pas la peine de le laisser en piste, il n'y a plus rien à gratter, on le rentre.

Ces taureaux, on les fait courir dans des arènes. Presque tous les villages ont des arènes, qui ont été faites la plupart pour la course libre. D'arènes romaines, on n'en compte que deux en Provence : Arles et Nîmes, mais il y en a d'importantes parmi celles qui ont été construites spécialement pour la course libre : Châteaurenard, les Saintes-Maries-de-la-Mer, Beaucaire, qu'on appelle le « berceau de la course libre », Lunel... En citer trop serait prendre le risque d'en oublier. Il y en a beaucoup qui ne sont pas très importantes du point de vue de la contenance du public, mais qui ont une grande notoriété. Pas loin de chez nous, il y en a à Mouriès qui contiennent moins de trois mille personnes et qui pourtant sont très connues.

Les courses libres ne se font que pendant les six ou sept mois de beaux jours, de vers la fin du printemps au début de l'automne. C'est un spectacle de plein air. Une course de taureaux, comme une corrida, on ne la conçoit pas en plein hiver, peut-être parce que les taureaux ne sont pas tellement en état. Ce sont des animaux qui vivent en liberté et qui pendant l'hiver subissent le mauvais temps, ils sont peut-être moins en forme que l'été. Et puis on n'imagine pas chez nous de faire des courses pendant l'hiver.

Les taureaux vivent chez nous principalement en Camargue. Il y a une trentaine d'années, on connaissait quelques dizaines de manadiers en Camargue, alors que maintenant je crois qu'au syndicat des manadiers ils sont au moins une centaine. Ça a beaucoup augmenté. Pour trouver des pâturages, ils ont été obligés de déborder un peu les limites de la Camargue. Jusque-là, c'était surtout en Camargue parce que c'est un endroit particulier : beaucoup de roseaux, de marécages, disons beaucoup de pâturages pauvres. Les pâturages de Camargue ne valent pas les pâturages de Crau, que l'on garde pour les moutons. Le taureau est plus rustique que le mouton et on lui laisse passer l'hiver un peu comme il veut.

Mais maintenant, ça a débordé de beaucoup. Bien des gens mettent des taureaux dans les Alpilles. Tous ceux qui étaient en Petite-Camargue, c'est-à-dire entre Aigues-Mortes et Montpellier, débordent vers les Cévennes, dans les garrigues. En Crau, il y en avait dans ce qu'on appelle la Costière de Crau, c'est-à-dire sur la rive gauche du Rhône. Là, d'Arles à Port-Saint-Louis, ça a toujours été un peu marécageux et il y a eu beaucoup de manades, que l'on appelait les « manades de Crau ». Avant la dernière guerre, où il y avait beaucoup moins de manadiers, on disait que les taureaux étaient en Camargue, mais ce n'était pas nécessairement vrai : il y en avait presque autant dans la Costière de Crau. Il y avait là surtout des « croisés espagnols », c'est-à-dire des camarguais croisés avec des espagnols, mais ça n'a jamais donné grand-chose. Insensiblement, ces manades-là se sont perdues. On en est revenu au taureau camarguais ou espagnol, parce qu'il y a des éleveurs en Camargue qui élèvent des taureaux espagnols, de pure race espagnole. Il y a même un manadier de chez nous, Hubert Yonnet, qui a présenté une corrida de taureaux à Madrid. Ça n'avait pas été tellement mal.

On dit que les courses camarguaises trouveraient leur origine dans l'Antiquité. Mais depuis que je vois des courses de taureaux, ça doit faire une soixantaine d'années, je pense qu'à part les historiens qui ont voulu nous parler des taureaux, les gens qui vont aux courses ne cherchent pas tellement à comprendre les origines du taureau. On va aux courses de taureaux parce que ça fait partie de nos traditions, et puis voilà. C'est sûr qu'à partir du moment où on prend des livres, on entend parler du culte de Mithra ; mais les gens n'y attachent pas tellement d'importance. Ces jeux doivent dater d'il y a très longtemps, mais dans les villages éloignés de la Camargue et de la Costière de Crau, au moment où il n'y avait aucun véhicule pour transporter les taureaux et où les manades n'avaient pas encore débordé de cet espace, il ne devait certainement pas y avoir beaucoup de courses. Car les taureaux se déplaçaient à pied.

Les gardians étaient à cheval. Ils encadraient les taureaux, partaient des pâturages et pouvaient aller rejoindre un village à des kilomètres. C'était courant. Mais ils ne pouvaient certainement pas aller aussi loin que ce qu'ils vont aujourd'hui. C'est de là que sont nées les *abrivado*. *Abrivado*, ça vient du provençal *abriva*, qui veut dire « accélérer ». Ce n'était pas l'*abrivado* tant qu'ils n'arrivaient pas au village. Mais arrivés au village – comme aujourd'hui, mais aujourd'hui ils n'arrivent pas de très loin : ils sortent d'un camion à l'entrée du village pour traverser le village –, arrivés au village, donc, la tradition voulait, comme on le fait encore, que les jeunes du village, et même des moins jeunes s'ils étaient assez téméraires, essayaient de faire échapper les taureaux aux gardians. C'était un jeu, ça l'est toujours, et c'est là qu'on a commencé à parler d'*abrivado* parce qu'il fallait « abriver », accélérer. Ils étaient venus au pas jusque-là et ils accéléraient pour traverser le village au plus vite, pour éviter qu'on les leur fasse échapper. Ces anciennes *abrivado* étaient nécessaires parce qu'il fallait emmener les taureaux. Puis c'est devenu simplement un jeu. C'est sûr que des villages comme chez nous, au siècle dernier, il ne devait pas y avoir de courses de taureaux. Ça faisait quand même assez loin, pour les y amener.

Le seul qui ait laissé pas mal d'écrits anciens, c'est Quiqueran de Beaujeu[1]. Il disait que dans les cours des fermes en Camargue, à son époque, on organisait des jeux qui ressemblaient déjà à nos courses de maintenant. Dans les cours de fermes, ça n'était pas difficile : il n'y avait pas à transporter les taureaux. Les premiers véhicules qui ont servi à les emmener – pas à les transporter, à les encadrer, et c'était déjà un peu moderne puisqu'il n'y avait plus besoin des gardians pour les escorter –, c'étaient des chariots à quatre roues, traînés par un cheval ou deux, mais qui n'avaient pas de fond. On enfermait les taureaux là-dedans, et à mesure que le chariot avançait il fallait que eux avancent.

Ça n'a pas tellement duré, parce que ça n'était pas facile pour les chevaux qui traînaient le chariot. Un cheval qui traîne une charrette de fourrage ou de cailloux ou autre, c'est un chargement stable. Alors que les taureaux qui marchent, ça n'est pas tellement évident. S'ils veulent aller plus vite que le chariot, ça pousse, s'ils ne veulent pas avancer, il faut tirer plus fort. Ça n'avait pas duré mais ça a été le premier moyen, on peut presque dire, de locomotion. Puis, de là, on en est arrivé aux chars avec un plancher, on les mettait dedans mais on les conduisait quand même avec des chevaux, il n'y avait pas encore de véhicule à moteur. Puis on est arrivés aux chars automobiles.

1. Quiqueran de Beaujeu, *De laudibus Provenciae*, Tournon, 1551. Traduction française de F. de Claret publiée en 1614 à Lyon sous le titre *La Provence louée*.

Le complément de l'*abrivado*, c'est la *bandido*. L'*abrivado*, c'est quand les taureaux arrivent au village, et la *bandido*, c'est quand ils s'en vont le soir, après la course. Pour l'*abrivado*, ils arrivaient tous encadrés. Le but des jeunes qui voulaient s'amuser, c'était de les faire échapper, mais le but des gardians, c'était de les amener dans l'arène pour qu'ils y soient l'après-midi pour courir. Donc, c'était très important pour les gardians, c'était même un impératif : il fallait emmener les taureaux aux arènes. Alors que le soir, pour la *bandido*, on les lâche un par un et puis ils vont où ils veulent. Maintenant, non : il y a quand même un camion à la sortie du village. Mais à cette époque-là, on les lâchait carrément. D'ailleurs, *bandido* vient du verbe *bandi*, qui veut dire lâcher, et notamment des animaux. On les accompagnait jusqu'à la sortie du village et puis ils revenaient à leurs pâturages comme ils voulaient. Mais c'était à l'époque où on ne faisait pas des courses très loin de leur lieu de pâturage, où ils finissaient par se retrouver.

La « course de vachettes », c'est le départ de la course libre, c'est là qu'on commence à s'essayer aux taureaux. Ce sont des courses de moindre importance. Il fut une époque où on ne les faisait que dans les villages qui n'avaient pas de grands moyens ni de grandes arènes, où on était obligés de faire des arènes avec des charrettes qu'on mettait en rond. C'est là que se formaient les taureaux jeunes. On disait « courses de vachettes », et c'est vrai : on faisait courir des vaches, pas toutes, les vaches qui avaient un veau on ne les faisait pas courir, mais on faisait courir aussi des taureaux jeunes. Leur sélection commençait là, ça permettait de voir leur comportement. On voyait déjà s'ils avaient de bonnes dispositions, on les faisait courir plusieurs fois comme ça, avec des emboulages.

Les participants à la course, on ne les appelait pas « raseteurs », c'étaient des « amateurs ». Là, il n'y avait pas de cocardes, il n'y avait pratiquement rien. Il y avait des primes, mais pour ceux qui se faisaient rouler... Je me souviens même avoir vu qu'on pendait un saucisson entre les cornes : celui qui l'enlevait avait gagné son sauciflard. C'était une espèce d'entraînement et ça permettait, dans des petits villages qui n'avaient pas les moyens de se payer une course de taureaux, de faire quand même des courses.

Actuellement, les courses de vachettes, on les fait surtout la nuit. Ce sont des « courses de nuit » qu'on appelle, le samedi soir, par exemple, dans la nuit. On met des éclairages... Ça ne se pratique pas vraiment que dans les villages : dans les arènes d'Arles, qui sont des arènes importantes, on fait des courses de nuit, des courses de vachettes de nuit. Puis il y a une tradition, en Provence, pendant la fête du village : le dernier jour on fait un aïoli, auquel presque tout le village participe. Et après avoir bien mangé l'aïoli et bien bu, parce que ça se fait en plein été et on a toujours soif, on fait une course de vachettes. Mais on prend des précautions : on n'essaie pas des taureaux jeunes, on met des vachettes assez pacifiques. On les connaît, vu qu'elles courent assez souvent. Parce que c'est dangereux : il y en a beaucoup qui risquent soit de ne pas voir la vachette, soit d'en voir plusieurs. Ça se comprend : après un aïoli bien arrosé précédé d'un apéritif qui n'était pas très sec !

On en faisait courir une avant midi. La « vachette de onze heures », c'était connu ça. C'est sûr que onze heures, c'est un horaire qui n'était pas toujours respecté. Mais on l'appelait la « vachette de onze heures », même si ça avait lieu à midi ou plus tard. On en faisait courir une le matin juste pour se mettre en train et pouvoir aller prendre l'apéritif après. C'était courant. D'ailleurs, on en parle toujours, de la vachette de onze heures. Il y a peut-être encore quelques villages du Languedoc – qui sont quand même plus passionnés que nous, en Provence, il faut le dire – où ils font encore courir la vachette de onze heures, mais il n'y a plus le même engouement.

C'est-à-dire qu'il fut une époque où on en était privés, des taureaux. Le jour où il y avait une fête dans le village, la vachette de onze heures, il fallait qu'on la voie, il n'y avait pas de problème. Maintenant, les jeunes sont au café, si ça se trouve on n'a pas le temps d'y aller, parce qu'on en voit très souvent. On va souvent aux ferrades, on a les moyens de se déplacer. Moi, de ma jeunesse à maintenant, j'ai commencé à aller courir un peu aux vaches emboulées à quinze ou seize ans, ça fait un demi-siècle ça. À ce moment-là, on en était privés, c'était important, et maintenant on en voit tellement... Puis il n'y avait rien d'autre à côté : ni la télé ni le cinéma. Maintenant, on n'en est plus privés parce qu'on en voit énormément, des courses de taureaux, puis il y a tout un tas d'autres choses. Avec la voiture on va où on veut. Nous, on n'avait pas la voiture. Si on voulait aller à une course ou au cinéma, dans le village il n'y avait pas de cinéma, il fallait prendre la bicyclette et aller dans le village voisin.

La ferrade, par contre, est devenue à la mode, mais plus comme on la faisait. La ferrade, ses origines, c'est que, toutes les années, les éleveurs marquaient leurs bêtes, les veaux d'un an. On les marquait au fer rouge d'abord, on leur mettait un numéro et la marque du propriétaire, et puis on leur entaillait les oreilles, ce qu'on appelle une « escoussure », d'une façon spécifique à chaque éleveur. Les bergers, d'ailleurs, faisaient pareil avec leurs moutons, mis à part qu'ils n'employaient pas de fer rouge. Et toutes les années, lorsqu'un propriétaire décidait de marquer ses bêtes, il invitait ses voisins, ses amis, il rassemblait son troupeau, on mettait tous les veaux d'un côté et il les marquait tous. Une fois fini, ça donnait lieu à une grande fête, il y avait à boire et à manger toute l'après-midi et toute la nuit. Ça finissait tard et c'était une fête. L'origine de la ferrade, c'est ça : c'est marquer les taureaux au fer rouge. Puis, insensiblement, c'est devenu un spectacle.

Maintenant, les manadiers ne procèdent plus de la même façon. Ils se sont organisés : ils ont des tables pour piqueniquer. Telle société, tel club taurin décide de faire une ferrade tel jour, et le manadier leur loue le spectacle, les tables et tout... Les premières ferrades de ce type, on payait un tant au manadier, il emmenait les « anoubles », les veaux d'un an, dans le public. C'est le public qui les attrapait, il avait payé pour, il était venu pour ça, et le propriétaire les marquait. Ça, c'était le matin. La ferrade finie, il y avait l'apéritif, chacun apportait son manger, on tirait ça du sac, on mettait tout en commun. Untel avait porté un gigot, il y en avait pour plusieurs, l'autre avait fait une omelette, c'était un peu au petit bonheur la chance, tout le monde mangeait bien et buvait pas mal aussi. L'après-midi, il y avait une course de vachettes, dans une arène plus ou moins bien construite comme ont tous les manadiers, puisque pour enfermer leurs taureaux il leur en faut une. Et petit à petit, ça s'est modernisé. Maintenant, on ne porte plus le manger dans la besace, ça ne se fait plus, ou presque plus.

C'est un traiteur qui amène le repas, ou un restaurateur, ou le manadier lui-même qui s'improvise restaurateur à l'occasion, il y en a beaucoup qui le font. Puis, l'après-midi, course de vaches aussi, mais il y a la musique en plus, la sonorisation. Il s'en fait, des ferrades! C'est une chose qui n'a pas disparu. Seulement ce n'est plus dans la même ambiance, parce que la plupart des gens qui vont à une ferrade, à une certaine époque, y allaient pour voir marquer des taureaux, les jeunes pour pouvoir en attraper, on y allait plus pour la passion du taureau que maintenant.

La ferrade, aujourd'hui, est surtout une sortie champêtre. Les gens vont manger à la campagne, ils apportent leurs boules, ils jouent aux boules, il y a un petit bal. Il y a beaucoup plus de manadiers qu'autrefois et ils font beaucoup plus de ferrades, ce qui fait qu'il y en a pas mal. Seulement je suis sûr qu'il y a à peine la moitié des participants qui y vont parce qu'ils sont attirés par les taureaux. Le reste, ça leur fait une jolie petite sortie à la campagne. Quand ils retournent, ils disent qu'ils ont passé une belle journée. Certains n'ont même pas vu de taureaux.

Le manadier ne marque plus toute sa production comme autrefois, le jour où il convoquait ses amis et qu'il marquait toutes ses bêtes puis c'était fini : la fois d'après, c'était chez le voisin qu'on allait faire ça. Maintenant le manadier économise. Il ne marque que quelques veaux, trois, quatre ou cinq, ça dépend un peu de ceux qui ont organisé la ferrade, s'ils en veulent un peu plus ou un peu moins. Il y a des fois où, quand ils ont vu marquer deux ou trois anoubles, ils s'en foutent, ils se languissent d'aller à l'apéritif et le manadier en reste là. Si ils sont un peu plus exigeants, on leur en marque un ou deux de plus, et encore on ne marque pas tout.

Parce qu'il faut la marque du propriétaire, et il faut un chiffre pour l'année de naissance du veau. Cette année, par exemple, en 95, les anoubles qu'on marque, on leur met un quatre, ça veut dire qu'ils sont nés en 94. Comme ils vivent moins de vingt ans, on n'arrive pas à se tromper. Donc, il y a ce numéro-là à mettre, il y a la marque du propriétaire, et puis il y a un numéro d'ordre. Le premier qu'on marque a le numéro un, le deuxième le numéro deux, et ainsi de suite, jusqu'au numéro quinze s'il y a quinze veaux, ou trente s'il y en a trente. En fait, il y a deux numéros un, deux numéros deux, deux numéros trois, parce qu'il y a le numéro un mâle et le numéro un femelle, et ainsi de suite.

La marque du propriétaire se met sur la cuisse. Sur le dos, on commençait par le numéro de l'année, puis le numéro d'ordre. Aujourd'hui, il y en a qui mettent le numéro de l'année sur l'épaule. Et dans les ferrades de maintenant, on ne met qu'un numéro à la fois, sinon ça irait trop vite. Il y a des manadiers qui font des ferrades pendant deux ou trois mois presque tous les dimanches ! Le plus qu'il s'en fait, c'est au mois de mai, et une partie du mois de juin. Ce n'est pas que l'époque soit plus favorable, mais on est dans des régions où dans les mois d'été, au mois de juillet où il fait très chaud, par exemple, les gens préfèrent aller à la mer. Le plus gros mois, c'est le mois de mai. En juin, ça commence à diminuer, mais il s'en fait quand même tout l'été. Puis, maintenant, il y a une nouvelle mode : on fait les ferrades de nuit. La ferrade proprement dite, on la fait en fin d'après-midi, très tard, et puis après : apéritif, grillades et bal toute la nuit. On se modernise !

Le manadier, c'est le propriétaire du troupeau, c'est l'éleveur, et le gardian, c'est le cow-boy de la Camargue, c'est lui qui garde les taureaux. Autrefois, les taureaux étaient parqués le soir, et dans la journée le gardian les sortait et allait les garder comme un berger garde ses moutons, sauf qu'il était à cheval toute la journée. C'est d'ailleurs ce qui explique la conformation de la selle gardiane. La selle gardiane, en équitation, elle serait zéro. Et beaucoup de gens qui ont fait de l'équitation, quand ils voient une selle gardiane, se disent que c'est un fauteuil, et effectivement c'est vrai. Il le faut pour deux raisons. Premièrement pour le travail. Le gros troussequin qu'elle a est bien utile des fois dans les secousses. Et puis pour se reposer. À cette époque-là, quand on a fait la selle gardiane, il fallait pouvoir se reposer dessus. Parce que passer une journée à cheval à garder les taureaux, à faire quelques pas pour aller chercher ceux qui sont un peu loin, ça finissait par être pénible. Alors elle était faite de telle façon qu'on pouvait facilement ne s'appuyer que sur une jambe et se reposer un peu.

Dans le travail, elle avait son utilité quand on était appelé à trier les taureaux. Trier les taureaux, c'est quand on veut préparer une course, entrer dans le troupeau et séparer des autres, l'un après l'autre, les taureaux qu'on veut emmener en course. Ça demande pas mal de réflexes de la part d'un cheval, des démarrages foudroyants – quand un taureau démarre, il faut démarrer aussi vite que lui – et des arrêts aussi brusques. Parce qu'un taureau, quand on lui court derrière, il peut décider tout d'un coup qu'il ne veut plus aller là où on veut l'emmener. On croit qu'il va filer droit et puis d'un coup il s'arrête et tourne à angle droit. Et il faut faire pareil avec le cheval. Avec une selle d'équitation, je crois qu'on ne tiendrait pas tellement bien. La selle gardiane est faite au travail pour les à-coups, et puis pour pouvoir se reposer. Maintenant, les pâturages sont tous clôturés, on en arrive même à la clôture électrique... Ça n'est pas encore bien au point.

Petit à petit, il y a toujours eu moins de gardians. En fait, il y en a beaucoup plus mais ce sont surtout des gardians occasionnels, ce qu'à l'époque on appelait les « gardians amateurs ». Les vrais gardians les appelaient les « gardians du dimanche ». Il y en avait quand même aussi beaucoup, de ces amateurs, parce qu'un éleveur avait ses gardians pour garder les taureaux, arranger un peu les clôtures, mais il n'en fallait pas beaucoup qui soient professionnels. Et pourtant, les jours de ferrade, il fallait quand même pas mal de cavaliers, de même que les jours où on triait des courses. Et à ce moment-là, c'étaient des voisins qui avaient un cheval qui venaient donner un coup de main, pour le plaisir, pour la gloire. Ça existait donc il y a très longtemps.

Maintenant, ça s'est beaucoup modernisé, des gardians du dimanche il y en a plus que ce qu'il en faut des fois, mais il y en avait il y a très longtemps. J'ai même entendu dire qu'il y avait des gens qui avaient son[1] cheval pour travailler, qui avaient un petit camarguais pour travailler leurs terres, et qui le dimanche y mettaient une selle. Aujourd'hui, c'est devenu à la mode : des gardians du dimanche, il y en a tant et plus. Ils ne sont pas forcément tous bons, c'est sûr, parce qu'ils ne montent pas souvent. Se tenir sur un cheval, quand on a monté quelques fois on y arrive pas mal, mais aller se mettre au milieu d'une manade pour trier des taureaux, il faut quand même avoir une certaine habitude. Pour faire les ferrades, il y en a beaucoup plus qu'autrefois, ça fait plus joli. Ça fait une grande cavalcade de gardians. Parce qu'amener un anouble depuis le troupeau jusque dans le public, avec quatre ou cinq gardians on y arrive très bien. Mais il arrive qu'on en voit une quinzaine : ça fait plus de spectacle! Sur la quinzaine, il y en a peut-être quelques-uns qui suivent, ils ne savent pas où ils vont mais ils suivent les autres, les chevaux suivent toujours! Ça fait plus imposant, ça fait plus de cavalerie, les gens sont contents.

Comme il y a un taureau de Carmargue, il y a un cheval

1. Cet accord de l'adjectif possessif au singulier, qu'on rencontrera à plusieurs reprises, est commun dans le provençal du pays d'Arles et se retrouve en français régional.

de Camargue. C'est l'outil indispensable du gardian. Sans chevaux, on ne ferait rien aux taureaux. Là aussi, c'est comme chez les taureaux, il y a les bons et les moins bons. Les chevaux sont tous bons à monter. Mais un cheval de taureaux qui travaille tous les jours dans les taureaux, qui est tous les jours en contact avec eux, c'est sûr qu'avec lui on fait un autre travail qu'avec un cheval qui ne les connaît pas. Il y a eu la race camargue d'autrefois et il y a la race actuelle, qui est le fruit de beaucoup de croisements. Il y a bien quelques années déjà que la race camargue a été reconnue par les haras nationaux. Le cheval rustique, qui venait d'après ce qu'on nous raconte de Solutré, je ne sais pas s'il existe encore, mais à mon avis ce n'est pas un mal. Les croisements peut-être l'ont rendu moins rustique, mais on est plus riches maintenant qu'il y a cinquante ans, on a plus de moyens d'élever des chevaux.

Moi, quand j'ai commencé à monter des chevaux et à aller aux ferrades, ces chevaux camarguais vivaient en liberté jusqu'à l'âge de quatre ans, entre trois et quatre ans, et là on les capturait, il fallait les capturer au lasso et ils n'étaient pas tellement dociles. Ils n'avaient jamais rien vu. On les castrait, parce qu'ils sont presque tous castrés. Ce n'est pas une question de docilité du cheval : un cheval entier peut être docile. Mais c'est la question de vivre ensemble en liberté qui pose problème : les étalons se battent toujours entre eux, tandis que castrés, ça arrive beaucoup moins.

Alors on les castrait, il fallait les garder à l'écurie pendant quelque temps, les caresser tous les jours jusqu'à ce qu'ils arrivent à se laisser caresser, puis commencer à mettre la selle, et les premières fois où on montait dessus, ça n'était quand même pas tellement rigolo. Ils se défendaient, ils étaient sauvages. Alors qu'à l'époque actuelle, le jour où ils sont sevrés on peut très bien les mettre à l'écurie, les y garder quelques mois. On est plus riches, donc on a du foin, à ce moment-là ils les laissaient en liberté et ils mangeaient des roseaux. Les croisements n'ont pas été faits avec de mauvais chevaux. Ils ont été croisés avec l'arabe, qui est le père de tous les chevaux du monde je crois, il y en a partout. C'est le cheval le plus connu.

Il y a une chose importante qu'il faut dire, c'est que les « taureaux » qui courent, en fait, ce sont des *biòu*, des bœufs ! Les taureaux espagnols courent entiers, ce qui cause d'ailleurs des problèmes aux éleveurs : ils ont beaucoup de perte parce que leurs taureaux se battent entre eux. Les taureaux espagnols sont tous étalons, alors que le taureau camargue, le taureau pour la course libre, à trois ou quatre ans on le « bistourne ». On ne le castre pas comme les chevaux. La castration chez le cheval est une opération chirurgicale : on incise la peau des bourses. Maintenant on a des pinces et on les enlève directement, mais il y a une méthode qui est encore utilisée et qu'on faisait autrefois, qui est de sortir les bourses et de mettre des casseaux, c'est-à-dire deux bouts de bois qu'on serre bien et qui au bout de huit jours ont fait sécher les bourses : elles tombent toutes seules.

Alors que le bistournage chez un taureau camarguais est beaucoup moins compliqué. Ce qui reste compliqué, c'est qu'il faut l'attraper, le coucher au sol et ça, ça ne lui plaît pas. Mais après, avec une pince on casse le nerf qui va dans les bourses, et on le serre pendant quelques secondes. Insensiblement, les bourses se sèchent et on n'en parle plus. Donc on dit « taureaux », mais ce ne sont plus des taureaux, ce sont des *biòu*. Ça a un gros avantage, c'est qu'ils se battent moins entre eux. Pour le comportement en course, on ne sait pas. Beaucoup de manadiers ont essayé de garder des étalons pour les faire courir, et ils ne courent pas plus mal que les autres. À certaines périodes, ils sont peut-être un peu plus distraits. Mais les bistournés entre eux sont plus pacifiques. Dans l'arène, ça ne change rien, mais c'est entre eux, sur le pâturage. Les taureaux bistournés, leur seule idée c'est de manger, dormir. Des taureaux entiers qui commencent à se battre, on n'y peut rien. On peut les séparer, mais il viendrait un moment où il faudrait un enclos pour chaque taureau !

Mon plus ancien souvenir de taureaux, ce sont les courses

pour la fête votive à Aureille. J'ai commencé à savoir ce que c'était là, tout petit. Dans l'enclos qui appartenait à Bernaudon, le grand-père de Louis Arlot, là où il y a les arènes actuellement, il y avait des bourricots, et c'est là que j'ai commencé à monter à cheval... sur des ânes! C'étaient les ânes qui servaient l'été pour aller en transhumance dans les Alpes.

J'ai eu la chance, pour moi c'est une chance, de bien connaître Achille Bouvard, notre voisin dont j'ai déjà parlé. Il était assez original et, à l'époque, il organisait les courses de taureaux. Tout petit, ce n'est pas que je préférais sa compagnie à celle des copains, mais enfin presque. Parce qu'il avait des animaux, il avait des lapins, il avait son bourricot... J'allais chez lui, j'y passais des heures des fois, à discuter avec lui. J'allais souvent le voir... Je me souviens des escargots sur la braise, par exemple, c'est un truc bien de chez nous, les premiers que j'ai mangés, c'est chez Achille. Je ne connaissais pas. Il faisait griller ces escargots sur la braise, il les sortait et les mangeait comme ça... J'avais dit ça chez moi en arrivant, mes parents n'étaient pas habitués, ils ne savaient pas que ça se mangeait de cette façon! Ils avaient trouvé ça bizarre... Ce sont les premiers escargots à la braise que j'ai mangés, je ne devais pas être bien grand, et je les aime toujours...

La première fois que je suis allé aux arènes, je ne devais pas être bien grand non plus, et c'est Achille qui m'avait amené. Parce que de nos jours, un gosse peut y aller, à condition d'avoir de l'argent, mais à ce moment-là, pour aller quelque part, par exemple pour entrer dans les arènes ou au café pour boire un sirop, il fallait être accompagné! Il m'a amené aux arènes alors que mes parents n'y allaient même pas. Mon père ne connaissait pas d'abord, et puis il travaillait beaucoup...

Nous, on ne connaissait que ce qu'on voyait à Aureille et c'était une fois par an, pour la fête du 15 août. À ce moment-là, les courses de vaches emboulées, c'est ce qui comptait le plus, avec les fêtes votives. On organisait encore des courses de vachettes dans des charrettes. Je me souviens de villages comme Alleins, où je suis allé pendant de nombreuses années, on partait d'ici en bécane pour aller là-bas après souper! À Eyguières, il y avait des arènes alors qu'à Saint-Martin-de-Crau, par exemple, il n'y en avait pas, ça date d'il n'y a pas tellement longtemps, les arènes à Saint-Martin. Ils faisaient encore les courses dans des charrettes. À Mouriès et à Eyguières, pas de problème, eux avaient leurs arènes. Eygalières, avec les charrettes aussi, dans la cour des écoles. À Aureille, je l'ai vu une fois aussi dans la cour des écoles. J'étais jeune, je ne me souviens pas tellement comment ça c'était passé, mais ils avaient été pris de court, ce n'était pas prévu au programme peut-être, on n'en avait pas parlé, puis d'un coup ils ont décidé de faire une course de vaches pour la fête, mais c'était trop près de la fête pour avoir le temps de mettre beaucoup de charrettes. Alors il y avait quelques charrettes sous le préau, et puis voilà.

Après la guerre, ça a repris fort, pendant quelques années ça allait bien. Puis ça avait un peu freiné. Même il y a une année où on n'avait pas fait la fête votive du tout à Aureille, je crois. Et moi, c'est en 1959 que j'ai commencé à devenir organisateur, avec Fernand Roux. On a fait ça pendant quelques années, deux, trois, quatre ans même, puisque le club taurin d'Aureille, qu'on a fondé, date de 1963. Je n'ai fait qu'une fois une course avec les charrettes en tant qu'organisateur, une seule année.

En général, on mettait les charrettes les unes à côté des autres de façon à faire un rond. On attachait des barres de saule entre les charrettes, là où il y avait des espaces vides. À cette époque, on entretenait beaucoup plus les saules que maintenant dans les prés[1], on les coupait souvent et il fallait le faire parce qu'il fallait énormément de fagots de saule pour mettre les meules de foin dessus. Maintenant, on s'en fout de ça, ça n'existe plus, il y a les palettes. Pour nous, le principal fournisseur, c'était le mas de La Tapie, au sud de

1. *Cf.* « Le foin de la Crau », p. 209 et *sq.*

la commune. On allait là-bas avec une charrette, on montait un voyage de barres de saule et puis on le retournait quand c'était fini. D'une charrette à l'autre, dans l'espace vide, c'était les barres de saule – il y en avait de plusieurs longueurs – et le fil de fer pour les attacher les unes aux autres ou les attacher à la charrette. Je me souviens même qu'Achille disait, quand on attachait les fils de fer, de ne pas trop bien les attacher parce que, d'après lui, ça avait deux avantages de ne pas tellement bien les attacher. Primo, quand il fallait les défaire après, c'était plus facile à démolir si c'était mal attaché, et puis si c'était trop bien attaché on ne pouvait pas rigoler... Une barre qui casse, c'était plus rigolo selon lui.

Une fois, un taureau s'est échappé du rond de charrettes. C'était un taureau jeune. Je ne me souviens pas s'il avait passé par-dessus ou par-dessous, mais enfin il s'était retrouvé de l'autre côté. Il est mort aux Quatre-Routes, d'un coup de chevrotine. Il était du manadier Saurel, c'est lui qui avait dit qu'on pouvait le tuer si on voulait prendre le fusil. Il devait considérer que ça faisait trop de problèmes pour le récupérer. À l'époque, c'était plus compliqué que maintenant. Maintenant, ça ne serait pas un gros problème, avec toutes les manades qui sont autour du village : il se retrouverait assez vite dans l'une ou dans l'autre. À ce moment-là, il n'y avait personne... Et puis un taureau jeune, on ne savait pas s'il valait beaucoup ou pas...

Contrairement à aujourd'hui, il n'y avait aucun spectacle organisé : on lâchait les vaches, et puis il y avait une prime, mais le spectacle était un peu au bon vouloir des raseteurs amateurs. Des courses libres ici, je ne crois pas qu'il y en ait eu jusque dans les années 1960-1961. Ce que de nos jours on appelle la « charlotade », les jeux burlesques avec les vachettes, existait déjà, mais c'était avec des gens du village. Il y avait des conditions à remplir : boire pas mal de pastis pour s'encourager un peu ! La plus mémorable charlotade, c'est en 1946. J'avais dix-huit. On était six à tout préparer : Constant Soleil, Marcel Chabanier, René Bertrand, Aldo

Gatti, André Mistral et moi. Et Jean Barbier, qui a été une figure à Aureille, quelqu'un de formidable! Il avait une voiture, une C4, et le matin, il paraît qu'il avait dit : « Moi, je vais les préparer! » Sa préparation consistait surtout à nous faire avaler pas mal de pastis, et comme déjà on s'y prêtait bien, il n'avait pas eu trop de peine. Avec cette C4, il nous avait fait faire le tour de ville, avec le petit Vincent et son accordéon. C'était un peu limité, pour les instruments, l'accordéon et la grosse caisse, mais on avait fait notre tour de ville. Ça valait bien les défilés qu'on organise actuellement!

On avait tellement bu de pastis et on était tellement échauffés, que la première vache qui est sortie, je ne sais pas tout ce qu'on avait pu lui faire, mais on avait fini par lui monter dessus, par la traire! Elle pouvait donner des coups de tête, on ne sentait rien, on ne s'en apercevait pas, à tel point qu'il y en a un d'entre nous qui s'est retrouvé avec la clavicule cassée, on l'a amené à l'hôpital à Salon. À cette époque-là, il n'y avait pas d'ambulance aux arènes, ni de docteur de service. C'était André Mistral, la vache lui avait mis le pied dessus, on ne s'en était pas aperçu, on ne l'avait pas vu! Puis quand on s'est aperçu qu'il n'était plus là : « Il en manque un! » Et on nous a dit qu'il était parti à l'hôpital. Cette année-là, ça a été une journée formidable, c'est un des meilleurs souvenirs que j'ai.

À ce moment-là, il n'y avait pas de micro à la présidence, ni de sonorisation. La seule animation, je me souviens, j'étais tout petit, pendant la fête il y avait Titi qui venait de Mouriès, il nous dansait la farandole à condition qu'il trouve un collègue pour lui jouer du fifre. C'était le genre de truc improvisé... Il avait décidé de venir à la fête à Aureille, il venait presque toutes les années, et puis il suffisait qu'on le pousse un peu et qu'on lui dise qu'il danse une farandole et c'était parti : c'étaient pas des programmes organisés à l'avance, ni annoncés sur les journaux, ni rien de tout ça.

Les courses libres, pour moi, c'était un événement, c'était quelque chose de formidable. On était quelques-uns à y aller. On avait tellement peu l'occasion d'y aller! Je me souviens que les premières années où j'allais à la Cocarde d'or, une grande course qui a lieu à Arles le premier lundi de juillet, c'était un événement important et on en parlait! Pas dans le sens où on en parle maintenant, parce que maintenant, aller assister à la Cocarde d'or, c'est à la portée de tout le monde, aussi bien sur le prix des entrées que pour s'y rendre. Il fallait y aller à vélo, j'y suis allé en bécane, moi, une fois ou deux! Après, il y a eu le car, on allait souvent voir la Cocarde d'or avec le car. Je me souviens, d'Aureille il y avait des gens qui étaient déjà d'un certain âge, le père Grimaldier, Henri Mourard, Hubert Barbier, et d'autres passionnés de courses de taureaux!

On prenait le car, c'était déjà pas mal, mais on ne peut pas le comparer à maintenant. L'ambiance n'a pas tellement changé, mais c'est la passion qu'on avait pour y aller. Il fallait aimer pour y aller quand même : attendre le car, descendre à Arles – il passait à midi –, promener dans Arles, puis arriver aux arènes et le soir, la course finie, on n'attendait pas la remise des prix, on venait attendre le car à la place de la Croisière. C'était connu, le lundi de la Cocarde d'or il attendait là, le car – parce qu'il y avait du monde! Il y avait une personne ou deux d'Eyguières, un peu plus d'Aureille, pas mal de Mouriès, et puis tout le long. Plus les villages étaient proches d'Arles, plus il y avait du monde de ces villages. Tout ça, c'est juste après la guerre : après il y a eu les automobiles, il n'y a plus eu de problèmes.

Pour donner une idée, dans les années 1956-1957, je faisais un travail qui était assez pénible, je travaillais à Saint-Martin-de-Crau dans les presses à fourrage, aux presses à bras. Le lundi de la Cocarde d'or, je n'allais pas travailler, je prenais ma journée. Mais je n'avais pas de voiture : on était mariés, on prenait le car, et ça me faisait pas mal de frais quand même. Parce que le prix de l'entrée, l'autocar et ma journée perdue, ça nous faisait un gros sacrifice. Mais j'y allais, je ne l'aurais manquée pour rien au monde, et maintenant, eh bien, l'année dernière je n'y suis pas allé! Pourtant, avec les moyens que j'ai aujourd'hui comparés à ceux de l'époque, il y a une grosse différence. À ce moment-là, c'était dur, je perdais ma journée mais on était allés à la Cocarde d'or, on était contents. Les courses étaient peut-être pas tellement meilleures, mais on appréciait plus, parce qu'on en était privés...

C'est comme les ferrades. Les premières que j'ai vu organisées par les gens d'Aureille, c'était au mas du Village, à Saint-Martin-de-Crau, chez le manadier Lescot. C'était quelque chose de formidable! La première, c'était en 1949, elle avait été organisée par Constant Soleil et René Moucadel. Elle avait été réussie, même. Jusque-là, je n'avais jamais entendu parler d'une ferrade organisée par quelqu'un d'Aureille. Et comme j'étais en train de faire mon service militaire, je n'avais pas pu y aller. Après, ça a duré quelques années avant qu'il s'en fasse une autre. Mais entre-temps, j'avais fait la connaissance d'Albert Chapelle, le manadier, et j'avais participé à des ferrades, et à cheval. C'était important, pour moi, à cette époque, parce que je n'avais pas les moyens d'avoir un cheval... De nos jours, même ceux qui n'ont pas les moyens d'en avoir un vont se payer le luxe de monter à cheval dans une promenade. À cette époque-là, c'était beaucoup plus rare.

Je connaissais Albert Chapelle, je l'avais connu en rasetant les taureaux et des vaches emboulés. Il est plus jeune que moi, il était tout jeune, lui! Et moi, j'avais fini mon service militaire. À cette époque, il habitait déjà au mas de Pernes, dans la Crau. Il n'était pas question pour lui de manade de taureaux encore, mais son père élevait quelques juments. Ils avaient des chevaux de selle et Lescot faisait déjà pas mal de ferrades. Lescot, ça remonte loin, ses ferrades. Et moi, les premières ferrades que j'ai faites à cheval, je partais d'Aureille à bicyclette, j'allais au mas de Pernes à vingt-cinq kilomètres. De là on montait à cheval, on traversait par la Crau, ça n'est pas loin de chez Chapelle à Lescot, à travers Crau, il y a quelques kilomètres, on allait faire la ferrade. Et puis le soir, je reprenais ma bicyclette, du mas de Pernes pour revenir à Aureille.

J'ai appris à monter à cheval avec Chapelle chez Lescot, c'est là que je suis devenu gardian amateur. C'était quelque chose de sensationnel pour moi. La première fois où on m'a mené là-bas, j'y étais allé avec Albert Chapelle, c'est lui qui m'avait mené à ma première ferrade, mais pas à cheval. J'y étais allé en bécane, lui était arrivé à cheval, et il m'avait dit : « Si tu veux venir, la prochaine fois où il y a une ferrade, tu n'as qu'à venir le matin, au mas de Pernes, et je te sellerai un cheval. – Si tu veux, mais je ne l'ai jamais fait moi ce boulot! » Ça m'inquiétait un peu. « Tu regarderas! Tu tiendras bien sur le cheval? » J'ai dit : « D'accord! » Et voilà. Mais je n'avais pas rechigné pour y aller la fois d'après! Je ne m'étais pas fait prier!

De cette époque à maintenant, il y a une énorme différence en ce qui me concerne, parce que maintenant j'ai l'habitude. Mais c'est toujours passionnant. Le moment le plus passionnant, c'est quand tu vas partir de là-bas, des prés, et que tu vas venir jusque dans le monde pour pousser le veau... Quand on aime le cheval et qu'il se donne à fond, qu'il ne voit que cet anouble qui court là et rien d'autre, c'est des moments formidables parce qu'on ne pense plus à rien et le cheval non plus. Moi, c'est ça qui me plaît. Parce que je suis sûr qu'il pourrait voir n'importe quoi quand il est lancé comme ça, le cheval, il sait qu'il ne faut pas laisser échapper cet anouble, qu'il faut l'amener au bout. On court dans les roseaux, on saute des mattes[1] de joncs, mais je crois qu'il y aurait un canal à traverser ou n'importe quoi d'autre, je crois que rien, rien ne pourrait le distraire. Bien entendu, il faut avoir un cheval, mais c'est là qu'on l'apprécie quand on a un bon cheval... Autrement, le métier de gardian, ça n'est pas dans la ferrade qu'il est le plus passionnant. Le cheval de taureaux, on a d'autres occasions de voir ses qualités, c'est quand on trie...

Je connais nombre de manadiers, j'ai monté à cheval chez beaucoup parce qu'à l'occasion, il fallait monter pour donner un coup de main. Chez Chapelle, j'ai appris à peu près

1. Du provençal *mato*, « touffe ».

convenablement le métier, parce que non seulement j'étais souvent à la manade, mais ça m'a permis de côtoyer tous les autres manadiers et d'en apprendre beaucoup plus. Ça m'a permis de connaître des hommes comme Jacques Espelly [1], par exemple, qui a été plus de cinquante ans le baile-gardian [2] de la manade Guillierme. Quand il se met à en discuter, il en connaît quand même pas mal! Et un tas d'autres! Ça m'a permis de connaître presque tous les manadiers, parce que il y en a pas mal, mais les principaux je les connais tous.

Le père Raoux [3], j'en avais entendu parler, je l'avais vu de loin, mais particulièrement je ne le connaissais pas. Je suis allé chez lui il y a quelques années, quelque temps avant qu'il meure. Il voulait vendre sa selle et c'est mon gendre qui l'a achetée. C'était important pour mon gendre, il avait acheté la selle d'un manadier célèbre, il avait laissé les initiales : J. R. Le père Raoux s'appelait Jules. Ça faisait pas mal, seulement voilà, la plupart des gens qui viennent aux ferrades, avec J. R., ils ne voyaient que *Dallas!* Jules Raoux, presque personne, à part les vrais aficionados, ne savait qui c'était. Alors, un beau jour, mon gendre s'est mis en colère, il a fait enlever ces initiales et il a mis les siennes!

La « bouvine », le monde des taureaux, ça fait rêver parce que c'est un beau métier. C'est vrai que c'est une belle vie quand même, la liberté, il n'y a rien qui l'entrave là, sinon les bêtes, parce qu'on est leur domestique, dans ce travail-là. Ce n'est pas un horaire qui commande, ce n'est pas un contremaître, ce n'est pas un chef d'équipe, c'est rien! Personne. Il n'y a encore que dans ce métier-là qu'on peut se permettre de manger quand on a faim, c'est-à-dire de ne pas regarder la montre, dire qu'il est l'heure d'aller se mettre à table. Ils mangent quand ils ont faim, ils se lèvent quand ils

1. *Cf.* « Impressions d'un baile-gardian des Saintes-Maries-de-la-Mer : Jacques Espelly, de la manade Fonfonne Guillierme », *in* Pelen et Martel, 1990, pp. 247-262.

2. Parmi les gardians d'une même manade qui sont employés par le manadier propriétaire du troupeau, c'est le responsable.

3. *Cf.* Martonara, 1977.

n'ont plus sommeil, et c'est important ça, quand même. C'est la liberté et l'amour des bêtes. Il faut aimer les bêtes!

Peut-être le cheval d'abord. La passion du cheval est peut-être ce qui attire tout le monde, ce qui fascine tout le monde, alors que moi, non. Le cheval, c'est l'outil indispensable, mais on peut tout aussi bien aimer le métier de gardian et, quand on n'est plus à cheval, il y a des choses qui sont autant passionnantes. C'est vrai qu'on est près de lui, et lui est près de son cavalier, tandis que le taureau s'en fout. Le cheval, il y a certaines choses qu'il apprécie, alors que le taureau est un animal sauvage : quoi qu'on lui fasse, ça ne lui plaira jamais, à part quand on lui donne du foin, et encore il faut aller le lui jeter en pleine campagne et qu'il ait sa liberté. Parce que si on veut enfermer un taureau sauvage dans une remise et lui donner du foin, il n'y a qu'à laisser la porte ouverte, il va s'en aller! Il préfère la liberté.

Il ne m'est jamais venu à l'idée d'aller me promener dans les Alpilles à cheval pour mon propre plaisir. Je l'ai fait l'année dernière quand celui que j'ai là était tout jeune, pour le dresser... Je devais le soigner, il fallait que je le fasse marcher, alors je l'ai monté, je l'ai promené dans les Alpilles. Mais monter à cheval pour mon propre plaisir, aller faire des randonnées, je ne l'ai jamais fait. En gros, on a un cheval de taureaux... Et je crois que si on pouvait savoir ce qu'il a dans la tête, le cheval doit penser à peu près à la même chose. Le mien est souvent contre la barrière, là, il écoute les sonnailles de la manade Lautier qui est proche, il écoute les taureaux. À l'automne, quand je l'ai emmené là, il ne disait rien. Maintenant, il semble même content, il n'en peut plus là, il écoute les taureaux... Je crois que si on leur demandait ce qu'ils ont dans la tête, aux chevaux, ils penseraient ce que je viens de dire! Ils vivent pour ça. Peut-être parce qu'on les a dressés pour ça, tout petits ils n'ont connu que ça, que les taureaux...

Moi, la seule satisfaction que j'ai eue, le seul loisir qui m'ait donné tout ce que je voulais, c'est le cheval et le taureau. Pour moi, c'était ça, parce que j'ai pu m'y intéresser pendant mes loisirs, puisque officiellement ça n'a jamais été mon travail. Il me fallait vivre, vivre avec autre chose! À partir du moment où je n'étais plus à mon travail, c'étaient des loisirs, et les seules satisfactions je les ai eues. La preuve, c'est que je n'ai pas cherché ailleurs, je n'ai jamais cherché à aller en vacances de neige pour faire du ski, ni aller passer des semaines au bord de la mer. Dès que j'ai eu du temps, c'était pour le taureau et mon cheval.

J'ai monté longtemps à cheval sans avoir de cheval à moi... Le premier cheval que j'ai pu avoir à moi et que j'ai dressé moi-même, ça a été quelque chose d'important – d'ailleurs il est vieux et je le garde. Ça n'était pas grave, de ne pas avoir de cheval parce que je n'en étais pas privé, je montais quand même. Je montais pas mal de chevaux que je considérais presque comme étant à moi... Mais ça me trottait toujours dans la tête, je languissais d'avoir un cheval à moi. Ça n'a rien changé après, sur certains plans, sur le plan travail du taureau, par exemple, ça n'a rien changé; mais pour moi il y avait quelque chose d'autre. D'ailleurs, si mes moyens me le permettent, il mourra de vieillesse, si tout se passe comme je le voudrais! Après lui, j'en ai eu d'autres, qui ont fait ou qui n'ont pas fait et que j'ai vendus, parce qu'il ne faut pas trop s'attacher aux sentiments, sinon on ne ferait plus rien... Mais ça fait plaisir, un bon cheval, quand même! Ça doit faire mal au cœur, quand il faut le faire abattre... Un cheval qu'on a gardé toute une vie, de tout jeune jusqu'à ce qu'il commence à vieillir et à se traîner, et qui nous a fait régaler durant des années... Je ne comprends pas qu'il y en ait qui ne s'en souviennent pas! Maintenant, je suis peut-être un peu trop sentimental...

Tout le monde est passionné par le cheval. On le voit aux ferrades : les gens arrivent, les petits viennent voir les chevaux, même les grandes personnes, c'est joli et on aime bien monter à cheval, c'est une chose. Mais après, quand on a son cheval à soi, qu'on sait quand il rentre dans le taureau, la réaction qu'il va avoir devant tel ou tel taureau, selon ce qui va se passer, c'est autre chose. Lui aussi sait ce qu'on va lui demander, même il y a des fois où il réagit avant qu'on le lui demande, c'est quelque chose d'appréciable quand même, c'est formidable. Mais ce n'est pas dans un club d'équitation... Dans les clubs, on apprend sûrement beaucoup de choses, à être d'excellents cavaliers – les gardians ont la réputation d'être de mauvais cavaliers –, mais l'amour du cheval, on ne l'apprend pas de la même façon... Quant à être mauvais cavaliers, ça reste à prouver...

Il y a plusieurs taureaux que j'ai fait baptiser Aureillois. Le premier, on l'avait eu à Aureille dans des arènes démontables, il avait fait un malheur. Je m'étais dit : « On va l'appeler Aureillois. » Et la course qu'il avait faite après, c'était à Vallabrègues, on s'était déplacés pour aller le voir : il avait été bon mais sans plus, il était encore jeune. Ensuite, il n'a rien fait du tout. Puis j'en ai baptisé un qui était passé à travers les câbles d'arènes démontables, à Villeneuve-lès-Avignon, pour s'échapper. On l'avait récupéré à temps. Ces taureaux, quand ils étaient tout jeunes, on disait : « Celui-là ça va marcher peut-être. Allez Aureillois, Aureillois, et Aureillois ! » Et puis quelques années après, ça ne marchait plus.

Enfin, il y a eu le plus important, celui dont la tête est exposée dans le bar du village. Ça n'a jamais été un taureau qui a atteint les grands sommets. Son seul grand fait d'armes a été de tuer le raseteur Canto, c'était un accident ! C'est là qu'on a le plus parlé de lui, mais enfin ça a été un cocardier[1] honnête. Il a quand même été le meilleur taureau de la Cocarde d'or en 1967. Manque de chance, cette année-là on n'avait pas décerné de prix... Le chroniqueur André Chamand avait appelé ça la « course des illusions perdues » ! Parce qu'elle avait été très mauvaise. Mais enfin d'après lui Aureillois avait été le moins mauvais. Mais ça a été un cocardier : il y en avait des meilleurs, mais il a été connu, il a participé à pas mal de grandes courses, pendant de nombreuses années.

1. On dénomme ainsi les taureaux qui montrent des aptitudes pour la course libre.

Quand, à la séparation des manadiers Chauvet et Chapelle, Aureillois a échu à la manade Chauvet, j'avais dit au père Chauvet que si un jour il le faisait abattre, j'aurais aimé la tête! Le jour où il a décidé de l'amener à l'abattoir, il m'a prévenu, bien quelque temps à l'avance, et je suis allé à Beaucaire à l'abattoir. J'ai mis la tête d'Aureillois dans ma 4L, je l'ai amenée à Maillane chez un naturaliste, Simian... J'y tenais, moi, à avoir une tête de taureau à Aureille et qu'il s'appelle Aureillois!... D'abord, au siège du club taurin, une tête de taureau naturalisée, ma foi, tout le monde en a par là, dans les clubs environnants, alors pourquoi on n'en aurait pas eu une? Et puis il s'appelait Aureillois! Il a couru sous ce nom et il a été connu. Aussi j'y tenais! À l'abattoir, ils m'avaient dit : « À toi l'honneur! » Mais je n'ai pas voulu le tuer... On l'a accrochée dans le bar le 31 décembre 1973.

Dans le moulin d'Aureille, il y a aussi une tête de taureau, mais en fer, pendue à une ficelle au-dessus de la porte du fond. Elle est de Paulin, le père Moucadel! Il a passé sa vie entre Saint-Martin, l'étang d'Entressen et Aureille. Cette tête de taureau, il l'avait placée là, c'est lui qui l'avait découpée dans une plaque de fer, puis il l'avait peinte. Il y avait deux tridents en bois pendus au-dessous, il les avait faits avec du bois de micocoulier. Il était parent avec Lescot et il était quand même allé pas mal aux ferrades. Il avait fait le métier de gardian, alors sa tête de taureau, on ne risquait pas de la lui toucher!

Les *abrivado* et les *bandido,* j'ai commencé à en entendre parler... quand j'ai commencé à lire! Parce que tout petit, même si on voyait une course de vaches, on ne savait pas ce que c'était l'abrivade ou la bandide : ils arrivaient en char. La première que j'ai vue à Aureille, c'était il y a quelques années, en 1983. J'étais encore au club taurin et je suis sûr qu'on n'en avait pas encore fait!... Bien avant, ce dont je peux me souvenir, il y a dû y en avoir dans le sens véritable des arrivées, qui pouvaient venir de Camargue ou de Crau. Moi, je ne connais personne qui y ait participé. La première abrivade que j'ai vue, c'était à Saint-Gilles, je crois, Saint-

Gilles ou Vauvert, dans le Gard. Avant, j'avais vu une bandide, mais pas une bandide organisée comme maintenant d'un camion à l'autre. Il n'y avait pas de camion : les taureaux sortaient des arènes et ils retournaient aux prés.

J'ai participé à une abrivade à Garons, près de Nîmes, qui est restée mémorable chez les frères Chapelle! On n'était pas entraînés. On avait lâché quatre taureaux des camions et ils ne savaient pas où ils allaient... Aujourd'hui, ils sont à roulettes et ils savent où ils vont! Ils le font tellement souvent! Je ne sais pas combien Chapelle a fait d'abrivades l'année dernière, mais ça dépasse la centaine. Nous, on avait lâché nos taureaux, et inutile de dire qu'à la sortie du village, pour arriver aux arènes, on était toujours à cheval, mais les taureaux n'étaient plus dans la rue! Ils étaient dans la nature! On ne pouvait pas faire autrement : les jeunes avaient mis des pneus en travers de la route, avec de l'essence et du gasoil par-dessus, puis ils y avaient mis le feu. On avait traversé, tant bien que mal, dans cette fumée. Arrivés de l'autre côté, il n'y avait plus de taureaux!... En Languedoc, ils sont plus fous que de ce côté du Rhône : quand ils te lancent les tomates, les seaux d'eau, les sacs de farine, ça fait mal les sacs de farine! Bien préparée, dans un journal, une poignée de plâtre, si c'est bien tiré, quand on reçoit ça sur la gueule, c'est comme un caillou!

Moi, je suis un Camarguais des Alpilles! Je peux dire comme ça... Je me sens Camarguais pour la passion des taureaux... Je me sens plus des Alpilles que de Camargue quand même, parce que la Camargue, je ne l'ai connue que beaucoup plus tard. Connaître la Camargue, c'est difficile! J'en connais un peu, il m'est arrivé de coucher au bord de l'étang du Vaccarès, mais pas souvent! Je suis même allé jusqu'au bois des Rièges, en plein cœur du Vaccarès, à cheval. J'ai de la chance! Parce le bois des Rièges est dans la réserve intégrale[1] et son accès est interdit normalement.

De là aux Alpilles il y a une grande différence. Les

1. La réserve botanique et zoologique de Camargue, dont la constitution court de 1927 à 1972.

Alpilles, je les connais mieux, et puis j'y ai dormi plus d'une fois, tout petit, dans les Alpilles. La Camargue, c'est trop compliqué, on ne peut jamais toute la connaître. Les mirages, c'est vrai, ça existe! Dans le Vaccarès, j'ai vu des tamaris à cinquante mètres de moi, dans dix minutes on va y arriver, et puis une heure après le tamaris était plus loin! On ne s'était jamais approchés. C'est impressionnant, cette traversée, on a toujours pied! On m'avait recommandé de laisser faire le cheval, je suivais les autres, et quelques heures après, on s'est retrouvés au bois des Rièges. On n'était pas restés tellement longtemps. On était repartis avec la barque, et les chevaux à la nage : on avait enlevé les selles.

Ça, je l'ai fait souvent, parce que pour aller dans les manades de Fos, il fallait traverser un canal. On dessellait, on mettait la selle dans la barque, puis les chevaux, soit on les poussait à l'eau et ils allaient de l'autre côté, soit on les traînait derrière la barque avec une corde. Le mieux, c'était de les faire se jeter à l'eau et de les pousser de l'autre côté, ça obligeait à aller les rattraper avec le saqueton[1] d'avoine après, de les bouchonner pour pouvoir remettre la selle.

Les Rièges, j'en avais toujours rêvé : c'est le cœur de la Camargue, le pays des taureaux. À cette époque-là, on allait souvent au domaine de Fiélouse, en Camargue. Les manadiers Chauvet et Chapelle avaient un pâturage là-bas, et là on trafiquait souvent dans le Vaccarès, sur les bords. Et un jour, on a eu cette occasion d'aller jusqu'aux Rièges... Parce que j'en entendais parler, du bois des Rièges, comme tout le monde! C'est quand même un lieu spécial! Il y a de jolis genévriers, plus beaux que les nôtres, mais c'est surtout historique. Il y a pas mal de manades qui y sont passées! Il y a eu *la bête du Vaccarès,* il y a eu d'Arbaud[2]. Puis, les années de grand froid, je crois que c'est en 1929, il y a eu pas mal de taureaux qui sont allés mourir là-bas! Ils ont fini par mourir de soif, dans la glace. Le bois des Rièges, on en

1. Du provençal *saquetoun,* « petit sac ».

2. Joseph d'Arbaud (1874-1950), écrivain et manadier, est admiré pour son roman *La Bèstio dóu Vacarés* (1926), dont l'action se situe dans le bois des Rièges et ses alentours.

parle, on en parle beaucoup! C'est La Mecque de la bouvine... On peut dire que ça l'est toujours, mais seulement ça n'est pas un lieu de pèlerinage! Maintenant, le fait d'y être allé par le chemin où j'y suis allé moi, j'avais trouvé ça formidable.

Moi, il me semble que je n'envisagerais pas de pouvoir vivre en Provence sans taureaux. C'est parce que de tout petit j'ai eu la passion à ça, sinon on peut très bien être un bon Provençal sans... Ça n'implique pas nécessairement d'avoir la passion aux taureaux... Maintenant, en ce qui me concerne, quand même, ça ne vaut pas la peine d'être Provençal si on n'aime pas le taureau! Je me contredis, là, et pourtant... Mais s'il fallait trouver un emblème... C'est déjà fait, mais enfin, un olivier conviendrait mieux quand même à la Provence qu'un taureau! Je parle de la Provence en général. Alors voilà: on en vient aux limites géographiques... Les limites géographiques de la Provence n'ont rien à voir avec le taureau, parce que le taureau est aussi en Languedoc. À partir du moment où on a franchi le Rhône, on n'est plus en Provence... Et à Nice, c'est encore en Provence je crois... Alors maintenant, la géographie, on dit qu'on s'en fout, et qu'Aureille, c'est aux portes de la Camargue... Donc on peut associer les deux... Je verrais mal la Provence sans taureaux!

Pour être d'Aureille, le taureau a été très important pour moi. Il y a des choses que je n'ai pas faites, avec les taureaux, et que j'aurais pu faire... En vieillissant, on a toujours cette sensation-là: il y a toujours des choses qu'on se dit qu'on aurait pu faire qu'on n'a pas faites... Je l'aime, mon village... Quand même, ce qu'on a fait avec mon ami Fernand Roux, ça a servi à pas mal de choses, à le faire connaître mieux! D'ailleurs, j'ai toujours fait tout ce que j'ai pu pour qu'on nous connaisse mieux, à Aureille. Comme cette tête d'Aureillois, j'ai fait tout ce que j'ai pu pour qu'il reste à la postérité des choses concernant le taureau... Que ça me concerne ou pas, l'important, c'est que ça reste...

Au pays de l'olivier

Dans le temps il se faisait des choses, quand j'étais petit, qui ne se font plus. Par exemple, je ne pourrais pas préciser l'année, je crois que c'est en 1941 ou peut-être 1942, il avait fait très froid, j'étais minot, et on me chargeait de faire chauffer des cailloux, des cailloux bien ronds, des cailloux de Crau qu'on choisissait pas trop gros ni trop petits, de les faire chauffer et les distribuer dans les paniers des oliveuses pour qu'elles arrivent à se chauffer le bout des doigts. Je mettais mes cailloux autour du feu. On faisait un feu dans un coin du verger, à l'abri du mistral bien entendu, parce que qui dit froid, en Provence, obligatoirement dit mistral. Et quand ils étaient chauds, je les portais dans le panier de chaque oliveuse, je leur en donnais un à chacune et je reprenais celui qu'elles avaient. Par moments, elles mettaient le bout de leurs doigts sur ce caillou et ça les réchauffait un peu. Ça permettait de travailler quand même, avec un rendement moindre, c'est sûr. Et après j'allais faire réchauffer les autres cailloux. Parce que la cueillette des olives, avec des gants, ça n'est pas possible. Il faut avoir les doigts libres. Voilà pourquoi on faisait chauffer ces petits cailloux.

Les cailloux n'abîmaient pas les olives. Les olives, une fois en tas dans le moulin, de toute manière, il fallait qu'elles s'échauffent pour bien en extraire l'huile : ça n'est pas les cailloux qui allaient les détériorer. Ça n'est pas comme des pommes ou des pêches. Dans un cageot de pêches, si on mettait des cailloux bien chauds, ça n'arrangeait rien! Moi, je faisais ça, c'était histoire de donner un coup de main à un voisin qui avait beaucoup d'olives. Nous, on n'en avait pas, à ce moment-là, je ne savais pas encore que par la suite je connaîtrais l'olivier très bien et que je le travaillerais.

C'était quand même dur! Maintenant, ça fait rire, et je me demande si en lisant cela il n'y a pas des gens qui vont se dire : « C'est de la blague. » Et pourtant, c'est vrai. Quand il faisait trop froid, il fallait cueillir les olives quand même, on ne pouvait pas rester à la maison au chaud. Les femmes, je me souviens, mettaient – elles appelaient ça des « mitaines » – des chaussettes dans lesquelles on faisait cinq trous pour faire sortir les cinq doigts, ce qui fait que ça leur couvrait les mains, les poignets, et ça laissait les doigts libres. Ça n'était pas des chaussettes nécessairement. Elles pouvaient tricoter quelque chose qui ressemblait à la jambe d'une chaussette...

Les olivades se sont passées pendant de longues années de la même façon, jusqu'à ce que insensiblement on se modernise. Début novembre, tout le monde se mettait au travail! Même ceux qui n'avaient pas l'habitude de travailler, qui ne travaillaient pas de toute l'année, allaient travailler aux oliviers. Il ne restait pas grand-monde dans le village. Les oliviers étaient plus grands que maintenant et il y avait beaucoup plus d'olives. Ils étaient beaucoup plus soignés. Quand j'étais petit, il n'y avait pas bien longtemps que c'était encore la ressource principale du village. Alors qu'actuellement, tout le monde a des oliviers, on les travaille mais quand on a le temps.

C'est un des avantages de l'olivier. C'est un arbre qu'on peut ne pas travailler de la même façon que les autres cultures, que les autres arbres fruitiers. Parce que, que ce soit les pommes, les pêches ou les poires, quand il y a un traitement à faire il faut le faire impérativement, ça ne peut pas attendre. Alors que l'olivier, lui, les traitements, j'en ai jamais vu que quelques-uns depuis ces dernières années. Sinon, à cette époque-là, on ne traitait pas du tout. Ils avaient un peu le ver de temps en temps, les olives qui étaient véreuses, on les portait au moulin, ça faisait de l'huile quand même.

Quant aux façons culturales, une seule chose avait une date bien précise : c'est la taille. Il fallait tailler au printemps, et pas trop tôt parce que ça risquait de geler. Sinon, on les labourait régulièrement. Aujourd'hui, il y a beaucoup de gens qui travaillent leurs oliviers quand ils peuvent. L'olivier s'en fout : même si on reste quelques années de le travailler, il n'en meurt pas. Quelques années après, on recommence, on le retravaille et il recommence à produire. Bien entendu, si on ne le travaille pas il produit moins, mais c'est un arbre formidable sur ce chapitre-là. Il n'est pas difficile. Il demande peu d'eau, quoiqu'il l'aime quand même.

Seulement, comparativement à maintenant, il y avait beaucoup plus d'amitié entre les gens et on commençait à parler des olivades bien quelques jours avant. Et une fois les olivades commencées, c'était un grand événement. Tout le monde se mettait au travail. C'était la récolte principale, il fallait la cueillir et on mettait tout le monde sur les vergers. C'est comme pendant les vendanges : tout le monde se met aux vendanges. Il venait un peu de la main-d'œuvre des villages voisins, des villages du nord des Alpilles, qui n'ont pas d'oliviers. Passé Saint-Rémy-de-Provence, Eygalières, l'olivier devient rare. Ce sont des terrains plus humides, plus riches, dans lesquels on peut faire beaucoup d'autres cultures. Alors que là où on cultivait des oliviers, ici, je crois que c'est qu'on ne pouvait pas y faire grand-chose d'autre. D'ailleurs, à l'heure actuelle, on fait de nombreuses autres cultures à Aureille, mais au sud du village, dans la Crau, où il y a de l'eau.

L'olivier tenait la majorité du territoire. Quand j'étais tout petit, je me souviens qu'il y avait quelques vignes et des amandiers. Mais très peu de vignes, et les amandiers, il y en avait pas mal de vergers mais beaucoup moins que d'oliviers. L'olivier a régressé chez nous surtout à cause du gel. Il y a un demi-siècle, il y en avait beaucoup plus. Il s'en ait arraché, d'abord, et puis il y en a beaucoup qui sont incultes, qu'on a laissés devenir incultes. On arrive encore à deviner qu'il y avait des oliviers, mais les chênes et les pins par endroits ont pris le dessus. C'est dû aux problèmes de rentabilité d'abord. Parce que l'huile d'olive, quoique certains la trouvent très chère, ça ne fait pas un rapport énorme. D'ailleurs, les oléiculteurs actuels ont tous d'autres activités à côté de l'olivier.

Au temps où on mettait les cailloux dans les paniers pour réchauffer les doigts des oliveuses, il y avait énormément d'olives, les olivaisons duraient jusqu'aux mois de janvier-février, le moulin ouvrait des fois jusqu'en février. Il paraît qu'il leur est arrivé de travailler jusqu'au mois de mars. C'était la ressource principale du village, alors qu'aujourd'hui, ça ne l'est plus du tout. Plus personne, dans le village, ne vit uniquement de l'olivier, on ne pourrait plus. Question de main-d'œuvre. On n'arrive pas à rivaliser avec certains pays qui ont beaucoup d'olives : l'Espagne, l'Italie, et surtout la Grèce et l'Afrique du Nord qui, eux, doivent avoir de la main-d'œuvre à meilleur marché. C'est ce qui les sort d'affaire.

Et puis il y a aussi la variété de l'olivier. On a peut-être des variétés qui sont sensibles au mistral ? Ça, c'est grave. À l'heure actuelle, on en arrive au ramassage mécanique des olives, mais on a encore un inconvénient. Le ramassage mécanique, il faut attendre que les olives soient mûres pour pouvoir les cueillir. Ça peut se faire avec des peignes : on met des filets sur le sol, et avec des petits peignes avec un manche en plastique de vingt ou trente centimètres de long, on peigne les branches : ça fait tomber les olives et les branches restent. Il tombe bien quelques feuilles, mais on les élimine après.

Puis il y a les secoueurs. C'est une chose qui devient à la mode aussi, mais pour secouer un arbre pour faire tomber les olives, il faut qu'elles soient mûres. Et nous sommes dans des régions où, si on attend qu'elles soient mûres, nous sommes à la merci d'un coup de mistral. Alors là où on attend qu'elles soient mûres pour pouvoir les secouer, bien souvent Maître Mistral, lui, les secoue avant : elles tombent par terre, on ne peut plus les ramasser. Autrefois, on les ramassait, on n'en laissait pas une, on ramassait par terre. Maintenant c'est impensable. Ça ne serait plus rentable, de payer du personnel pour ramasser des olives sur le sol, on n'y arriverait plus. Alors qu'à ce moment-là, on ramassait tout ce qu'on pouvait.

Mais c'était quelque chose de formidable. Je me souviens que d'un champ à l'autre, les oliviers étaient tous travaillés. À partir d'Aureille jusqu'en limite de Mouriès, côté ouest d'Aureille, de l'autre côté jusqu'en limite d'Eyguières, les champs d'oliviers se touchaient presque tous : il n'y avait que des oliviers et quelques amandiers. Et d'un champ à l'autre, on entendait les oliveuses s'appeler : « Ohé! Ohé! » C'était toute la journée « ohé! » Ça commençait dans un coin, on criait « ohé », les voisins répondaient, et puis après c'étaient les voisins d'un peu plus loin, et ça finissait par traverser toute la commune. Maintenant, on ne l'entend plus, tout ça, on ne le sait plus. Il faut dire qu'il y a d'autres bruits. Il passe des avions, des voitures. On n'y allait pas en voiture, à ce moment-là, cueillir les olives. La plupart du temps les oliveuses partaient à pied avec leur panier sous le bras, et dans la journée quelqu'un venait avec une charrette pour pouvoir retourner les olives le soir. Mais le trajet, c'était toujours à pied, à moins que ce soit très très loin. Les endroits les plus éloignés du village, on y allait avec la charrette. Il s'apportait le manger aussi, pour ne pas perdre de temps. On mangeait vite un morceau à midi et on recommençait. Les journées d'hiver sont courtes et il fallait en faire le plus possible.

On commençait les olivaisons – les « olivades » disons; « olivaisons », c'est un peu trop français, en provençal on dit *óulivado* – à la Toussaint, pas avant. Aujourd'hui, il y en a qui commencent plus tôt parce qu'ils sont pressés. D'ailleurs, on est un des rares coins à commencer si tôt. Dans les autres pays, et même en France, parce qu'il y a des olives dans le Gard, dans la Drôme du côté de Nyons, il y en a du côté de Nice, il se commence beaucoup plus tard. La vallée des Baux, c'est là où on commençait le plus tôt. C'est d'ailleurs, je crois, ce qui fait la qualité de l'huile de la vallée des Baux : les olives sont ramassées un peu plus tôt, donc elles n'ont pas eu le temps de mûrir complètement. Ça nuit peut-être à la quantité, mais pas à la qualité. Il en ressort peut-être un petit peu moins d'huile, du fait qu'elles sont encore vertes, qu'elles ne sont pas très mûres, mais l'avantage, c'est que l'huile est beaucoup plus fruitée. Il y a cette raison-là, et puis je crois qu'il y a le mistral aussi. Parce que les années où il y avait beaucoup de mistral et où les olives étaient un peu véreuses (maintenant ce n'est plus un problème parce qu'on les traite), c'était grave : au moindre coup de mistral on les retrouvait toutes par terre. Donc, au plus tôt on commençait, au plus tôt on avait fini, et au moins on craignait le mistral.

La Toussaint, c'était le début, et ça durait selon ce qu'il y avait d'olives. C'était variable. Il y a des années où il y en avait plus que d'autres. Mais dans l'ensemble, ça durait beaucoup plus longtemps que maintenant. Janvier, février, c'était courant qu'on cueille encore des olives. Chaque propriétaire mobilisait toute sa famille, même les minots. Il nous arrivait de manquer l'école pour aller cueillir des olives, ceux qui étaient assez grands. Et puis, selon les besoins, il s'embauchait du personnel. Il n'y a que les plus vieux, ceux qui ne pouvaient plus se traîner jusqu'aux oliviers, qui restaient à la maison pour faire la cuisine ou le ménage...

Ça en faisait des olives, comparativement à maintenant! Le propriétaire du moulin, qui avait quand même pas mal d'oliviers, il lui arrivait d'avoir des équipes de vingt ou trente personnes pour cueillir les olives, et pendant plusieurs mois. Il y a des équipes qui venaient, qui étaient habituées à faire leur travail, qui louaient une maison, même une grange, n'importe quoi : pour peu qu'ils puissent se mettre à l'abri et se faire un peu de cuisine, qu'il y ait une cheminée dans un coin pour faire du feu, ils en avaient assez... Ils passaient leur temps des olivades comme ça. Bien entendu, si les olivades duraient jusque pour les fêtes de Noël et au-delà, il y avait quand même un arrêt pour Noël et le jour de l'an. Ça se fêtait normalement. Mais les dimanches normaux, la plupart des gens allaient cueillir leurs olives. On faisait sept jours sur sept. Ceux qui se louaient, ça dépendait un peu s'ils avaient besoin de beaucoup d'argent ou d'un peu moins. Ils étaient libres de faire leur dimanche s'ils le voulaient, mais il y en a qui travaillaient toute la semaine, dimanche compris.

Le programme n'était pas tellement varié. Ils se levaient, le petit déjeuner vite fait, et dès qu'il faisait jour ils prenaient leur panier, quelques sacs, et on partait en équipe. Il y avait un rendez-vous pour chaque équipe. Chacun avait son panier, qui lui appartenait. Les oliveuses pendaient à leur ceinture un panier rond avec une anse, tressé en osier, pas tellement grand parce qu'on prétendait que – c'était vrai et ça l'est toujours, quoiqu'on n'utilise plus guère ce genre de panier –, mais enfin, qu'au plus on les vidait souvent, au moins il y avait du poids à porter sur la ceinture. Et chez les hommes, c'était une petite corbeille ovale avec une petite anse de chaque côté pour attacher une courroie qu'on passait sur le cou.

On partait dès qu'il faisait jour, puis quelqu'un apportait le manger si l'équipe était grande. S'ils n'étaient que deux ou trois, ils portaient leur manger le matin, dans le panier. Un petit arrêt pour manger le midi et on recommençait. Pour s'arrêter boire le café, il fallait qu'il fasse réellement mauvais temps, sinon on n'avait pas le temps. On travaillait jusqu'à midi. À midi le repas était vite liquidé, de midi à midi et demi, une heure moins le quart, le temps de se restaurer, et on recommençait jusqu'à ce qu'on ne voie plus les olives. La charrette emmenait les olives au moulin. Tous les soirs, elle les emmenait au moulin.

Les gens ne vivaient que pour l'olivier, et de l'olivier. Aujourd'hui, il est impensable d'imaginer que les propriétaires qui avaient quelques centaines d'oliviers, en les travaillant bien, arrivaient à vivre là-dessus avec une petite famille. C'est sûr, les oliviers étaient immenses, parce que très bien travaillés, très bien fumés. Il y avait beaucoup de bergers dans Aureille, et tout le fumier de moutons partait dans les oliviers.

La cueillette d'un olivier se faisait à deux, ou à plusieurs si c'était le dernier olivier de la journée, qu'il fallait le finir. On pouvait s'y mettre alors à quatre ou cinq autour pour travailler. Sinon, la façon classique c'était de commencer à deux, avec chacun son chevalet. Tout le monde avait son chevalet. Parce qu'il est plus facile de cueillir les olives qu'on ramasse les pieds au sol que sur le chevalet. Et il est plus facile de cueillir celles qui sont au sud de l'olivier que celles qui sont au nord. Au nord, d'abord, selon le temps, il y fait plus froid, tandis qu'on est quand même un peu abrité côté sud. Et puis du fait que le mistral souffle pendant une grande partie de l'année, les branches côté sud sont plus souples, même les olives sont plus jolies, sont plus belles peut-être, c'est-à-dire plus grosses.

Donc, on commençait à deux, côté sud. Puis l'un partait à droite de l'olivier, l'autre à gauche, et on se rencontrait derrière. Même, il y avait des gens tatillons, comme il y a toujours eu, et si à tel olivier l'un était parti sur la gauche, à l'olivier d'après il partait sur la droite. Parce qu'ils prétendaient qu'il y avait un changement. La différence entre le nord et le sud, ça c'est sûr. Disons que si on mettait deux personnes, comme on cueillait, à ce moment-là, tout à la main, une qui cueille le côté nord et l'autre le côté sud, celle qui cueille le côté sud en cueillerait presque le double. Et côté nord on n'a pas le soleil. Parce que les oliviers étaient assez grands pour faire beaucoup d'ombre.

On commençait par le bas de l'arbre, et à mesure on montait. Cela permettait de cueillir le plus haut possible sans se servir du chevalet, et puis au fur et à mesure on montait, avec le chevalet quand il le fallait. Quand on arrivait en haut, l'oliveuse descendait de son chevalet, mettait le chevalet de côté et commençait à faire le bas un peu plus loin que là où elle était l'instant d'avant, sur le même olivier.

Les chevalets appartenaient aux propriétaires. Ils restaient dans le verger. On les portait au début et ils remontaient sur la charrette quand on changeait de verger. Le soir, il ne serait pas venu à quelqu'un de ramener son chevalet à la maison de peur qu'on le lui pique. Ça n'existait pas. Il faut expliquer : un chevalet, pour quelqu'un qui n'est pas des Alpilles, ça peut être un chevalet de peintre. Mais pour les gens des Alpilles, c'est une échelle en bois à trois pieds qui sert à monter cueillir les olives. Deux pieds portent les barreaux, ce sont les montants de l'échelle, et le troisième, qu'on appelle la « queue », va à l'arrière des deux premiers pour faire reposer l'échelle sur une base triangulaire. Les trois pieds sont articulés au sommet sur un axe de fer, le pied arrière venant entre les deux autres. Les pieds qui portent les barreaux sont largement écartés en bas, donc avec de longs barreaux, puis se rapprochent pour se rejoindre en haut avec le troisième, les barreaux étant de plus en plus courts.

Je me souviens que ça prêtait un peu à rire, parce que c'est une plaisanterie, mais enfin sans en être une : on recommandait aux oliveuses, le soir, de coucher leur chevalet. On le laissait dans le verger tant que le verger n'était pas fini, mais il fallait le coucher. Le laisser debout, ça n'était pas tellement prudent à cause du vent qui dans la nuit risquait de le tomber. Et on recommandait de le coucher avec la queue en l'air. Ça prêtait à rire parce qu'on parlait de « queue en l'air », on disait que c'était « pour qu'elle se repose », mais ça avait son importance parce que, si on le couchait avec la queue dessous, c'était en déséquilibre. Alors qu'avec la queue en l'air, il reposait sur les deux montants principaux. C'était aussi beaucoup plus facile pour le relever : on le tirait par la queue, et on ne manquait pas de le faire remarquer !

Ces chevalets servaient aussi pour tailler les oliviers. Il y avait des fabricants. À Aureille, je ne sais pas, mais à Mouriès, il y en a un qui le faisait encore il n'y a pas longtemps. À Fontvieille, il y en a un qui le fait encore, de façon artisanale. On en vend aussi fabriqués d'une autre façon. Ils sont plus jolis, avec des bois très droits. À ce moment-là, les chevalets étaient faits uniquement avec des barres de saule, telles qu'elles étaient : on enlevait l'écorce, c'est tout. Ce qui fait que les marches pour monter n'étaient pas forcément bien droites, elles étaient quelque peu biscornues. La queue n'était pas droite non plus, mais c'était volontaire, parce qu'à partir du moment où on soulevait le chevalet pour le changer de place, la queue automatiquement se rabattait contre le chevalet. Donc on la faisait légèrement cintrée vers l'extérieur, pour que le bas touche et que le milieu, là où on avait la main, ne touche pas. Ça évitait de se coincer les doigts. C'était *lou cavalet*, en provençal.

Il y en avait de plus grands que d'autres. Si on allait cueillir des olives dans un verger qui avait été régénéré, où les arbres étaient moins hauts, ça n'était pas la peine d'en avoir un très grand, qui était beaucoup plus lourd, alors qu'il y en avait de plus petits. Sinon, ils étaient tous de la même forme. Finies les olivades, on les rentrait, pas pour longtemps puisque au mois de mars ils servaient encore pour la taille. Puis ils passaient l'été à l'abri. À ce moment-là, on n'en achetait pas un neuf pour un oui ou pour un non. Quand un barreau cassait, le fil de fer, la ficelle servaient ! On rafistolait jusqu'à ce que ça devienne trop casse-gueule. Et même quand un chevalet devenait trop défectueux, ou qu'il avait trop de fils de fer, de réparations, on le donnait à une personne un peu plus légère pour qu'il risque moins ! Ce qui lui permettait de tirer encore quelques années... Les barreaux n'étaient pas collés sur les montants, on aurait pu les changer, mais quand on était sur place, on avait plus vite fait de réparer avec un morceau de fil de fer. Aujourd'hui, il y en a encore mais ils ne sont pas grands, les oliviers n'étant pas bien grands non plus...

Ça arrivait bien qu'il y en ait qui se cassent la gueule de là-dessus, parce qu'il fallait quand même savoir placer son chevalet : les deux pieds du chevalet lui-même et puis la queue, qu'on lançait devant soi sans quitter le chevalet. Il fallait qu'il soit bien équilibré d'abord, et prendre des précautions quand on montait les premières marches, parce que ça n'était pas sur un terrain dur. C'était sur un terrain labouré régulièrement, bien travaillé, donc ça s'enfonçait plus ou moins. Alors, si un pied s'enfonçait plus que l'autre, automatiquement il y avait déséquilibre... On travaillait toujours la queue vers l'olivier et le chevalet contre soi ou parallèle à l'olivier. Jamais à l'envers.

En ce moment, c'est la période la plus sombre pour l'olivier. Parce qu'ils ont gelé en 56. Là, ça a été grave : ils ont gelé complètement, ou presque. Ce qui restait, c'était très peu. Ils ont repoussé, mais il y a eu deux autres gels. En 63, ça a été moins grave parce que beaucoup sont passés au travers. Certains n'avaient que le bout des branches de gelé : ça ne les a pas anéantis. Mais ils avaient pris un sacré coup, ce qui avait nécessité des tailles beaucoup plus sévères : couper beaucoup de bois, pas pour repartir à zéro mais presque. Et puis, en 85, en janvier 85, le thermomètre est descendu au-dessous de quinze degrés, et là ils ont pris encore un sacré coup. Alors ça, un peu avec le fait que ça n'est plus d'un gros rapport, ça fait que maintenant les olivaisons durent un mois, guère plus.

Puis on a plus vite fait pour cueillir les olives. On commence toujours par là aux environs de la Toussaint, mais on va tellement vite, avec les moyens mécaniques! Les peignes permettent de travailler par n'importe quel temps, puisqu'on peut se mettre une paire de gants : déjà on n'a pas froid aux mains. Plus besoin des petits caillcux, là. Et puis, avec un peigne, il en tombe, des olives! Quand l'arbre est fini, on verse dans des seaux en plastique ou dans des corbeilles, en plastique aussi. Les sacs, ça n'existe plus guère. Alors il y a beaucoup moins d'olives et on va beaucoup plus vite pour les cueillir...

Dans les équipes, il y en a qui préféraient travailler avec Untel ou Unetelle plutôt qu'avec un autre. Ça se faisait naturellement, ce n'était pas le patron qui les désignait. Mais une fois choisie, la paire était faite pour la saison. L'équipe complète s'appelait la *chourmo*. Il y avait des *chourmo* de deux ou trois oliveuses, et des *chourmo* de vingt, jusqu'à trente oliveuses.

Ramasser à la main, ça n'était quand même pas ramasser comme on cueille les cerises, par exemple, une par une. On appelait ça « traire ». Les anciens disaient : « *Fau saupre móuse* » – il faut savoir traire. La branche d'olivier est très souple. On attrapait un rameau et on faisait glisser la main dessus en le serrant légèrement, ce qui fait qu'on ne cueillait pas une olive après l'autre. Il venait un moment où on en avait une poignée dans la main, dans les mains si on travaillait à deux mains, et ça arrivait dans le panier, puisqu'on orientait le rameau vers le panier. Il tombait pas mal de feuilles, mais j'ai toujours entendu dire que les oliveuses qui cueillaient beaucoup de feuilles étaient celles qui ramassaient le plus d'olives, parce qu'elles devaient serrer plus. Lorsqu'il pleuvait ou qu'il avait plu, lorsque les oliviers étaient mouillés, ça ne glissait pas. Tirer sur les branches mouillées, c'était très compliqué.

On travaillait à deux mains. On trayait un rameau dans chaque main ou, si le rameau était gros, on pouvait le prendre avec les deux mains, ça dépendait un peu du rameau. Le rameau d'olivier, s'il est bien taillé, a toujours tendance à se diriger vers le sol. Ça n'a pas la forme d'un saule pleureur, mais à quelque chose près ça ressemblerait plutôt à ça qu'à un arbre qui pointe en l'air. Et ça n'est pas du fait du poids des olives, c'est naturel chez l'olivier. Ça vient aussi de la taille : j'ai toujours entendu dire que, pour savoir tailler, il fallait avoir cueilli des olives.

Le panier plein, on allait vider dans un sac qui était à proximité de l'olivier, un sac en jute. Le ramassage des sacs incombait au charretier qui arrivait le soir avec sa charrette pour les emporter. Les oliveuses ne les ficelaient même pas, les sacs. Il y avait des sacs vides dans le verger et elles vidaient toujours au plus près.

Pour commencer un verger, il n'y avait pas de règles. Forcément, on commençait dans un coin pour finir dans l'autre, mais ça n'était pas toujours vrai, parce qu'on était tributaires du temps. Un champ d'oliviers, côté nord, a toujours une haie, surtout des chênes, et si on commençait un jour de gros mistral, on ne respectait pas la règle. On ne commençait pas dans un coin, on allait commencer bien à l'abri. Par contre, si on commençait un jour de beau temps, les oliviers qui étaient bien à l'abri du mistral, on ne les cueillait pas. On les laissait. Il arrivait même de commencer un champ et de ne pas le finir. Si les oliviers étaient bien abrités du mistral et que ce soient des jours de beau temps, il y a des fois où on préférait s'en aller, aller dans un autre verger et les laisser, au cas où il viendrait à faire très froid : alors on y revenait. C'était une petite perte de temps, mais on le retrouvait par la suite parce que les jours de grand mistral, c'est connu, on est mieux à l'abri qu'en plein vent. Ça, tous les Provençaux le savent.

Si il y avait une règle, c'était de commencer d'un côté et de finir de l'autre. Par exemple, mettons qu'il y ait une *chourmo* de six oliveuses, alors on prenait trois rangées côte à côte : une rangée pour chaque paire. Elles avançaient dans le même sens, et chaque paire faisait sa rangée. Celles qui arrivaient les premières au bout de leur rangée aidaient ensuite les autres à finir, comme dans toute chose. Les deux premières arrivées au bout n'auraient pas recommencé une autre rangée, on finissait les trois rangées. Puis on allait en faire trois autres. Ça faisait travailler tout le monde un peu plus groupé, ça évitait d'avoir des sacs un peu partout. Les sacs étaient entre les oliviers, les oliveuses vidaient dedans puis elles ne s'en occupaient plus jusqu'à ce que le soir on vienne les récupérer. Ça avait l'avantage de ne pas perdre de temps pour aller vider dans un sac qui se serait trouvé assez loin.

Il y avait des bons et des mauvais ramasseurs, il y avait un peu des filous parce que il y a des arbres qui sont plus faciles à cueillir que d'autres, et certaines essayaient de choisir leur rangée. Celles qui arrivaient les premières au bout de la rangée, ça n'était pas nécessairement parce qu'elles en avaient cueilli plus que les autres. Ça pouvait être une rangée qui avait des arbres plus petits, donc plus vite cueillis, et un tas de choses qui pouvaient jouer. Mais il y en a qui en cueillaient beaucoup plus que les autres. Et ça parlait, ça parlait beaucoup. Ça, c'est formidable : les oliveuses qui blaguaient le plus n'étaient pas forcément celles qui en cueillaient le moins, au contraire. J'ai toujours entendu dire qu'une oliveuse, il ne fallait pas qu'elle parle avec les mains, mais ça n'était pas le cas. Parce que ça blaguait du matin au soir, tout le monde y passait, on tapissait tout le monde : ça n'empêchait pas de travailler. Elles pouvaient parler beaucoup et cueillir autant d'olives.

Il y avait très peu d'hommes qui cueillaient, ça représentait un faible pourcentage. Les *chourmo* qui venaient de l'extérieur, c'étaient uniquement des femmes. C'était très rare qu'il y ait des hommes. Si c'était une grosse *chourmo*, on leur louait des maisons. Là où il y a la boulangerie actuelle, c'était une maison plus ou moins délabrée que j'ai vu louée pendant des années à des oliveuses qui venaient du nord des Alpilles, d'Eygalières, Orgon, Plan-d'Orgon. Elles étaient une belle équipe ! Elles se réunissaient quelques-unes et elles habitaient là. Il y avait tous les âges. Il y en a même qui étaient mariées. Leurs maris avaient son travail, ils ne venaient pas... Le soir, après leur journée, elles faisaient leur manger pour le soir et le lendemain. Il y en avait une quinzaine dans cette maison. Les lits devaient être un peu rustiques, peut-être des paillasses. Les radiateurs dans les chambres, il n'y en avait pas ! Mais le bois ne manquait pas. Ceux qui avaient des oliviers, forcément, avaient du bois. Elles étaient plutôt jeunes : j'en ai vu qui commençaient à cueillir des olives à quatorze ans, après avoir quitté l'école.

Elles arrivaient à la Toussaint et elles restaient jusqu'à Noël. Quelques-unes partaient en fin de semaine, mais c'était très rare. À Noël, si la récolte était trop grande, quand même les gens retournaient chez eux pendant quelques temps, et puis ça recommençait. Mais ça, c'était les grosses années. Parce que de cueillir des olives en janvier et février, je l'ai vu, mais exceptionnellement. En 1940, 41 oui, mais après je ne l'ai plus vu, alors qu'il paraît qu'autrefois c'était courant. Mais la vie devait être encore beaucoup plus dure qu'à l'époque dont je parle... Peu se sont mariées ici, de ces oliveuses. On a l'habitude de parler des « oliveuses ». *Lis óulivarello*, ça ne se disait pas trop. D'après Mistral, c'est ce qu'il faudrait dire[1], mais on entendait plutôt parler *dis óulivevuso*, alors que des hommes, on disait *lis óulivaire*.

Pour les sacs, on utilisait des sacs qu'on récupérait. Je n'ai jamais entendu dire que quelqu'un fabrique des sacs en jute pour mettre les olives. Il arrivait beaucoup de sacs de café par les bateaux à Marseille, et on les recyclait là-dedans. On utilisait surtout le fumier pour mettre dans les oliviers, mais on utilisait quand même quelques sacs d'engrais, qu'on rinçait pour transporter les olives. Toujours pareil : on économisait...

On choisissait le verger à cueillir selon l'exposition, selon la distance à laquelle il était du village. Il y a beaucoup d'oliviers qui appartiennent aux Aureillois et qui sont dans le territoire de Mouriès, par exemple. Ça faisait loin : on les faisait en premier. Parce qu'au départ, au mois de novembre, en principe il fait beau temps... Beau temps, ça veut dire qu'il risque de faire moins mauvais que plus tard. Alors on allait au plus loin, et à ceux qui étaient les plus vite faits aussi. Traditionnellement, on ne taillait qu'une année sur deux ; même il y en a qui les laissaient trois ans. Et l'année où on les taillait, on les taillait sévèrement, ils avaient beaucoup moins d'olives cette année-là, et les olives mûrissaient quand même un petit peu plus tôt. Elles avaient tendance à tomber. Il y en avait tellement peu, elles auraient fini par se retrouver toutes par terre. Alors on cueillait en premier les vergers taillés. Au plus vite on les avait faits, au mieux ça allait.

Puis on commençait déjà à cueillir l'olive verte. L'olive

1. Référence à *Lou Tresor dóu Felibrige*, dictionnaire provençal–français publié par Frédéric Mistral de 1879 à 1886, et qui est la véritable bible des Provençaux relativement à leur langue.

cassée, de la vallée des Baux, qui est très réputée maintenant, et qu'on ramasse beaucoup, on en faisait déjà, quoique beaucoup moins qu'aujourd'hui. C'était tout à fait restreint, comme clientèle, ça n'allait pas chercher bien loin, mais on en cueillait déjà, et on les cueillait surtout sur les oliviers qui avaient été taillés dans l'année. Parce que, forcément, à partir du moment où il y en avait moins sur l'arbre, elles étaient plus grosses et un petit peu plus précoces.

Les *chourmo*, même les grosses, travaillaient chacune dans un même verger. Le propriétaire qui se permettait d'embaucher une vingtaine de personnes, c'est qu'il avait des vergers d'oliviers assez grands. Le Grand-Verger par exemple, qui est à l'ouest du village, a quinze cents pieds d'oliviers, peut-être un peu moins maintenant du fait que les pipelines[1] l'ont traversé. Ça fait énorme. Alors qu'il y a des gens qui avaient des vergers de cinquante oliviers, ou peut-être moins. Ceux qui avaient de grosses *chourmo*, forcément, c'est qu'ils avaient de grands vergers.

Il y avait deux façons de travailler. Certains travaillaient à la tâche, mais très peu, parce que ça faisait du gaspillage. On payait alors la *chourmo* complète, soit au nombre de kilos ramassés, soit on faisait un prix pour le verger, et puis on n'en parlait plus : la *chourmo* était gagnante ou pas. Mais ça se pratiquait très peu, parce que ça n'était pas intéressant. Parce que, en payant au nombre de kilos ramassés, ceux qui cueillaient avaient toujours tendance, pour en ramasser beaucoup, à en laisser, à faire le plus facile pour aller vite. De même que si on payait le verger, on avait tendance à en laisser. Un arbre qui avait des olives très très petites, on le laissait. Parce qu'il y a des variétés bizarres, des espèces de petits arbres sauvages qui produisent peu, il fallait bien quand même les ramasser, mais les gens les laissaient.

Autrement, les gens étaient payés à la journée, on ne parlait pas d'heures. L'histoire de travailler à l'heure, c'est venu

1. Ensemble de pipelines souterrains qui, établi principalement à partir du complexe industriel de Fos pour rejoindre le nord, a été installé à travers la commune d'Aureille depuis les années soixante.

bien après, c'est récent. Les heures de travail ne se comptaient pas : on payait à la journée, et la journée durait ce qu'elle durait. Il devait bien y avoir des différences de paiement. Une bonne oliveuse était sûrement mieux considérée et mieux payée, c'est sûr, mais toujours sur la journée.

À l'époque où il y avait bien des olives, ramasser quatre-vingts kilos par jour à la main, pour une oliveuse, c'était courant, et même davantage dans les oliviers bien travaillés... Au peigne, aujourd'hui, c'est variable, on ne peut pas savoir. Ça n'est pas régulier, l'olivier, de nos jours : il y en a qui sont bien travaillés, d'autres qui le sont mal, d'autres qui sont sales au pied... À ce moment-là, les oliviers étaient propres : si on avait travaillé avec le filet, ça n'aurait pas été difficile, pour mettre les filets par terre! Parce qu'il n'y avait pas un poil d'herbe, il n'y avait rien, alors qu'actuellement il y a des gens qui mettent des filets au pied d'oliviers qui sont pleins de ronces : ils ont oublié de les travailler depuis quelques années! Si on voulait parler chiffres, je crois que des oliviers aussi bien travaillés que quand on les cueillait à la main, en les faisant avec des filets on devrait tripler la vitesse de ramassage. Il y en a qui doivent y arriver certainement, mais ça n'est pas tout le monde, parce que ça n'est pas régulier aujourd'hui. À l'époque où je faisais chauffer les petits cailloux, tout le monde travaillait ses oliviers, il y avait de beaux oliviers.

C'était tout à fait différent d'actuellement dans les vergers. Il n'y a plus de grandes équipes comme il y avait, le personnel est beaucoup plus restreint, puis on n'a pas les mêmes sujets de conversation. On parle du programme télé de la veille ou du lendemain, alors qu'à ce moment-là on n'en parlait pas. Il se papotait d'une autre façon, mais il se parlait tout le jour, tout le jour il se blaguait. D'un verger à l'autre on se criait : « Bonjour! » Ça devait traverser tout le territoire d'Aureille, même au-delà. Par beau temps, on disait : « Tel endroit, c'est telle équipe qui travaille. » C'était beaucoup plus convivial, il y avait énormément de monde.

Dans les équipes importantes, chez les propriétaires

importants, il y avait un chef d'équipe. Lui ne cueillait pas. Il regardait celles qui en ramassaient, celles qui risquaient d'en laisser, pour les réprimander. Puis il s'occupait de tenir les sacs. Quand il en voyait qui avaient un panier plein, il disait : « On vide. » Elles allaient vider toutes en même temps. Quand c'étaient des équipes de moindre importance, il y avait quand même quelqu'un qui disait : « On va vider. » Les oliveuses n'allaient pas vider leurs paniers à tour de rôle, une maintenant, l'autre un peu plus tard, c'était du temps perdu. On y allait tous en même temps, et on recommençait, c'était organisé comme ça. Puis une qui y allait toute seule, il n'y avait personne pour lui tenir le sac, elle risquait de vider mal. Et comme on faisait tout pour ne pas perdre de temps, il y en a qui risquaient de perdre quelques minutes à regarder s'il faisait beau ou pas, c'étaient des choses à ne pas faire, ça. Les journées sont courtes, en hiver. Il fallait en profiter au maximum.

Entre femmes, il se galéjait beaucoup plus que ce qui se fait aujourd'hui. Il se passait des choses auxquelles on ne penserait plus. Une équipe de femmes, pendant quelques minutes de repos, par exemple, ou après le repas de midi si elles avaient mangé dans les oliviers et qu'elles avaient quelques minutes, il y avait vite des plaisanteries de faites. S'il y avait un minot un peu trop jeune, là, elles avaient assez vite fait de l'attraper, de lui enlever sa culotte, d'écraser quelques olives pour lui frotter sur le zizi. C'étaient des plaisanteries courantes. Moi, j'y suis passé, à l'époque où je faisais chauffer les cailloux... On trouvait ça normal... L'intéressé, lui, non, parce que ça n'était pas marrant... Ce genre de choses, ça n'était pas les plus jeunes qui y pensaient, c'étaient les plus vieilles... On ne peut pas dire qu'elles étaient vicieuses, parce que ça n'était pas des trucs vicieux. C'étaient des plaisanteries et puis voilà. Des plaisanteries, que maintenant on n'a plus le temps de faire!

On galéjait un peu sur tout... Une plaisanterie qui était assez à la mode, quand on arrivait à un olivier qui avait de très grosses olives, c'était de dire : « *Soun galanto aquéli, semblon li couioun d'un capelan*[1] *!* » Je ne vois pas pourquoi, je ne vois pas la différence qu'il y a entre les testicules d'un curé et celles d'un autre... Il y avait une ambiance beaucoup plus conviviale. Si on en parle avec des vieux, à des gens plus vieux que moi, ils disent : « Les gens ont changé ! » Ça n'est pas forcément les gens, qui ont changé, c'est tout ! Les gens ont changé à cause de l'évolution des choses.

Il se faisait pas mal de farces, et ça ne nuisait pas au rendement ! Si elles se galéjaient à propos de la couleur de leur culotte ou qu'il y en ait une qui émette des doutes sur la propreté d'une autre, elles avaient vite fait de soulever tout leur attirail et de montrer leur derrière sans que ça paraisse obscène ni rien. « *Lou vos vèire moun quiéu*[2] *?* » Et voilà, elles soulevaient leurs jupons et montraient leur derrière ! Tout le monde s'esclaffait de rire et puis on continuait. Maintenant, les équipes d'oliveuses, ça n'existe plus, mais on trouverait ça malpropre, malpoli.

Un homme qui se trouvait tout seul dans l'équipe, il arrivait qu'il se fasse chambrer, et même fort. Et comme je l'ai dit, c'étaient surtout les vieilles qui étaient les plus terribles ! Si il y avait un homme au milieu d'une équipe, elles se disaient : « Laisse-le venir, on va rigoler ! » Elles commençaient à lui parler de son robinet, « il est tellement petit qu'il n'ose pas le montrer », on lui sortait des plaisanteries comme ça jusqu'à ce que le gars se mette en colère et qu'il se déculotte, pour montrer. Et même, il y avait des gosses – gosses pas tant que ça puisqu'on était déjà là pour travailler, et ma foi, on le trouvait normal. C'étaient les femmes qui régnaient. Elles avaient la majorité, ça n'était pas la peine d'essayer de trop les chambrer parce que, à la fin, c'était toujours elles qui avaient raison. Mais tout ça n'empêchait pas le travail.

Au bord des vergers, il y avait beaucoup de haies, qui abritaient. La majorité des arbres étaient des chênes, beau-

1. « Elles sont jolies, celles-là, elles ressemblent aux testicules d'un curé ! »
2. « Tu veux le voir, mon cul ? »

coup de chênes kermès, qui viennent moins haut que les autres. Des haies sauvages, avec des genêts et des ronces. Ça n'avait rien à voir avec les haies de cyprès qu'on entretient, rien à voir. C'étaient des sauvages qui servaient de barrière entre un verger et un autre. Mais ça avait des avantages. Pendant les grosses pluies, par exemple, ça évitait que l'eau ravine beaucoup. Elle ravinait la longueur du verger puis, arrivée à la ribe – on appelait ça des « ribes », ça n'était pas des « haies » –, elle perdait sa force. Puis ça servait à s'abriter du mistral, surtout. Mais pour le ravinement, c'était une des choses qui étaient importantes. Dans les vergers un peu grands, du côté du versant le plus bas, il y avait des fossés d'écoulement qui étaient entretenus régulièrement.

Il y avait des figuiers aussi, dans les vergers, je ne sais pas si on les avait plantés. Parce que, plus tard, quand on a commencé à avoir des figuiers dans les terrains à l'arrosage, on voyait des belles figues assez grosses, alors que dans les oliviers ces figuiers faisaient des figues toutes petites. Ce ne sont pas les mêmes variétés mais elles sont bonnes! Ces figuiers servaient surtout quand on allait travailler : si on avait un moment, on allait manger quelques figues, et ça remplaçait facilement le goûter. Puis, quand on était tout petits, on savait où ils étaient, les figuiers.

À la fin de la récolte il y avait les *crouset.* Il n'y avait pas un jour fixe : tel propriétaire qui avait fini sa récolte, le dernier jour, réunissait tout son personnel et offrait un repas, voilà. Les *crouset,* c'est une espèce de biscuit, mais qui ne se consomme pas nécessairement en Provence. Par *crouset*, on entendait des friandises, mais c'était variable. Chez certains, ça consistait en un goûter, avec quelques biscuits et quelques bonnes bouteilles. Mais ce qu'on faisait le mieux et ce qui était le plus joli, d'ailleurs, c'était de manger sur le champ d'oliviers à midi. En admettant que il y en ait encore une demi-journée pour finir, on finissait de travailler le matin puis, pour l'après-midi, on disait : « On aura fini. » Alors, à midi, on mangeait dehors, mais c'était un peu la bombance. On faisait griller les saucisses, on prenait notre temps, il y avait quelques bonnes bouteilles. La majorité, c'était encore des femmes, et ce jour-là, les farces, c'était encore pire! Il y avait encore intérêt à se tenir à carreau, là.

Quand on entendait dire : « *Avèn fa li crouset* » – on a fait les *crouset*, ça voulait d'abord dire : « On a fini d'oliver. » Untel avait fini aujourd'hui, l'autre finissait quelques jours après... Encore que si une équipe avait fini de cueillir assez tôt, soit parce qu'elle était plus importante, soit qu'il y ait eu moins d'olives, elle allait aider le voisin, si le voisin n'avait pas encore fini, qu'il avait encore beaucoup à ramasser. Ici, dans le village, la plupart des oliveuses allaient toutes finir au même endroit : chez le plus gros propriétaire d'Aureille, qui avait le moulin, et qui avait au moins trois mille pieds d'oliviers. Il finissait toujours le dernier. Il y avait beaucoup de gens qui avaient fait la campagne chez quelqu'un et qui, une fois fini, s'embauchaient là pour encore quelques jours. Si ça se trouve, on leur faisait deux fois les *crouset*. Plus ou moins tout le monde le faisait, ne serait-ce que manger quelques biscuits et ouvrir une bonne bouteille le lendemain de la fin des olivades, parce que ça n'était pas forcément le jour même. Le lendemain ou quelques jours après, ils se réunissaient, ils mangeaient quelques biscuits, ils buvaient un coup.

Les grillades, on en faisait souvent. Aujourd'hui, faire des grillades à la campagne, on considère ça comme quelque chose d'important. À ce moment-là, si on emportait le manger, on faisait un petit peu de feu et on faisait griller une saucisse. C'était courant, c'était normal. On avait fait un peu de feu, on en profitait pour faire griller la saucisse, et voilà! De nos jours, les grillades au feu de bois, c'est du snobisme. On dit qu'on fait les grillades au feu de bois comme autrefois, et finalement ça n'est pas vrai. On ne le fait pas comme autrefois, ça ne se refait pas! C'était une époque, maintenant ça en est une autre et ce n'est pas du tout pareil... Aujourd'hui, c'est pour faire « comme autrefois », alors qu'à cette époque, c'était tout simplement pour faire cuire nos saucisses!

C'était toujours un homme qui allumait le feu, jamais une femme. Ou on faisait confiance à un minot... Il y avait tous les petits! Les petits allaient à l'école, mais le jour où il n'y avait pas école ils allaient aux olives, même pas grands. Ou c'était le chef d'équipe qui allumait le feu. Les oliveuses olivaient, on appelait ça « oliver ». Je n'ai jamais entendu dire on va « cueillir » ou « ramasser » les olives. Non : « *Anan óuliva* » – on va oliver. Celui qui avait fait le feu faisait cuire les saucisses, les femmes n'avaient pas le temps : elles étaient là pour oliver. Elles avaient la réputation d'avoir la main beaucoup plus agile, d'en ramasser beaucoup plus que les hommes. Je ne sais pas jusqu'à quel point c'était vrai, parce qu'il m'est arrivé par la suite de ramasser les olives et, ma foi, on les ramassait aussi bien que ce que les femmes en ramassaient.

Il se faisait tellement de farces, aux *crouset*, que je n'arrive plus à m'en souvenir! Même pendant le travail, il se faisait énormément de farces, beaucoup plus qu'à l'heure actuelle. Plaisanter, c'était toute la journée! Si un homme faisait équipe avec une femme, il en entendait! Et c'était tout le monde qui rigolait, parce que la femme qui était avec lui, quand elle lui faisait une réflexion, faisait bien attention à ce que tout le monde entende! Par exemple quand il plaçait son chevalet, le troisième pied du chevalet, elle lui disait : « Attention où tu envoies ta queue! » Ou, si c'était trop près : « N'envoie pas ta queue entre mes jambes! » Les femmes étaient majoritaires, et elles ne se privaient pas de rigoler!

Pour les *crouset*, on faisait un petit feu et, le soir, pour l'éteindre, on mettait un peu de terre dessus. Maintenant, si on voulait rigoler, on y pissait dessus! Quand c'était un homme, ça allait, mais j'ai vu des femmes aussi pisser dessus pour l'éteindre! On leur disait : « *Te brules pas li péu*[1] *!* » C'était quand même assez pittoresque à voir! J'étais gamin, mais je l'ai même vu plus tard! Elles pissaient un peu comme elles pouvaient, pas forcément par-devant! Il y a un tas de choses que maintenant on n'oserait plus faire! Ça

1. « Ne te brûle pas les poils! »

paraîtrait déplacé, alors qu'on faisait ça à la rigolade. Bien entendu, ça n'est pas toutes qui se permettaient de faire des choses comme ça. Il y en a qui étaient beaucoup plus réservées. Mais celles qui le faisaient n'étaient pas forcément plus vicieuses qu'une autre! Un peu moins timides et voilà, ça suffisait!

Lorsqu'il y avait le propriétaire, obligatoirement les femmes étaient un peu plus réservées. Il y avait du vin rouge, du vin blanc, du rosé. Il se buvait bien. Il y en a qui n'avaient pas l'habitude de boire beaucoup de vin, qui ce jour-là en buvaient un peu plus, comme toutes les fois où on fait quelque chose d'exceptionnel, où on fait fête. Parce que c'était une fête, finalement... On ne pouvait pas inviter des gens qui n'avaient pas participé aux olivades. Il fallait avoir participé.

Dans les vergers, on entendait chanter les oliveuses. Puis, dans le verger d'à côté, si ça se trouvait, on entendait quelqu'un qui disait : « Ne chante plus, tu vas faire pleuvoir! » Elles chantaient les chansons de l'époque. Les jours où il se faisait les *crouset*, où elles voulaient un peu plaisanter, elles arrivaient même à chanter des chansons un peu cochonnes, toujours dans le même esprit.

Beaucoup plus tard, après le gel de 56, à la reprise, ça n'était plus la même façon d'oliver. Les oliviers étaient tout petits, à peine ils recommençaient à pousser, il y avait déjà quelques olives. Moi, j'avais vieilli, je n'étais plus gosse déjà, et pendant quelques années on a cru retrouver l'ambiance d'autrefois, mais ça n'a pas duré. On faisait encore des équipes. À ce moment-là, j'étais baile, je ne m'inquiétais pas des oliveuses, elles se débrouillaient entre elles. Mais le jour où on faisait les *crouset*, ce jour-là je mettais un joli tablier blanc, j'éclairais le feu, je leur faisais cuire les saucisses, je faisais le cuistot. Elles laissaient faire. Une fois fini de travailler le matin, elles s'assoyaient, dans un endroit bien abrité, et elles attendaient que la bouffe arrive! Et puis on rigolait. Mais des plaisanteries comme quand j'étais jeune, on n'en faisait plus. Si, pisser sur le feu, je l'ai encore vu faire là, mais ça commençait à être beaucoup plus réservé déjà. Certaines gens diraient qu'on commençait à se civiliser. Mais finalement, on commençait à devenir niais.

Ça a duré quelques années, puis on a commencé à voir arriver les peignes avec les filets. Alors là, il a fallu faire des équipes différentes : ceux qui montaient au chevalet pour peigner, ceux qui ramassaient d'en bas, puis d'autres qui vidaient les filets dans les corbeilles. Les sacs ont commencé à disparaître là aussi... Moi, je ne l'ai jamais fait au peigne... Il y a une bonne dizaine d'années qu'on les ramasse au peigne. Quand on a commencé, on avait un petit peigne en plastique à la main, puis il y a eu les peignes vibreurs, qu'on met sur la prise de force d'un tracteur. Alors là, avec le bruit du tracteur, plus question de plaisanter ni rien.

Et puis la méthode moderne, celle qui a de l'avenir, il paraît, ce sont les secoueurs : deux rouleaux en caoutchouc au bout d'un bras articulé, sur un tracteur, qui enserrent le tronc de l'olivier et qui le secouent pendant quelques secondes. En quelques secondes on arrive à mettre toutes les olives par terre, sur un filet. Pas plus, sinon on arracherait l'olivier, on démolirait tout. Ça secoue fort, mais quelques secondes, c'est tout. Le travail lui-même serait efficace mais l'embêtant, je l'ai toujours dit, c'est le mistral.

Actuellement, beaucoup de gens ont commencé à planter des nouvelles variétés d'oliviers, dont les olives tiennent plus à la branche, qui résistent plus au mistral. On peut se permettre d'attendre qu'elles soient mûres pour les ramasser au secoueur. Parce qu'il y a quelques personnes qui cueillent encore à la main. Ceux qui ont quelques oliviers pour avoir leur provision d'huile cueillent leurs olives à la main, ils ne cherchent pas trop à comprendre, ils ne regardent pas le temps. Mais celui qui veut employer du personnel, à la main il ne peut plus, ça n'est pas rentable. Le prix du ramassage serait plus cher que le prix du kilo d'olives.

Il y avait deux labours importants. Enfin, tout au moins les vieux prétendaient que les labours du mois de mai et de Noël – ils appelaient ça *la règo dóu mes de mai e la règo de*

Nouvè [1]– étaient les meilleurs. Au mois de mai, c'était juste avant les sécheresses, et puis fin décembre, à condition que les olives soient cueillies. Après, en janvier-février, on labourait encore parce qu'on avait le temps, mais on prétendait que ça n'était pas tellement indiqué. C'était moins bon qu'en décembre.

Quand j'ai commencé à labourer des oliviers, je l'ai fait un peu avec le cheval : on n'en faisait pas beaucoup! Avec une charrue et un petit soc, quand le soir on avait labouré un verger de la valeur de cinquante oliviers, on avait bien travaillé!... Le mulet, il n'y avait pas à le conduire, il se conduisait tout seul, à la voix et aux rênes... Certains s'attachaient les guides dans le dos ou aux mancherons de la charrue, mais elles servaient très peu. Ils en avaient tellement l'habitude qu'ils marchaient seuls, ils savaient comment il fallait faire. Ça n'était pas comme quand on laboure un champ où on va semer du blé : il fallait passer entre les arbres.

On commençait à une rangée d'oliviers, la première sur le bord du verger, et arrivé au bout on se retournait, on faisait l'autre rangée. On ne faisait pas le tour du champ complet, comme un colimaçon, mais des allers-retours parallèles, en gros, les uns aux autres. Là où c'était large entre les rangées on passait avec la charrue, et on s'efforçait de passer au plus près des pieds des oliviers. C'était important parce que le reste, après, au pied des arbres, c'était avec la pioche. Il y avait beaucoup plus de mulets que de chevaux, dans Aureille. Parce que plus on avait un animal petit, plus c'était intéressant : on passait plus près des oliviers, avec un harnachement réduit au minimum.

Les beaux colliers de chevaux qu'on voit – qu'on voyait disons, parce que maintenant on ne les voit plus qu'à la charrette de Saint-Éloi [2]–, les beaux colliers qu'on voyait à

1. « Le sillon [et par extension le labour] du mois de mai et le sillon de Noël. »
2. Allusion aux fêtes des confréries de saint Roch et saint Éloi, qui, dans les villages du nord des Alpilles, mettent en scène des défilés de charrettes tirées par des chevaux richement harnachés à la « mode sarrazine ». *Cf.* Évelyne Duret, « Les charrettes festives en Provence rhodanienne », *in Le Monde alpin et rhodanien*, Grenoble, 1-2, 1993, p. 35-61.

ceux qui marchaient sur la route, dans les oliviers, ça n'était pas vrai. Il fallait qu'ils soient réduits au minimum pour éviter d'accrocher les branches, pour passer le plus près possible des oliviers, de façon à en laisser le moins possible pour la pioche.

C'est là qu'intervenait aussi l'histoire de la taille. J'ai dit que pour savoir tailler il fallait avoir ramassé les olives, mais il fallait aussi avoir labouré. C'est en labourant qu'on s'apercevait que certaines branches, si on les laissait trop dépasser, par exemple, gênaient pour passer avec le mulet. En gros, il fallait tout savoir... On faisait des sillons, mais ils étaient tout biscornus entre les rangées. Le mulet s'y prêtait assez bien. Il regardait là où la charrue avait passé la fois d'avant, et il passait exactement à côté, sur le côté gauche, parce que le versoir d'une charrue, en principe, verse la terre du côté droit. Maintenant, on a des charrues doubles, qui versent aussi bien une fois à droite une fois à gauche, qui basculent ; mais ça, on ne savait pas ce que c'était. On n'avait que des versoirs fixes, le mulet marchait à côté du sillon et ça allait assez bien.

Sûr qu'on n'en faisait pas beaucoup, et je me demande jusqu'à quel point c'était pénible. Parce que maintenant, on dit qu'à cette époque-là on travaillait du soleil levé au soleil couché, d'un soleil à l'autre, qu'on faisait des journées très longues, qu'on ne regardait pas l'heure, mais finalement on prenait notre temps, on prenait le temps de vivre mieux qu'aujourd'hui. Parce que les journées de travail longues, c'est vite dit. Ce cheval, il fallait qu'il ait le temps de manger avant de partir. Alors il fallait lui donner à manger, attendre qu'il ait mangé pas mal, le faire boire, atteler la charrette, mettre la charrue sur la charrette, et puis se rendre aux oliviers. Si c'était loin, des fois il fallait une demi-heure ou plus pour s'y rendre, et là, dételer la charrette, atteler le mulet à la charrue et commencer à travailler. Et la demi-heure pendant laquelle on faisait le trajet, on était assis sur la charrette. On avait le temps de regarder la nature, de regarder en passant la façon dont Untel labourait, s'il le faisait bien, de regarder l'autre.

Alors que maintenant, on dit qu'on travaille moins... Mais celui qui va labourer des oliviers, il enquille[1] un tracteur et quelques minutes après, il est sur place, il commence à labourer, il n'entend rien, il ne sait même pas s'il y a un nid de pies dans le coin de son verger, il n'a pas le temps de le voir ! Alors qu'à ce moment-là, on avait le temps de tout voir. D'accord, les journées étaient longues, on faisait peut-être beaucoup plus d'heures, mais plus calmement : on avait le temps de vivre.

Moi, il me semble que c'est comme ça. Je l'ai vécu, je l'ai fait, puis j'ai travaillé plus tard à la méthode moderne, et je trouve que ça n'était pas un travail de galérien, autrefois. C'était dur, c'est sûr, mais on avait le temps de voir des choses. Maintenant, on ne voit plus rien. Tu voyais tout ce qu'il y a à voir dans la nature ! Avec un tracteur, en partant du village pour aller au verger d'oliviers, il faut quelques minutes. Du moment où on met le tracteur en marche au moment où on est revenu et où on l'arrête, on n'entend que le bruit du tracteur ! Alors qu'à ce moment-là, on labourait un champ d'oliviers dans un lieu comme les Baranques, par exemple, qui est au nord du village, bien tu entendais quelqu'un qui gueulait après son mulet ou son cheval et qui était à deux ou trois kilomètres ! Tu disais : « Tè, Untel laboure à tel endroit. » Tu savais où il était. Ça n'avançait pas à grand-chose, mais... Alors que, maintenant, le bonhomme qui est parti le matin, il revient avec une tête comme un melon et c'est tout. Il n'a vu que les oliviers qu'il a labourés, et encore. On y passe tellement vite, à côté, avec le tracteur, qu'on n'a pas le temps de les voir. Ou enfin on les voit mal.

On labourait le champ et puis on finissait le tour des pieds, à la pioche ou avec une *eissado*, parce que le terrain était meuble. L'*eissado*, c'était une houe à deux dents ou plate. Le labour se faisait une saison dans un sens, une saison dans l'autre, perpendiculairement à la fois précédente.

1. Du provençal *enquiha*, « empiler », et par extension, en français régional, « enfourcher ».

Parce que entre les oliviers, ça n'était quand même pas bien fait, alors en changeant de sens on améliorait le labour de la fois précédente. Certains zigzaguaient entre les oliviers en passant dans un sens, puis repassaient en revenant, toujours en zigzaguant, mais en croisant le premier passage. Après ils tiraient droit le long des oliviers, mais ça c'était le fin du fin.

Le labour d'hiver avait l'avantage de retourner le sol, d'enterrer les mauvaises herbes et de faire geler la terre. La terre prenait le froid. Au printemps, ameublir le sol, c'était quand même important pour la sécheresse. Parce que c'est connu : un sol bien ameubli et bien travaillé conserve plus d'humidité qu'un sol dur, et surtout s'il y a des mauvaises herbes. Les mauvaises herbes pompent l'eau.

Tous les deux ou trois ans, on faisait une conque assez grande au pied des arbres, on la remplissait de fumier et on recouvrait de terre. La meilleure saison pour fumer, c'était à l'entrée de l'hiver, après les olivades. On chaussait à l'automne. Tous les oliviers chaussés ne sont pas forcément fumés. Mais chausser l'olivier permettait à la souche de se développer, l'hiver, en étant un peu enterrée. Et au labour de printemps, on faisait le contraire : la terre qu'on avait ramassée au pied, on la retirait vers l'extérieur. En gros, on déchaussait. Ça servait à aérer le pied : trop de terre au pied aurait favorisé les gourmands.

Dans l'été, on repassait avec un genre de herse, histoire de gratter un peu le sol, casser la croûte. On appelait ça une « herse canadienne ». Ça ressemblait à ce que, maintenant, derrière un tracteur, on appelle un « cultivateur ». On griffonnait[1]. *Passavian lou grifoun*[2]. Il ne fallait pas trop creuser, en été ça n'était pas indiqué. C'était bon contre la sécheresse, de casser la croûte. Un orage d'été, ça dame la terre, ça la tasse. Alors ceux qui avaient le temps, qui pouvaient le faire, quelques jours après la pluie, passaient le griffon. Ça empêchait de faire une croûte et ça maintenait l'humidité... Maintenant, les façons culturales, il y en a qui les faisaient

1. Vocabulaire technique pour « hersait ».
2. « On passait le griffon. »

plus ou moins bien. En gros, il y a des gens qui travaillaient leurs oliviers assez mal, il poussait des herbes, il poussait de tout, alors que certains, qui en avaient peu, qui étaient peut-être un peu plus vaillants, on ne voyait pas un poil d'herbe, c'était toujours propre, toujours bien nettoyé. Comme dans toute chose, il y en a qui font mieux que d'autres.

L'été, pendant les vacances, c'était le travail des petits, de couper les gourmands. Il y a un tas de petits rejets qui poussent au pied des oliviers, et ça repousse toutes les années. Et à partir du mois d'août – c'est surtout dû à cause du temps –, l'olivier ne fait plus de végétation, la sève lui sert uniquement à la production d'olives. Alors on coupait ces gourmands. Les couper avant n'était pas indiqué parce qu'ils risquaient de repousser. On attendait le mois d'août. Petit, on m'a envoyé en faire, avec une petite pioche, une toute petite pioche. Ça n'était pas agréable! Quand on entend les Parisiens dire que le chant des cigales, c'est joli! Au mois d'août, dans l'après-midi, quand on est au pied d'un olivier, qu'il fait bien chaud, qu'on entend les cigales chanter sur la tête et qu'on transpire en coupant ces gourmands, je trouvais que le chant des cigales n'était pas si beau que ça! Il y en avait plus que maintenant, des cigales. On en a beaucoup éliminé quand on a commencé à traiter les arbres.

L'olivier, quand il devient vieux, se fendille, il y a des trous dedans. Dans ces creux, on trouvait des nids de mésange tant qu'on voulait! Maintenant, ça devient rare, les mésanges, encore qu'on en revoit un peu. Moi, j'ai la chance d'en avoir une nichée dans ma boîte aux lettres toutes les années. Mais à ce moment-là, on en voyait dans tous les trous d'olivier. Je me souviens que ça n'était pas toujours marrant, de dénicher ces petits oiseaux. Les « dénicher », non, parce qu'on les regardait puis on les remettait à sa place. Mais il arrivait que, quand on envoyait la main, il y avait une couleuvre qui était venue les bouffer puis s'était endormie là. On retirait vite la main! La couleuvre n'est pas dangereuse, et quand elle était dans un trou qu'elle venait de bouffer, elle roupillait. Des chardonnerets aussi. Les chardonnerets ont moins disparu que les autres oiseaux. C'est plus granivore, donc moins sensible à tous les insecticides.

La taille se faisait au mois de mars, en principe. Ceux qui en avaient beaucoup étaient bien obligés de commencer un peu tôt, fin février, pour ne pas finir trop tard. On pouvait tailler jusqu'en juin, mais en mai l'olivier fleurit et ça commençait à devenir tard. L'idéal, c'est mars, parce que les froids sont pratiquement finis. Après février, on ne craint plus de gros gels. Si on taille trop tôt, sur les blessures qu'occasionnent les coups de couteau-scie ou de sécateur, ça gèle plus facilement. Puis il fallait ne pas tailler trop tard pour ne pas tailler sur l'arbre qui a déjà travaillé, autrement il a travaillé pour rien. C'est connu : chaque fois qu'on coupe une branche sur un arbre qui est en végétation, on lui enlève un peu de vie.

J'ai connu des vieux, quand j'étais petit, qui n'avaient pas de sécateur. Ils taillaient très bien, mais le sécateur, ils disaient que c'était de la foutaise. Ils avaient deux, et même certains trois couteaux-scies, avec les dents de tailles différentes. Ils en avaient avec de très petites dents pour couper les toutes petites brindilles, on appelait ça un *rassé*. Puis un autre avait les dents un peu plus grosses pour les grosses branches. Le sécateur existait déjà, mais ils ne devaient pas y être habitués.

On taillait sur deux ou trois ans. Le plus courant, c'était sur deux. On n'entendait pas parler de taille : *disian qu'anavian rebrounda*[1]. Ceux qu'on avait taillés dans l'année – on les appelait *li rebrounda* – avaient moins d'olives que les autres. Et l'année suivante, alors on disait que l'olivier était « en récolte ». On ne taillait qu'une moitié des arbres chaque année, pour avoir toujours des oliviers en récolte.

La taille de l'olivier est une des tailles les plus passionnantes que j'aie connues. C'est l'arbre le plus passionnant à tailler. Parce que c'est une question de goût, pour le façonner. C'est tout. Après, qu'on taille bien ou qu'on ne

1. « On disait qu'on allait tailler. »

taille pas bien, les olives, il y en a toujours. La première fois que j'ai taillé un olivier, celui qui était chargé de me donner des leçons de taille m'avait donné le couteau-scie, je n'avais jamais taillé un olivier, je ne savais pas ce que c'était. Bon : « *Vos aprendre a rebrounda, be venès emé iéu*[1]. » Et il m'a donné le couteau-scie. Il m'a dit : « Coupe une branche ! – Oui mais laquelle ? – *Coupo uno branco !* » J'ai fini par bien calculer, par en couper une à l'intérieur, parce que je savais qu'il faut évider l'intérieur, déjà je savais un peu... J'ai coupé la branche, je l'ai jetée par terre et il m'a dit : « Tu vois, cette branche, des olives elle n'en aura plus. Toutes celles que tu couperas n'auront plus d'olives, celles qui restent en auront, et celles qui vont repousser en auront aussi. Alors l'important, c'est de savoir où tu les coupes. » Il m'a dit : « Il faut faire le tour de l'olivier avec ton couteau-scie. Il faut en couper partout, et quand tu as fini il faut qu'il en reste partout. »

C'était assez compliqué, et finalement c'était ça. J'ai compris par la suite que... c'est une question de goût. On l'arrange pour le faire le plus joli possible, il ne faut pas couper une grosse branche pour que ça fasse un grand trou, il faut bien dégager l'intérieur, laisser les branches qui pendent vers l'extérieur pour que ça soit plus facile à cueillir. Je n'ai pas taillé beaucoup d'autres arbres, mais enfin le reste, je trouve que ça n'est pas pareil, ça n'est pas passionnant comme l'olivier. Ça a un inconvénient, quand il souffle, c'est toujours pareil, c'est ce satané mistral. Avec le mistral on peut tailler la vigne, on peut tailler des abricotiers, des pêchers, des poiriers, des pommiers, alors que l'olivier, c'est très difficile. Parce que les autres arbres, on les taille quand ils n'ont plus de feuilles, tandis que l'olivier a toutes ses feuilles, il ne perd pas ses feuilles, donc les branches bougent avec le vent et ça n'est pas commode. On dit qu'on aime bien le mistral, mais il n'a pas que des avantages ! C'est comme les cigales...

En gros, un olivier, quand il est bien taillé, il faut qu'il ait la forme d'un parapluie, mais qu'on aurait tourné à l'envers. C'est-à-dire qu'à l'intérieur il faut que ce soit creux. Parce

1. « Tu veux apprendre à tailler, bien, viens avec moi. »

qu'on n'y va pas, à l'intérieur, mais le soleil peut y aller, lui, et c'est important. Et puis il est plus facile de cueillir en faisant le tour de l'olivier, sur les bords, que vers l'intérieur. Il y a très peu d'olives à l'intérieur de l'arbre, en raison de la taille. Mais si on le laissait sauvage, il n'y en aurait pas du tout : ça ferait une boule, et les olives ne viendraient que sur le bout des branches. Parce que le rameau d'olivier qui a porté des olives une fois, il n'en porte jamais plus, il paraît.

L'olivier, c'est un perpétuel recommencement : il est immortel ! On peut le couper au pied, il repousse toujours. Mais si on le taille, c'est surtout pour lui permettre de refaire de la végétation nouvelle qui, elle, fera des olives. Mais quand on taille, on ne sait pas quel rameau a porté des olives, ça ne se voit pas. Voilà pourquoi il n'y a rien de plus facile que la taille de l'olivier, et rien de plus compliqué. L'histoire d'avoir des olives ou pas, ça ne tient à rien. C'est une question d'esthétique, c'est une question de goût, c'est une question de bien l'arranger, de bien le façonner. Mais surtout de couper des branches pour qu'il en refasse des nouvelles. Quand on m'a appris à tailler les oliviers, on m'a dit : « Il ne faut pas chercher à savoir. »

La façon de tailler varie entre les régions, aussi. Je n'ai pas vu beaucoup d'oliviers dans les autres pays, je n'en ai vu qu'en Tunisie. Ils ont des arbres qui ne sont pas du tout comme chez nous. Ils sont immensément grands, alors que nous, on ne peut pas le faire, ça. Ils ne sont pas grands, nos oliviers. Même une fois vieux, pas comme maintenant qu'ils sont trop jeunes, on est obligés de les tenir un peu bas. On ne peut pas se permettre de les laisser monter à huit ou dix mètres de hauteur comme il y en a qui font. On revient sur ce satané mistral... Au plus les branches sont pliées, au plus elles retombent, au moins le vent les secoue. Au plus c'est haut, au plus ça boulègue[1]...

Voilà la façon de les tailler : c'est pour ça qu'on disait qu'il fallait tout savoir faire. Il faut avoir olivé pour pas que les

1. Français régional très commun, à partir du provençal *boulega*, « remuer, agiter ».

branches soient trop hautes ou que les olives soient à l'intérieur, et il faut avoir labouré pour pas que les branches soient trop basses ou trop écartées, ce qui aurait empêché le mulet de passer. Laisser une branche qui s'en va vers le milieu de la rangée, elle porterait peut-être pas mal d'olives, mais si après en passant avec le mulet – maintenant, ça n'est plus vrai, mais c'est vrai avec le tracteur – on l'accroche, qu'elle casse, alors ça ne va pas.

Les meilleurs tailleurs, il paraît, étaient ceux qui coupaient le plus de petites branches. Si on coupe une grosse branche, ça fait un grand trou mais ça avance vite. Si on pinaille beaucoup autour de la branche, qu'on coupe des petits rameaux et qu'on en laisse d'autres petits, le résultat est bien meilleur mais on met beaucoup plus de temps. On disait qu'il fallait qu'un petit oiseau – il ne faut pas qu'il soit gros – puisse traverser l'olivier sans toucher les feuilles. Ça voulait dire que quand on avait taillé, il fallait qu'on ait assez éclairci, assez aéré pour qu'un oiseau puisse traverser, mais pas trop. C'est pour ça qu'on disait qu'il fallait couper partout des branches tout autour, mais en laisser partout aussi. C'est compliqué à comprendre, si on veut, mais après, quand on est au pied d'un olivier et qu'on en a taillé pas mal, on le comprend : c'est vrai.

Des tailleurs, il y en avait de meilleurs que d'autres, comme dans tous les travaux. Il y en avait de très bons, mais ça dépendait un peu aussi de comment ils travaillaient. Il y avait deux façons de travailler. Ceux qui avaient très peu d'oliviers les taillaient eux-mêmes. Ceux qui employaient des personnels les faisaient tailler soit à la journée, soit au pied. On leur donnait un tant par pied d'olivier et voilà. Si il y avait cinquante oliviers, on fixait le prix d'un olivier, et quand ils avaient fini le verger on multipliait par cinquante. Ceux-là, forcément, pour aller plus vite, étaient obligés « d'aller au gros bois », comme ils appelaient. Ils coupaient des branches plus grosses, ils allaient plus vite, mais ils travaillaient plus mal, ou moins bien disons, pour ne pas être méchant.

Après, il y a des gens qui les faisaient eux-mêmes, ceux qui n'en avaient pas beaucoup, et qui mettaient un point d'honneur, si ils avaient un verger d'oliviers au bord d'un chemin, à y mettre un peu plus de temps, pour que ce soit beaucoup plus joli. Il y avait une question de fierté, c'est vrai, qui n'existe plus. On craignait beaucoup les critiques... La façon moderne, c'est d'aller vite, de couper des grosses branches. Bientôt, le couteau-scie va être dépassé : on va avoir des petites tronçonneuses, pour aller plus vite! Je ne désespère pas de le voir, si je vis encore un peu, on le verra. Mais les oliviers y perdent de leur charme, ils ne sont pas si jolis.

Le dernier concours de taille[1] que j'aie vu, je faisais partie du jury et, ma foi, j'ai été déçu. Des gens de mon âge, ça n'est pas bien vieux quand même, il y en a pas mal qui sauraient tailler, mais ils ne travaillent plus, à part quelques-uns qui ont quelques oliviers à eux et qui les font. Sinon, il n'en existe plus. Et ceux qui le font pour leur travail, qui s'embauchent pour aller tailler dans des grandes propriétés, sont obligés – d'ailleurs on le leur impose, ça ne serait pas rentable autrement – d'aller vite. Et pour aller vite, ça n'est pas compliqué, il n'y a qu'à couper quatre ou cinq grosses branches et, là, les oiseaux passent. On peut faire passer un grand duc même à travers l'olivier, si il choisit les endroits où il manque une branche!

Mais c'est moins joli! Ça doit porter moins aussi, parce qu'il y a des branches qu'on n'a jamais touchées et auxquelles il faudrait enlever du bois. Mais ça ne fait rien : ça repousse sur le côté et voilà... On fait des grands trous, dans ces grands trous il y a énormément de repousses qui se font, ça fait des branches nouvelles, ça fait des olives, et l'année d'après le trou, on le fait à côté! On entend des gens dire qu'on ne trouve plus personne qui travaille comme autrefois. C'est faux. Il y en a encore certains qui le feraient, seu-

1. Concours annuel de taille de l'olivier, organisé par l'Association des salariés de l'agriculture pour la vulgarisation du progrès agricole, dont le siège est à Saint-Rémy-de-Provence.

lement il y a la rentabilité, on ne peut plus. On en est là, c'est notre siècle, il faut aller vite, en toute chose il faut aller vite, jusqu'à quand je ne sais pas... Un jour, on ira tellement vite qu'on se cassera la gueule... Moi, j'ai taillé les oliviers quand c'était encore l'époque ancienne... J'ai eu le temps de savoir ce que c'était avant qu'on soit trop moderne, avant que les tracteurs et les méthodes modernes nous dépassent. Et puis tout est allé trop vite, bientôt c'est la tronçonneuse...

La taille de l'olivier est la plus intéressante parce que c'est une question de goût, d'esthétique. Un olivier, on regarde à ce qu'il soit bien formé, les autres arbres on regarde à ce qu'ils fassent des fruits, et pourvu qu'il y ait des fruits... À tel point qu'on est obligé d'enlever des fruits bien avant la maturité, parce qu'ils en produisent trop. Quand je vois des pommiers, des poiriers, des pêchers, tous ces arbres-là n'ont aucune allure! On coupe des branches, on en attache d'autres pour les tirer en bas pour les affaiblir, pour qu'elles fassent plus de fruits, c'est minable! On doit travailler sans goût, quand on fait ce boulot-là. On doit travailler à la mode, puisque c'est la mode maintenant : ce qui était vrai ne l'est plus par la force des choses...

Il y a plusieurs pieds sur une même souche d'olivier. Quand on les a plantés, il ne devait y avoir qu'un. Seulement, comme ils sont très vieux ils ont dû geler, parce qu'on se souvient des gels de 1929, 1956, 1985, mais avant il y en a eu d'autres, et chaque fois qu'ils gelaient on les coupait, et il repoussait un tas de rejets. Et là, pour gagner du temps sur la récolte, on en laissait plusieurs. Ce qui fait qu'aujourd'hui, on a des oliviers qui ont cinq ou six pieds sur la même souche. C'est utile pour accélérer la croissance, mais c'est moins utile pour les façons culturales : ça fait énormément large, on ne peut pas passer si près que quand il n'y avait qu'un seul pied.

Aujourd'hui, on ne les chausse plus, ça ne se fait plus, on ne les fume presque plus. On met de l'engrais dans un épandeur, et on ne le met même pas en surface : on passe à un mètre ou deux de l'olivier, avec une sous-soleuse qui est sous l'épandeur, l'engrais coule dans un tuyau et se retrouve à une trentaine de centimètres de profondeur. Et le fumier, ceux qui en mettent – il y en a encore – jettent le fumier dans le verger et puis labourent par-dessus. Le labour l'enfouit, l'enterre, et on n'en parle plus. L'éternelle question de rentabilité. On ne peut plus se permettre de payer quelqu'un pour faire des conques. Il vaudrait autant vendre l'olivier, je crois...

Depuis 1956, on a toujours les mêmes souches. Ces souches datent... On dit que ce sont les Grecs qui nous les ont emmenées... Moi, je ne m'en souviens pas! Il doit y avoir quelques siècles! C'est connu, c'est l'arbre de la paix d'abord, il est immortel, la racine ne gèle pas! Et on s'en sert, ça fait du très bon bois. Seulement il y a eu la guerre, on en a beaucoup fait, pendant la guerre, du bois d'olivier, mais de la souche aussi! Enlever une partie de la souche de l'olivier ne le fait pas mourir. Ça doit lui enlever un peu de sa vitalité, ça doit lui enlever de la force, des réserves, mais il ne meurt pas. On enlève même des gros quartiers[1] pour faire du bois.

Pour couper un pied, on choisit un pied qui est vieux, mais on a la précaution de laisser un rejet ou deux à proximité, pour que le jour où on coupe le vieux, le jeune ait déjà assez poussé pour le remplacer assez vite. C'est grand, une souche d'olivier! En poids, je crois qu'un olivier adulte a autant de bois dans la terre qu'à l'extérieur. C'est du bon bois pour brûler, pour la sculpture, c'est un excellent bois. La souche vaut mieux que les branches.

Les traitements, ça n'est pas vieux... Les lapins ont fait du mal à partir de 1956, quand les oliviers ont eu le gel. Sur les vieux oliviers ça ne faisait pas de mal, l'écorce est trop dure, mais sur des oliviers jeunes et tendres... Autrefois, il y avait des lapins, mais on se défendait comme on pouvait. À ce moment-là, ils allaient couper des argelas[2] dans la colline, et ça pique! On entourait le pied de l'olivier avec, et les

1. Morceaux de souche éclatés.
2. Nom provençal, passé en français régional, du genêt épineux.

lapins ne venaient pas s'y frotter! Il y en avait, des arbres jeunes quand même parce que l'olivier, une fois qu'il venait vieux, certains en coupaient. On coupait des quartiers.

En 56, les vieux troncs sont morts, il a fallu les couper complètement. Les rejets qui ont repoussé étaient tout jeunes, tout tendres, et les lapins leur ont posé pas mal de problèmes. Heureusement il y avait eu la myxomatose depuis 53 déjà, ça avait éliminé un peu des lapins, mais il y en avait encore pas mal. Et les méthodes anciennes, ça n'était plus vrai. On peignait les pieds avec du goudron liquide, ça n'était pas mauvais, puis après on a eu des produits qui repoussaient les lapins, mais ça n'était pas tellement efficace parce qu'au bout de quelques semaines, après quelques pluies, ça n'avait plus d'odeur et les lapins revenaient. On mettait du grillage aussi, des manchons plastique... Le lapin se met debout, assez haut, et il arrive jusqu'à cinquante centimètres... Aujourd'hui, les oliviers sont plus gros et il y a beaucoup moins de lapins. Je me demande même comment ils font pour survivre, mais c'est une autre histoire...

Une fois qu'on avait taillé les oliviers, il fallait brûler les rames, pour s'en débarrasser. Nous, on appelait ça la « rame », on allait brûler la « rame » d'olivier. C'était le travail des jeunes, qui n'avaient pas encore commencé à tailler. On brûlait selon le temps, parce que par temps de mistral on ne peut pas, c'est très difficile. Ça emportait les flammes contre les branches et on risquait de les roussir, ça pouvait propager le feu aux bois environnants, ou brûler dans le champ les débris de taille... Par temps calme, on brûlait entre quatre oliviers. On se mettait au milieu, pour que les cendres restent sur le terrain, ça faisait toujours de la fumure. Si il n'y avait pas de vent, il n'y avait pas de problème : la flamme et la fumée, ça monte droit.

Ou alors on chargeait la rame sur des charrettes pour la porter à certains endroits réservés à ça, par exemple vers le moulin à vent, au sud du village. Il y a là un grand terrain et on la jetait là, les bergers venaient la faire manger aux brebis. C'était plus facile, en fait, de la brûler que d'aller la jeter, et il fallait quand même la brûler par la suite. Mais le berger devait s'en charger, puisqu'il l'avait fait manger. On ne pouvait pas laisser ces branches-là. C'étaient des accords entre le propriétaire et le berger. L'intérêt du propriétaire ne devait pas être énorme, mais le berger pouvait être son ami, et le jour où il tuait un agneau, il pouvait lui apporter un gigot peut-être !

C'étaient des arrangements comme ça, il n'y avait pas de prix fixés, c'est sûr ! Mais n'importe quel berger ne mangeait pas la rame de n'importe quel propriétaire. Quand le propriétaire apportait sa rame, il savait pour qui c'était. La rame, ça n'est pas fameux pour les moutons, mais ils aiment bien. Et puis c'est le moment aussi où les bergers en avaient le plus besoin. Ils avaient fini d'aller dans les prés, ça se passait dans les mois d'avril et de mai, avant qu'ils partent en transhumance. Alors, si c'était un printemps assez sec, ils en avaient besoin. Des fois, on finissait de la brûler au début de l'été, à l'époque où ça commençait à être dangereux pour les incendies. Alors il fallait choisir un jour où il n'y avait pas de vent, et y aller le matin de bonne heure. En principe on ne brûle pas la rame l'après-midi, surtout pour des raisons de sécurité.

On brûlait la rame – et on le fait encore – parce que, selon où on est placé, un coup de mistral emporte les branches chez le voisin et ça fait des histoires. Si il y a une haie au sud du verger, la rame, avec le vent, va s'arrêter dans la haie : on n'a plus qu'à la brûler le jour où le temps est propice. S'il n'y a pas de haie, si c'est nu au sud, elle va chez le voisin. Si le voisin est un peu hargneux il se met à rouspéter, ce qui fait que beaucoup de gens taillaient et brûlaient à mesure. Ça brûle bien, même vert. Ça brûle moins bien que sec, mais ça brûle pas mal. Ce qui fait que le soir, en partant, si on brûlait à mesure, tout était propre. Il n'y avait qu'à jeter une pelletée de terre sur les cendres pour éteindre le feu et pour éviter qu'un coup de mistral emporte les cendres, qui représentaient un peu de fumure. On s'attaquait à tout, on ne laissait rien gaspiller! On pouvait aussi tailler pendant plusieurs jours et ne brûler qu'après. Ceux qui brûlaient à mesure, la plupart c'est parce qu'ils craignaient, soit qu'ils soient au bord d'une route, que ça emporte les branches sur la route, soit que ça l'emporte chez le voisin...

Dans le temps les oliviers ne s'arrosaient pas, pour la bonne raison que là où c'était à l'arrosage, en-dessous du canal[1], il n'y avait pas d'oliviers. Et puis quand le canal a été fait, on s'est aperçu qu'il valait mieux faire des prairies ou des cultures maraîchères que des oliviers. On n'arrosait jamais les oliviers, je n'ai jamais vu ça, sauf ces dernières années. Il serait jamais venu à l'idée de quelqu'un d'arroser les oliviers ou la vigne. Maintenant, les gens qui ont des oliviers à l'arrosage y gagnent en production, et ceux qui font des olives vertes ont l'avantage d'avoir peut-être des olives plus précoces, mais ça n'est pas fameux. À mon avis, l'arrosage des oliviers tel qu'on le pratique est mal conditionné.

Ceux qui ont des oliviers à l'arrosage arrosent tout l'été, et je n'en vois pas vraiment le résultat. Ils font ça au goutte à goutte, ou alors en faisant courir l'eau dans des rigoles, dans le verger. Mais ça ne donne pas bien. On les arrose trop. L'olivier, c'est un arbre, pendant le mois de juillet, par exemple, il s'en fout d'être arrosé. Il y en a qui les arrosent et ça n'a aucun effet. C'est un arbre qui a une grosse souche, qui est faite pour faire des réserves, surtout des réserves d'eau. Et si il pleut beaucoup aux mois d'avril et mai, pour lui c'est formidable. Après, il peut attendre la fin août sans une goutte d'eau, il s'en fout. Même si on l'arrose ça ne lui fait pas un gros effet. Par contre, arrivé fin août, même au début du mois d'août, on peut commencer à les arroser. Là, ceux qui peuvent les arroser y trouvent leur compte.

Une chose qui serait très difficile – il y en a qui commencent à le faire – serait de les arroser par aspersion. Ils aiment beaucoup ça. Un olivier qui a passé tout l'été au mistral et au sec a les feuilles pleines de terre. Un arbre, ça respire. Seulement arroser par aspersion, ça ferait beau-

1. *Cf.* « Le foin de la Crau », p. 209 et *sq.*.

coup d'eau, et très cher pour l'installation. Il faut une grosse installation. Mais le résultat serait de loin meilleur que de leur faire passer l'eau au pied. Ça ne donnerait pas de maladie, parce que ce qui porte la maladie, c'est la pluie et le soleil par-dessus. Quand on arrose par aspersion, on peut choisir son moment. Un orage, on ne le choisit pas, le moment. Tandis que si on veut arroser quelque chose par aspersion, on arrosera toujours le soir.

Et puis il faut dire aussi qu'à une certaine époque, les oliviers au sec craignaient moins la sécheresse que maintenant. Ne parlons pas de savoir s'il pleut plus ou moins qu'autrefois, c'est une autre chose. Mais déjà, d'après la façon de les travailler. On les travaillait beaucoup plus souvent, et avec des engins qui travaillaient moins profond. Maintenant, on arrive avec un tracteur, et il y en a beaucoup qui n'ont pas notion de ce qu'ils font. On creuse à cinquante centimètres de profondeur, on coupe les racines... L'olivier ne le craint pas trop, ça, il n'en meurt pas, mais ça fait toujours mal. Alors qu'autrefois, on griffonnait souvent, on piochait le pied, on mettait beaucoup de fumier. Maintenant, on met de l'engrais : sur le sol, ça n'a pas le même effet que le fumier. Le fumier empêchait l'humidité de s'évaporer. Ça s'évaporait beaucoup moins.

Les variétés d'olives, la première et la plus importante, la plus répandue, c'est la *salounenco*, ou salonenque. Elle est ovale comme toutes les olives. Il n'y a qu'une variété qui est bien ronde, c'est la *groussano*. Celle-là, comme son nom l'indique, est assez grosse. C'est une olive formidable, mais elle tombe facilement, très facilement. Autrement, la salonenque est ovale mais un peu anguleuse, pas bien ronde. On la reconnaît à ça. C'est peut-être assez difficile pour quelqu'un qui n'est pas habitué, mais on la reconnaît facilement. C'est l'olive qu'on casse quand elle est verte et qui s'est fait un nom dans notre région, puisque maintenant il s'en vend beaucoup. Elle représente bien le quatre-vingts pour cent des oliviers.

La *verdalo*[1] est une olive comme la *salounenco*, en grosseur et en forme, sauf qu'elle est lisse, elle n'a pas d'angles, et elle est tachetée de petits points. Elle fait de l'huile aussi, puis c'est celle dont les anciens faisaient les olives à la *pichoulino*[2]. C'était une spécialité qui se faisait à la maison mais qui ne se fait pratiquement plus, ou presque plus.

Ensuite vient la *berrugueto*. Le plus qu'il y en a de celle-là, c'est du côté d'Eygalières, mais elle est beaucoup moins importante que la salonenque. Elle est un peu plus ronde, et elle tient bien à l'arbre. C'est une des variétés qui tombent le moins facilement, c'est celle qui tient le mieux au vent, et dans un pays de mistral, c'est important. Les anciens les mettaient au sel, vertes, sans préparation aucune.

Puis il y a beaucoup d'autres variétés, mais elles sont insignifiantes. Dans un verger d'oliviers, il y en avait quelques arbres. Il y en a même dont, si on demandait le nom, des gens plus vieux que moi ne le sauraient pas. J'ai vu quelques arbres qui venaient très grands, dont on appelait les olives les *martegalo*. Je ne sais pas si c'est parce qu'elles venaient de Martigues, mais ça n'est pas tout le monde qui en avait : de temps en temps, dans un verger on en voyait un. Ces arbres venaient beaucoup plus gros que les autres, ils faisaient beaucoup de végétation, de grosses olives. Ça n'était pas tellement productif, mais c'était toujours bon pour la pollinisation.

On en voit aussi dont on ne connaît pas l'origine. J'ai vu quelques oliviers qui font des olives comme des grains de raisin. J'ai toujours entendu appeler ça le *negroun*, en provençal, ça vient de *negrun*, qui veut dire « noir », parce qu'elles font des fruits assez noirs, mais en français je ne sais pas comment ça s'appelle. Sur le territoire d'Aureille il peut y en avoir quelques-uns, j'en connais un ou deux.

Après, il y avait de petites olives sauvages qu'on appelait

1. Mistral donne *verdano*.

2. Selon Mistral, du nom d'un Italien, Picciolini, qui s'établit à Saint-Chamas, dans les Bouches-du-Rhône, au XIXe siècle, et introduisit le procédé.

les *petourlo*, et l'arbre le *petourlin*[1]. Elles étaient petites, mais enfin ça passait : ça faisait de l'huile. Et puis il y en avait un tas comme ça : il y avait des variétés qui sont courantes dans le Var, ou dans le Gard. Je connais une variété qui nous vient du Gard – chez eux il y en a beaucoup –, qui faisait des olives assez grosses. On en avait quelques pieds, mais toujours comme les variétés qui sont rares, c'est-à-dire que dans un verger on pouvait en voir un, et puis on pouvait faire des kilomètres sans en voir un autre.

Maintenant, ce qu'on voit beaucoup, depuis quelques années, c'est la picholine. Elle n'a rien à voir, bien que le nom soit presque identique, avec les olives à la *pichoulino* qu'on faisait avec la *verdalo*. C'est une variété qui nous vient d'Italie et qui commence à se répandre pas mal. Elle a l'intérêt de produire beaucoup, d'être facile à cueillir, de bien tenir aux branches, donc de moins craindre le mistral que d'autres. Elle a mauvaise réputation parce qu'il paraît qu'elle donne très peu d'huile et de moins bonne qualité comparativement aux autres, mais elle est facile à cueillir parce qu'elle est un peu grosse. Elle est plus grosse que nos salonenques et nos verdales, beaucoup plus. Et puis peut-être que ses branches se prêtent mieux à la cueillette. Même à la main, on en cueille beaucoup plus que ce qu'on arrive à cueillir des autres. C'est une variété qui s'est plantée après le gel de 56. Mais finalement, je ne sais pas si elle est appelée à devenir à la mode, si les oléiculteurs se mettent en tête de ne pas l'accepter, comme dans certains vignobles on n'accepte pas certains plants de vigne, certains cépages parce qu'ils ne donnent pas de la bonne qualité.

La *groussano*, sa spécialité, c'est vers Maussane. On en fait surtout de la conserve, mais pas vertes : mûres. On attend qu'elles soient bien noires, on les pique pour les faire dégorger et on rajoute des aromates et de l'huile d'olive. On les mange dans l'huile d'olive. Ça se faisait à la maison. On en fait en confiserie, puisqu'on en trouve dans les commerces,

1. Mistral donne *petoulié*, « olivier sauvage dont le fruit très petit ressemble à une crotte », une *petoulo*.

mais celles du commerce nous viennent bien souvent de pays étrangers : d'Afrique du Nord, d'Espagne, d'Italie. La grossane, chez nous, à part Maussane et Fontvieille[1], on n'en voit pas beaucoup. Par ici, comme toutes ces petites variétés, quelques gens en ont un pied, et ils réservent cet olivier pour faire leur provision d'olives. Pour la provision d'huile, ça ne suffirait pas, il y en a trop peu.

J'ai dit que la salonenque, c'était quatre-vingts pour cent des pieds, j'exagère peut-être un peu ; mais il ne faudrait pas tomber au-dessous de soixante et dix pour cent. La verdale dix pour cent, pas plus, et la béruguette encore moins. La picholine gagne parce que ceux qui en ont planté après le gel de 56 en ont planté pas mal, mais je ne sais pas au juste combien ça représente. C'est difficile à calculer. Après le gel de 56, beaucoup en ont planté parce qu'on donnait une prime à la plantation, mais ça n'est pas tous qui avaient de bonnes intentions, qui avaient l'intention de les travailler ! On les plantait surtout parce qu'il y avait une prime. Il y a l'instinct paysan qui ressort, là : du moment qu'on donne des primes, il faut planter. Puis il y en a beaucoup qui ne se sont pas abandonnés, si on veut, mais négligés. Beaucoup.

Les variétés se reconnaissent à l'arbre, sans voir le fruit. La verdale, la salonenque et la béruguette par exemple, qui sont les trois variétés qu'on connaît le mieux, ce sont des arbres qu'il est facile de reconnaître, même quand ils n'ont pas d'olives ou qu'ils ne sont pas fleuris. Rien qu'en passant à côté, en regardant la forme des branches... C'est difficile à expliquer, je ne sais pas comment on les reconnaît, mais je suis certain de ne pas me tromper. Si on m'emmène dans un verger d'oliviers, et si sur cinquante oliviers il y a quarante *salounenc*, je les reconnaîtrai. S'il y a cinq ou six verdales, je les trouverai. Mais comment je les reconnais je ne le sais pas. Surtout à la feuille, mais pour l'expliquer, pour dire comment est la feuille, ma foi, je ne sais pas. Quelqu'un qui ne connaît pas les oliviers dira : « Ils sont tous les mêmes. » Mais ça n'est pas vrai, ils ont un quelque chose puisqu'on les

1. Communes du sud des Alpilles, à l'ouest d'Aureille.

reconnaît. L'expliquer, je n'y arrive pas. Les béruguettes, ce sont celles qui se reconnaissent peut-être le plus facilement, parce qu'elles ont un bois plus rêche, plus biscornu, plus difficile à tailler peut-être aussi... Quand je dis difficile à tailler, ça n'est pas la difficulté vraiment, c'est de leur donner une formation jolie, parce que c'est tout ce qui compte dans l'olivier.

Les avis sur l'origine du nom de la *salounenco* sont partagés. Il paraît que ce sont les Grecs qui nous l'ont emmenée, certains le disent, alors ça viendrait de Salonique – *Salounico* en provençal. Les vieux Provençaux d'ici se fâchent quand ils entendent dire ça, parce que, pour eux, salonenque vient de Salon-de-Provence[1]. Et effectivement, à part la vallée des Baux, des salonencs, on n'en trouve pas beaucoup ailleurs. Les *verdalo*, peut-être, ont une couleur un peu plus verte que les autres. *Verdalo*, en provençal ça veut dire : « qui tire sur le vert ». *Berrugueto*, je ne sais pas ce que ça veut dire. Il y a beaucoup de gens qui les appellent *blanqueto*[2] aussi, parce qu'elles ont une couleur beaucoup plus claire. À côté de la verdale, on les reconnaît facilement. Elles n'ont pas bien la même forme. Moi, je ne suis pas tellement fort dans les couleurs, je vois la différence, mais à peine[3]. Quand on me parle d'une couleur vert olive, je ne sais pas ce que ça veut dire, parce que les olives je n'en vois point de la même couleur, ou presque. Si : quand elles sont bien mûres, elles sont toutes noires. Mais vertes, leur couleur diffère légèrement. Vert olive, je ne sais pas ce que c'est, et finalement je m'en fous.

Les arbres qui ont passé les gels qu'il y a eu depuis 1956, qui ont donc bientôt quarante ans, s'ils sont bien travaillés, bien fumés, peuvent arriver à porter quatre-vingts kilos d'olives, mais ils sont rares. Il faut que ce soit dans des bons terrains, qu'ils soient très bien travaillés sans pour autant être à l'arrosage. À l'arrosage, il y a d'autres variétés, des

1. En provençal, *salounenc* désigne le Salonais, l'habitant de Salon-de-Provence, ce qui est relatif à Salon.
2. Littéralement : « petite blanche ».
3. Laurent Merlo fait ici allusion au fait qu'il est daltonien.

variétés qui peuvent donner beaucoup plus. Sinon, ceux qui ont des oliviers et qui les travaillent moyennement, comme on fait maintenant, l'année dernière ont ramassé moins de dix kilos d'olives en moyenne par olivier. C'était une mauvaise année.

La variation de la récolte est une chose que je n'ai pas encore bien comprise, et les services oléicoles non plus. Il y en a qui parlent du brouillard, il y en a qui parlent d'une pluie au mauvais moment, quand les arbres sont fleuris. Moi, j'ai plusieurs oliviers dans ma cour, derrière la maison, et j'ai essayé, quand ils étaient en fleur, de les arroser avec le jet, de les inonder comme si c'était de la pluie, pour voir si les olives couleraient : ils en sont pleins. Je ne sais pas si elles resteront. Donc on ne peut rien dire à l'avance.

Et même les services compétents, qui se disent compétents, qui travaillent pour, n'en savent pas beaucoup plus. Ils ne seront pas capables de dire s'il y aura une très grosse récolte ou pas alors qu'il y a déjà de petites olives. Si il faut en croire les anciens, eux disaient que quand on en voyait une pour Saint-Jean, *n'i avié milo pèr Toussant*[1]. En gros, ça voulait dire que quand on en voyait pour la Saint-Jean il allait y avoir une grosse année. Des fois, les olives sont plus tardives ou, si elles ne sont pas là à la Saint-Jean, c'est qu'il n'y en aura point. Mais même plus tard, on se trompe toujours. Quand c'est une année médiocre, où il y a très peu d'olives, on dit : « Cette année il n'y en aura pas beaucoup. » Eh bien, souvent, il y en a beaucoup moins encore que ce qu'on croyait. Ou alors il y en a beaucoup plus. Ce que j'ai remarqué, c'est que les années où dans l'été on se dit : « Ce sera une grosse année », on est toujours dépassé, ça dépasse toujours ce qu'on a prévu. Pourquoi, je ne sais pas.

Au moment de la récolte on se trompe moins, mais on peut se tromper. Même quand débute la récolte, quelqu'un qui s'y connaît très bien peut encore se tromper. Je veux dire se tromper pas mal, parce que sûrement, sur un verger d'oliviers, mettons de cent pieds, on peut se tromper d'un

1. « Il y en avait mille pour la Toussaint. »

kilo par pied, ça n'est pas se tromper, s'ils en ont beaucoup. Mais il peut se tromper de beaucoup plus que ça. Il peut estimer un verger de cent pieds d'oliviers, dire : « Il y en a beaucoup. » Il peut l'estimer à trois tonnes, par exemple, et puis facilement n'en cueillir que deux. Ça fait gros, comme différence. Et pourtant, on peut se tromper comme ça. Avec les olives on ne peut rien dire à l'avance. Moi, j'ai toujours vu des gens se tromper, aussi je ne fais plus de pronostic.

Il y a le facteur temps aussi. Maintenant, ils sont traités, ça arrive moins souvent, mais une année où elles sont véreuses et où il fait beaucoup de mistral, elles tombent, ce qui fait qu'on en cueille beaucoup moins. Et même en les traitant, si il fait beaucoup de mistral, elles tombent. Et là, ça change les pronostics, et de beaucoup. Il en tombe beaucoup en septembre aussi, des fois. Les oliviers ont une maladie qu'on appelle la teigne et qu'on ne voit pas. C'est un petit ver qui ronge le pédoncule quand elles sont déjà grosses, on dirait que ça va être formidable, et puis elles tombent. Les olives qui tombent dans le mois de septembre ont la grosseur voulue, mais à peine tombées elles se dessèchent, ça n'est pas valable, c'est bon pour rien. Elles restent par terre, elles pourrissent, ça fait varier beaucoup.

Dans le temps, toutes ces olives, on en faisait de l'huile, presque toutes. La confiserie d'olives cassées ou noires existait, mais sur une petite échelle, à la maison, certains avaient quelques clients, mais c'était rare. Il s'en vendait quand même pas mal, des olives pour casser, à des gens des villages du nord des Alpilles ou des bords de la Durance, qui n'ont pas d'oliviers, et qui à l'époque des olives vertes venaient en acheter peut-être dix kilos pour casser, pour faire leur provision d'olives vertes. Ils faisaient ça chez eux.

En olives vertes, c'étaient les salonenques qu'on cassait. Traditionnellement, c'était avec un verre. On les mettait sur la table en bois et avec le cul du verre – il ne fallait pas de fer – on tapait dessus, une après l'autre : l'olive éclatait. Maintenant, on cherche moins à comprendre. Ceux qui les vendent, dès qu'elles sont assez grosses, les traitent avec de la soude, en quelques jours on arrive à les préparer, on les sale, on les met en pot et on les vend. Alors qu'à ce moment-là, ils les cassaient, juste que la chair de l'olive éclate, se fende. Et les anciens disaient qu'il ne fallait pas les casser trop tôt, comme il se fait maintenant. Ils prétendaient que la ménagère qui cassait ses olives, il fallait qu'elle tache son tablier, c'est-à-dire qu'elles soient déjà un petit peu mûres pour avoir un peu d'huile. Pas trop parce qu'alors elles auraient commencé à jaunir, puis à venir noires. Mais il fallait qu'elles dégagent déjà un peu de jus. Il paraît que c'est là qu'elles étaient les meilleures.

On les cassait, on les mettait dans une jarre et on changeait l'eau, tous les jours ou tous les deux jours, ça dépendait un peu de ce qu'on avait de temps ou de ce qu'on était pressé pour les consommer. Si on changeait l'eau deux fois par jour, ça allait plus vite. Mais enfin, en moyenne, en une semaine, en changeant l'eau tous les jours, on arrivait à lever l'amertume, éliminer l'amertume et l'huile qu'il y avait dedans. À partir de là : toujours du fenouil, c'est l'élément indispensable pour donner goût aux olives, du sel à dix pour cent du poids des olives, puis de l'eau pour recouvrir.

Certains mettaient l'eau pure, non bouillie, du fenouil par-dessus, et d'autres faisaient une espèce de tisane bien épaisse, avec du fenouil, et la mélangeaient avec l'eau. Il y avait surtout une question de temps : en faisant bouillir le fenouil et en versant ce mélange d'eau et de tisane de fenouil – ça ne s'appelait pas une tisane, ça c'est moi qui le dis –, l'olive prenait le goût plus tôt, elle était consommable quelques jours après. Alors que si on mettait le fenouil dans de l'eau claire et non bouillie, par-dessus, il fallait attendre quand même pas mal avant que ça ait bien pris le goût.

Après, on les gardait dans des jarres en grès. On en mettait selon la consommation qu'on voulait en faire. Il y en a qui les aimaient plus que d'autres. Chez moi, on en faisait, peut-être pas cent kilos, mais enfin dans des familles assez grandes ils en arrivaient peut-être là! On les mangeait en hors-d'œuvre. Maintenant on les mange plutôt à l'apéritif, mais on n'était pas habitués à ces choses-là. C'était un plat. Quand je dis hors-d'œuvre, c'est peu dire : des fois, c'était l'entrée! Quand on allait travailler dans les champs, dans les vergers d'oliviers ou autre, c'était beaucoup plus souvent que maintenant qu'on emportait le manger pour le midi. Certains allaient travailler à pied, alors ils n'allaient pas revenir s'ils s'en allaient assez loin. Et invariablement, il y avait des olives pour commencer le repas, avec un bon quignon de pain pour que ce soit consistant. On en mangeait une poignée. D'ailleurs, on disait : « *Anan manja la poungado d'óulivo*[1]. »

On n'en mangeait pas tous les jours, mais souvent. À partir de fin septembre, elles commencent à être bonnes. Maintenant, on commence bien avant : début septembre il y en a déjà qui cueillent des olives pour les casser. Mais pour le faire à la maison comme il se faisait autrefois, il fallait attendre la fin septembre : là, elles étaient bonnes. Jusqu'à la fin de l'année on mangeait des olives cassées, même au début de l'année d'après peut-être, mais enfin il venait un moment où elles devenaient molles, où elles ne valaient plus rien. L'olive cassée ne dure que quelques mois, et encore il faut qu'elle se conserve bien. Et quand on avait fini celles-là, on mangeait les olives à la *pichoulino*, c'est-à-dire les verdales.

Les verdales à la picholine, actuellement, se préparent avec de la potasse. La méthode ancienne s'est perdue, et on en fait beaucoup moins. À ce moment-là, on avait beaucoup de cendres avec les cheminées, et on récupérait les cendres. On mettait les olives dans une jarre – jamais dans un seau en fer –, de l'eau et de la cendre jusqu'à ce que ça devienne, pas consistant, il fallait quand même que ce soit liquide, mais bien épais. Et tous les jours, avec un morceau de bois, pas de la ferraille, tous les jours on tournait un peu. Au bout de quelques jours on commençait à en goûter une; on essuyait la cendre et on la goûtait. Et le jour où elle n'était plus

1. « On va manger la poignée d'olives. »

amère, on disait qu'elles étaient bonnes. La durée de la préparation dépendait un peu de la qualité des cendres, de la quantité, de si on tournait souvent... En une semaine, on arrivait à préparer les olives...

On les faisait juste après les cassées. Elles mûrissent un peu après les salonenques mais on les faisait de suite après – vertes bien sûr. On en faisait autant que des cassées, parce que elles se conservaient un peu plus. Dès qu'elles étaient prêtes on vidait les cendres, on les rinçait bien à l'eau claire jusqu'à ce qu'elles soient bien propres, qu'il n'y ait plus de résidus de cendres dedans. Parce que la cendre est très riche en potasse, c'est d'ailleurs pour ça que maintenant on les fait avec de la potasse... Alors, à partir de là, de nouveau, il n'y avait qu'à saler, fenouil, et voilà : on couvrait la jarre, et quand on avait fini les olives cassées on mangeait les pichoulines, ou même peut-être avant, on commençait à mélanger les deux. Parce qu'elles ne se conservaient pas énormément non plus, guère plus que les cassées. Ça ne finissait pas l'hiver, à la fin du printemps on n'en avait plus, de ces olives-là. Ni des verdales à la pichouline ni des olives cassées. Ceux qui arrivaient à en conserver au-delà, c'est qu'ils avaient eu de la chance ou qu'ils avaient mieux préparé, sans savoir pourquoi. Mars, avril, pas plus tard. Ça s'arrêtait là. Elles devenaient molles, pareil.

Après, on arrivait aux béruguettes. Ce qu'on faisait avec les béruguettes, on peut très bien le faire avec la nouvelle variété dont on a parlé : la picholine. Ça ferait aussi bien et elles sont plus grosses. Sinon, je me souviens qu'à ce moment-là, on faisait les béruguettes. Tout le monde en avait quelques-uns, de ces oliviers, pas beaucoup. On les ramassait vertes et là il n'y avait pas de problème : on les mettait tout de suite dans la jarre, de l'eau, du sel et du fenouil d'entrée, on recouvrait le tout et il n'y avait qu'à les mettre dans un coin du cellier. Il y avait peut-être un peu d'air entre les branches de fenouil et le couvercle, ça faisait une pellicule dessus, mais ça allait. Seulement, il fallait attendre plusieurs mois avant qu'elles soient consommables, et ça arrivait à point, quand il n'y avait plus ni les cassées ni les picholines, en plein été : on attaquait les béruguettes. On les appelait d'ailleurs les « olives d'été ».

Elles finissaient par devenir molles aussi mais... Il y en a qui prétendaient avoir, pas un secret, mais une façon de les préparer qui était meilleure que celle du voisin, et ils arrivaient à les conserver un peu plus. Alors je ne sais pas si c'était ça ou si c'était la chance. Parce que des béruguettes préparées de cette façon-là, on pouvait en consommer tout l'été, et il est arrivé plus d'une fois qu'il en reste à la fin de l'été. On les gardait pour l'été d'après et elles étaient bonnes. C'est arrivé qu'elles passent une nouvelle année. Seulement, des fois, elles ne passaient pas. Certains prétendaient avoir un don. Ça venait de la préparation – c'est sûr qu'il y avait un truc –, et peut-être de la maturité aussi.

Parce que trop verte une olive, que ce soit pour les casser ou autre, n'a pas tellement bon goût, tant qu'elle n'a pas commencé à faire un peu d'huile... L'olive verte, si on la ramasse trop tôt, trop tendre, même bien préparée, a le goût de l'écorce de l'olivier. Ça ressemble à ça. Il m'est arrivé de ronger un morceau d'écorce d'olivier... De là à ce qu'elles commencent à devenir trop mûres, alors là aussi elles deviennent plus facilement molles. Je crois que le moment de la cueillette est important, même très important. Maintenant, avec les méthodes qu'on a, il n'y a pas de problème; mais à ce moment-là, c'était important. Trop vertes, ça n'allait pas, et trop mûres non plus. Comme dans toute chose, il fallait un juste milieu.

Toute l'année, pratiquement, on mangeait des olives, pas tous les jours, mais on avait toujours des olives sous la main. Ça dépendait de ce qu'on les aimait, un peu plus ou un peu moins, mais en général tout le monde ou presque avait des olives pour l'année. Mais pas pour l'apéritif! Je me souviens qu'à l'époque, quand on allait chez quelqu'un, on servait déjà le pastis. C'était dur à avaler, il y a quarante ou cinquante ans, parce qu'on avait le pastis qu'on avait fabriqué soi-même, avec un petit flacon et l'eau-de-vie qu'on avait fait faire au brûleur public. Tout le monde avait le pastis, mais on ne servait pas des olives avec!

On faisait aussi des olives noires. Celles-là, il fallait attendre qu'elles soient mûres. Il y avait deux façons de les préparer, ça dépendait de l'époque à laquelle on voulait les consommer. Pour consommer assez vite, de novembre à janvier, on pouvait les piquer – on les appelait « olives piquées » – en donnant à chacune quelques coups de fourchette, et on les mettait dans un panier à salade. Une fois piquées, on les laissait dégorger quatre ou cinq jours, pas plus, en les faisant sauter un peu de temps en temps. L'huile foutait le camp. Après, on les salait, on les arrosait d'huile et elles se conservaient comme ça dans des jarres, simplement, avec un assaisonnement de fenouil, de laurier et d'un peu ce qu'on veut selon le goût. Il y en a qui en font encore. Moi, ma femme en fait toujours. On fait dégorger l'huile qu'elles ont dedans, puis on les arrose d'huile pour les conserver : c'est curieux, quand même! On en faisait moins que des olives vertes, parce qu'on faisait ça avec les grossanes et on n'avait pas tellement de grossanes, alors que la salonenque, pour casser les olives, tous ceux qui avaient des oliviers en avaient.

Avec d'autres olives noires qu'on ne piquait pas, on pouvait faire la même chose, avec le même assaisonnement, seulement elles n'étaient pas consommables rapidement. Parce que cette amertume qu'on faisait dégorger dans le panier à salade pour les piquées, celles-là la conservaient au début. Elle finissait par s'en aller insensiblement, et elles étaient mangeables plus tard. Dans l'été d'après, il y en a qui en avaient encore, mais ça se conservait moins que les vertes. Les piquées, on les consommait plus tôt, mais ça n'avait pas que des avantages, elles se conservaient moins.

Ce qui fait que dans les maisons, il y en avait, des jarres! Dans nos régions il y a deux sortes de jarres. Il y avait les jarres en grès, c'est-à-dire en terre cuite, pour les olives, qui avaient un couvercle en terre, et puis il y avait les jarres pour l'huile, très grandes, en fer-blanc, qu'on gardait aussi à la maison. Le nombre de jarres dépendait des moyens qu'on avait pour en acheter, du nombre d'oliviers qu'on avait, si on en avait assez ou pas pour faire beaucoup d'olives, de ce qu'on aimait les olives... Deux, c'étaient les bien pauvres qui n'avaient que deux jarres pour faire leurs olives, parce qu'on ne pouvait pas les mettre toutes dans une, puisqu'il y avait plusieurs sortes de préparations, et tous ceux qui avaient des oliviers faisaient un peu de toutes ces sortes d'olives. Et puis une jarre entamée craint plus qu'une qui n'est pas entamée. Une fois entamée, il faut la consommer assez vite : pour prendre les olives dans la jarre, pour ne pas oxyder la préparation, on avait des écumoires en bois.

Faire des olives en conserve, maintenant, c'est question de goût, c'est presque un luxe. Mais il y a un demi-siècle, on le considérait comme une nourriture. De nos jours, c'est un amuse-gueule, dans les bistrots il y a des assiettes d'olives, on mange une olive et on boit une goutte de pastis. Moi, quand j'étais tout petit, qu'on emportait le dîner en allant travailler, les olives qu'il y avait en pot, on les sortait, on prenait une olive d'une main mais de l'autre on avait le quignon de pain.

Les olives cassées faites à l'eau ou à la soude, ça se reconnaît, même les noires. Il faut dire qu'avec les variétés nouvelles, on arrive à faire des olives noires à partir d'olives vertes, dans les confiseries. Des variétés comme la picholine, qui font des olives assez grosses, on peut très bien les cueillir quand elles sont encore vertes, et par je ne sais quel procédé chimique qu'on y fourre dedans, les faire devenir noires. D'ailleurs, si on achète des olives noires, il y en a qui sont bien lisses, bien rondes, et puis d'autres fripées : celles qui sont fripées sont certainement meilleures que les autres. C'est qu'elles ont été cueillies à maturité. Quand elles sont bien lisses, bien grosses, neuf fois sur dix, c'est qu'elles ont noirci chez le traiteur. On ne les a pas cueillies noires sur l'arbre.

Ce qui a changé le plus pour l'olivier, c'est qu'on a trouvé beaucoup d'autres choses qui étaient plus rentables dans

Le village d'Aureille vu du sud, au début du siècle.
Au premier plan, derrière les enfants : des amandiers (photo X.D.R.).

La Crau et les Alpilles vues d'Entressen (photo Jean Mansuy).

Laurent Merlo en 1948, lors de la conscription
(archives Laurent Merlo).

Charbonniers dans la colline vers 1945 (archives Angeloni).

Groupe d'oliveuses vers 1965 (archives Laurent Merlo).

1951 : un des derniers retours de transhumance du troupeau de la Tapi passe devant un verger d'amandiers (photo Monier).

Course camarguaise à Mouriès dans les années soixante.
Virgile, taureau du manadier Jean Lafont, saute après le raseteur Roger César.
Derrière la barrière, à gauche du taureau : Laurent Merlo (photo Georges).

Laurent Merlo et son cheval Maquis à l'occasion d'une « abrivade » à Istres, en 1970 (archives Laurent Merlo).

Embarquement d'un troupeau en camion vers 1990
(photo Jean-Noël Pelen).

La coupe du foin à la faucheuse rotative en 1987 (photo Jean-Noël Pelen).

Laurent Merlo sur un compacteur à la décharge d'Entressen :
au fond, on aperçoit une volée de gabians (photo Jean-Noël Pelen).

Laurent et Yvonne Merlo en 1991 (photo Michel Naval).

nos régions. Voilà la principale cause de son abandon. On l'a abandonné plus ou moins, on l'a un peu délaissé, il y en a beaucoup plus d'incultes. On ne les taille plus de la même façon : on ne peut plus, la main-d'œuvre est trop chère. Maintenant, il y a un espoir. Les services oléicoles prétendent que dans les années qui viennent, on pourra assister au renouveau de l'olivier. Il y a un peu de vrai. Il y a dix ans, l'huile d'olive se vendait moins bien que maintenant. On a fait beaucoup de publicité et l'huile de chez nous est beaucoup plus appréciée que ce qu'elle l'était il y a quelques temps. Il s'en vend pas mal.

Mais quand même : il n'y a qu'à aller dans un supermarché, et à vingt ou trente francs le litre on peut acheter de l'huile d'olive « vierge », « extra ». Ce sont deux appellations dont on se fait une gloire, mais même les olives qui viennent d'Afrique du Nord peuvent être vierges, et l'appellation « extra » vient d'un certain degré d'acidité qu'ils ont aussi. C'est sûr, elle n'a pas le même goût que la nôtre. La preuve, c'est que les gens viennent l'acheter au moulin, et – je ne sais pas combien elle vaut en ce moment, mais ça doit tourner autour de soixante francs – elle se vend...

Les oliviers, je ne les travaille plus. Je ne travaille plus, je ne fais plus rien. Mais les services oléicoles, eux, y croient très fort. D'accord, eux, c'est leur travail, c'est leur gagne-pain, ils ne vont pas dire que ça ne vaut rien. Mais on peut toujours souhaiter qu'ils aient raison!

L'huile du moulin

Parlons du moulin. Du moment qu'on a cueilli les olives, il faut envisager de faire de l'huile ! Tous les soirs, on amenait les olives. Pas obligatoirement tous les soirs : ceux qui en cueillaient très peu, qui avaient très peu d'oliviers, n'amenaient leurs olives que tous les deux ou trois jours. Enfin quand on en avait suffisamment, la meilleure méthode, c'était de les amener tous les jours.

Le moulin lui-même, c'est un local à deux étages, toujours : le moulin à proprement parler au rez-de-chaussée, et le premier étage où on stockait les olives. Dans les temps assez reculés, comment on montait les olives là-haut, je ne le sais pas. On devait employer des ânes et leur faire monter les sacs par une rampe située contre le moulin, à l'extérieur, mais ça je ne l'ai pas vu. J'en ai monté, moi, quand j'étais jeune, sur le dos, par des escaliers situés à l'intérieur. Et le premier procédé moderne que j'ai vu, c'était une poulie et un câble avec une chaîne au bout. On prenait les sacs par la gorge et on les montait grâce à la poulie. À l'origine, le câble était tiré par un cheval, qu'on avait assez vite remplacé par un moteur électrique. Le folklore y avait perdu mais le rendement était beaucoup meilleur.

En haut, on stockait pour laisser fermenter les olives. Maintenant, ça ne se fait plus, on travaille d'une autre façon. Il faut des olives fraîches, on fait l'huile quelques jours après les avoir cueillies. Les mouliniers[1] qui attendent un peu, c'est qu'ils n'ont pas le temps de le faire immédiatement. Alors que quand j'étais tout jeune, on faisait des tas d'olives au fur et à mesure qu'elles arrivaient le soir, et pour presser on prenait toujours les plus anciennes. On attendait toujours qu'elles aient un peu fermenté, qu'elles soient bien échauffées. Elles étaient toutes chaudes. Il se dégageait une vapeur quand on les mettait dans les meules ! Dans les moulins, il ne fait pas moins de vingt-cinq degrés, il fait toujours chaud. On prétendait qu'elles se décortiquaient mieux, que l'huile sortait mieux. Et pour la décantation, il faut au moins ça, c'est un minimum.

Quand on avait monté les sacs, on les empilait par trois ou quatre sur un chariot, on allait en face le tas et on les vidait. On les laissait en tas, c'était variable, en fonction du temps qu'on avait. Si il rentrait plus d'olives que ce qu'on pouvait en faire dans la journée, automatiquement le stock s'agrandissait. Puis il venait un moment, pas au début de la saison mais quelques semaines après, où il se faisait plusieurs équipes, le moulin travaillait continuellement, jour et nuit. D'abord parce que sinon, il n'y aurait plus eu assez de place pour entreposer les olives, et puis parce que s'il fallait les faire fermenter, il ne fallait pas le faire de trop : une semaine, c'était bien. Dès que le stock s'agrandissait, le moulinier mettait une équipe de nuit, et ça allait beaucoup plus vite.

On commençait par un côté, dans le grenier du moulin, et on faisait des tas. Leur grosseur était variable selon ce qu'on avait d'olives, selon ce qu'il en rentrait. Les tas ne correspondaient pas précisément à des variétés. Comme la variété principale était la salonenque, les autres passaient toujours, se mélangeaient. Parce que à l'heure actuelle, quand on plante un verger d'oliviers, pour la pollinisation on met une rangée d'une variété, une rangée d'une autre, on le varie de cette façon-là. À ce moment-là, dans un verger, en plein

1. Le terme « meunier » n'est pas employé dans la région. On lui préfère couramment celui de « moulinier », du provençal *moulinié*.

milieu du verger il y avait un seul olivier qui n'était pas de la même variété que les autres, puis il y en avait un d'une autre variété qui était complètement dans l'autre coin. On ne cherchait pas à comprendre : pourvu qu'il y en ait quelques-uns qui n'étaient pas comme les autres, c'était suffisant. Ce qui fait qu'on ne pouvait pas vraiment trier les variétés à la récolte.

Maintenant, c'est beaucoup plus méthodique, c'est rangée par rangée. Ça sert à la pollinisation, et quand on les cueille on peut se permettre de cueillir certaines variétés avant les autres et ne pas les mélanger. On doit un peu le faire, parce qu'on cueille beaucoup plus d'olives vertes qu'autrefois pour la confiserie, et puis pour une question de maturité aussi : si telle variété mûrit avant les autres, on peut la cueillir en premier, celle qui mûrit plus tard la cueillir après. On a intérêt à ce qu'elles soient un peu mûres : au plus elles sont mûres et au mieux elles se décortiquent, elles font plus d'huile en pourcentage de leur poids.

On peut attendre pour la récolte, parce que les olives peuvent sécher, elles peuvent faire tout ce qu'elles veulent, l'huile ne s'en va jamais. Quand on cueille des olives très tôt dans la saison, surtout si on les cueille par temps pluvieux, elles font énormément de poids, mais beaucoup moins d'huile en proportion. C'est-à-dire que l'olive a son huile, et puis de l'eau selon son degré de maturité. Une fois bien mûre, elle est prête, elle a encore un peu d'eau, et puis elle commence à se dessécher. Et il vient un moment, quand il est assez tard, où elle se sèche complètement, où il fait des périodes de mistral, les olives sont toutes fanées, mais chaque olive a la même quantité d'huile que ce qu'elle avait quand elle devait faire le double de son poids. Elles doivent arriver à perdre la moitié de son poids, du début novembre au mois de janvier.

Les tas correspondaient à la date de stockage : il y avait les tas numéro 1, numéro 2, numéro 3, et ainsi de suite. Ils correspondaient aussi à des particuliers qui tenaient à avoir leur huile. On ne mélangeait pas les olives de tout le monde!

Certains croyaient avoir, à tort ou à raison, des oliviers qui faisaient des olives et de l'huile meilleures que d'autres. À ce moment-là, on leur faisait un tas à part, et puis on travaillait un jour pour l'un, un jour pour l'autre. Beaucoup de propriétaires avaient l'huile de leurs oliviers. Ils rentraient leurs olives pendant quelques jours, et quand leur tas était assez grand, le moulinier un matin décidait qu'il allait travailler pour Untel ou Untel : on vidait les cuves et on repartait à zéro. Alors, pour ceux-là, c'était facile de planter un bout de bois dans le tas, quand il était fait, avec un morceau de carton sur lequel il y avait le nom du propriétaire. Et quand il n'y avait rien d'écrit, qu'il n'y avait qu'une date, c'était le tout-venant. Ceux qui avaient peu d'oliviers, et donc d'olives, leur récolte allait dans le tas commun. Il y avait quand même la date, pour ne pas qu'on se trompe, surtout quand il y en avait beaucoup.

Ça faisait un poids du diable, là-haut, mais elles sont solides, les voûtes des moulins : ça représentait, je ne sais pas, on ne peut pas dire de chiffres parce qu'on risquerait de dire des âneries, mais enfin des dizaines de tonnes, et on est en dessous de la vérité. Il faudrait en compter beaucoup de dizaines. Je ne sais pas si on n'arriverait pas aux centaines, même, parce que les vieux moulins avaient des greniers immenses, sur des voûtes, c'était d'une solidité à toute épreuve. J'en ai vu, des tas d'olives, moi, ça devait représenter des charges extraordinaires...

La hauteur des tas était au minimum de cinquante centimètres, ça ne faisait pas haut, mais la fourchette était assez grande. Parce que si dans la largeur qui était prévue pour un tas on mettait les olives d'un propriétaire qui n'en avait que quelques centaines de kilos, à ce moment-là on le faisait un peu moins haut, ce qui fait qu'on arrivait à avoir des tas de seulement cinquante centimètres. Moins, non, parce que ça n'était plus suffisant. Maintenant, certains tas pouvaient avoir jusqu'à un mètre ou plus. Ceux-là fermentaient plus vite. Les tas étaient presque plats sur le dessus. Il y avait des planches entre, légèrement encastrées dans le mur, hautes de un mètre à peu près, pour éviter que ça verse d'un côté ou de l'autre.

Les planches venaient vieilles! La fermentation les abîmait un peu, elles prenaient un peu d'huile, mais beaucoup d'eau. Après la campagne du moulin, on les mettait à sécher pour éviter qu'elles moisissent. L'été, le grenier du moulin étant vide, il y avait de la place. On les laissait à plat par terre, on les retournait une fois ou deux puis on les empilait. Elles resservaient l'année suivante.

C'est sur l'avant du moulin, devant la porte d'entrée, qu'on montait les olives à l'étage grâce à la poulie qui était installée sur la façade. La meule était complètement au fond, au rez-de-chaussée, ce qui fait qu'on n'a jamais porté une olive du fond vers l'entrée. Autant de tonnes d'olives il rentrait, autant de tonnes allaient de l'entrée vers le fond. Les olives ne revenaient vers l'entrée que lorsqu'elles avaient été transformées en huile.

Il est vieux, ce moulin! Moi, j'y ai travaillé, j'ai connu l'époque d'il y a à peine un demi-siècle, c'est tout. Mais avant, allez savoir comment il était... On a retrouvé des crottins dedans, apparemment ça doit dater de quand on faisait tourner les meules avec les chevaux, ou les mulets plutôt, parce que dans des affaires comme ça, on utilisait plutôt des ânes ou des mulets que des chevaux. C'était moins encombrant. Alors ces crottins peuvent dater de cette époque... Les historiens auraient du travail à faire! Il y a toute une histoire, là, mais je crois que ça nous dépasse un peu.

Une fois qu'on avait fait les tas, on recommençait à s'en occuper dans l'ordre dans lequel on les avait constitués, à quelque chose près. C'est-à-dire qu'on commençait par le premier tas qu'on avait fait, on remettait les olives sur un chariot, pas le même, qu'on allait vider dans la trémie, une sorte d'entonnoir, et ça tombait directement sous les meules qui étaient au rez-de-chaussée. C'est pour ça qu'il était important que le moulin ait deux étages. Le chariot pour emmener les sacs était un chariot plat, alors que celui pour les olives était creux. C'était en gros une grosse brouette avec deux roues, qui ne servait qu'à ça. Au fond du moulin, il reste encore le départ de l'entonnoir : les meules étaient à cet emplacement, mais dessous, il y en avait deux, la grande conque et deux meules.

Les meules tournaient sans arrêt, ou presque. Au plus les olives sont écrasées, au mieux ça vaut. Alors on ne cherchait pas tellement. On savait qu'à partir du moment où on avait mis des olives, il fallait attendre au moins deux heures pour qu'elles soient bien écrasées, qu'il y ait une bonne pâte. Si on était pressés on allait un peu plus vite, mais ça n'était pas tellement indiqué : il fallait deux heures pour faire un travail correct. Alors il ne restait pas un brin de noyau qui ne soit pas écrasé, rien! La meule était électrique, c'était assez bien arrangé pour qu'on n'ait rien à faire. Les olives tombaient et on avait une palette pour retirer la pâte, c'est tout. Quand les olives étaient assez triturées, on le voyait. Rien qu'à la regarder, la pâte, on voyait à peu près si c'était suffisant ou pas. En prenant la pâte dans la main on arrivait à voir l'huile.

Une fois bien triturée, il y avait un autre chariot, au-dessous des meules, dans lequel on faisait tomber la pâte, et on amenait ce chariot près d'une table où il y avait les scourtins qu'on remplissait. C'étaient des grands paniers plats tressés, en corde, circulaires, un peu plus grands qu'une roue de bicyclette, sans poignée. De nos jours, on les fait en plastique. Il fallait être plusieurs. Il y en avait un qui avait un genre de casserole, c'était la mesure, la ration pour le scourtin, un récipient avec un manche qui avait quand même été conçu pour. Ça n'était pas une casserole qu'on avait prise de celles qui servaient pour faire la cuisine! D'ailleurs, le manche n'aurait pas été assez solide pour servir toute la journée à puiser! Il prenait dans le chariot, il mettait sur le scourtin, et une autre personne étendait la pâte, à la main, puis un autre prenait le scourtin en le tenant par-dessous, et allait l'empiler sur les presses. Et une fois arrivés à la hauteur voulue de scourtins, on arrêtait.

On avait des presses hydrauliques avec un vérin qui était actionné par une pompe électrique, et ça montait. On ne tassait pas de haut en bas, mais de bas en haut. Le temps que ce soit serré, bien compressé, l'huile sortait lentement. La presse mettait au moins demi-heure pour monter. On aurait pu aller plus vite, mais ça n'était pas indiqué : trop vite ça risquait de sortir moins bien, il risquait de rester plus d'huile dans les scourtins. Ça mettait au moins demi-heure, mais quand on avait largement le temps, on faisait monter la presse plus lentement, ça dépendait... Ce qui commandait un peu la rapidité du travail, c'était le stock d'olives. Si le stock dans le grenier était grand, on allait toujours au plus vite, sans jamais dépasser les limites, parce que trop vite ça ne fait pas. Mais si le stock était plus petit, on se permettait d'aller un peu plus lentement pour que ça sorte mieux.

Là où on empilait les scourtins, il y avait une conque sur le bas, l'huile pressée coulait le long des scourtins, coulait dans une gouttière qui l'amenait dans les bassins de décantation. Dans le premier bassin l'huile arrivait nature, et à mesure on faisait arriver de l'eau, tout doucement, pour laver l'huile – parce qu'on la lave... Il y en a, à l'origine, de l'eau dans les olives! On mettait de l'eau tiède. Il y avait une cheminée avec une grande cuve en cuivre, et on prenait l'eau dedans avec un seau. Elle était plus ou moins chaude, ça dépendait si on en avait pris beaucoup, si on en avait moins pris, mais jamais froide! La cheminée marchait tout le temps pour qu'il y ait toujours de l'eau chaude. Celui qui passait à côté, qui voyait qu'il manquait du bois, allait en chercher.

Elle fonctionnait en permanence, pas avec des grands feux : histoire de tenir de l'eau chaude. Et on y mettait surtout du bois d'olivier, bien sûr! Il y avait une pompe, une pompe à main, à ce moment-là, et dès qu'il manquait un peu d'eau, il y avait quelqu'un qui était chargé de pomper et d'envoyer de l'eau dans la cuve pour qu'elle soit toujours pleine. Alors c'est sûr qu'au moment où on venait de pomper, la température de l'eau avait descendu de quelques degrés. On se servait de l'eau pour verser sur les bords des scourtins d'abord, pour permettre à l'huile de couler plus facilement, et puis dans l'huile on peut en mettre tant qu'on veut, elle va toujours au fond. Mais celle qu'on versait sur les scourtins suffisait presque.

Il y avait trois ou quatre bassins de décantation, mais ça aurait pu aller, on pourrait dire, à l'infini, on aurait pu en mettre sept ou huit. Au plus il y en avait, au moins on avait de travail pour finir. Les bassins étaient carrés, mais les uns ajoutés aux autres, ça faisait un long rectangle. Ils n'avaient chacun pas plus de un mètre de large, c'était suffisant, et un mètre cinquante ou deux mètres de profondeur. Le principe était de récupérer l'huile sur le bassin, la plus propre possible, et de faire cavaler l'eau par le bas. Les bassins étaient, du premier au dernier, légèrement plus bas les uns que les autres : l'huile du premier surversait dans le second, et ainsi de suite. Les fonds étaient de niveau mais communiquaient aussi, et l'eau pouvait s'écouler de l'un dans l'autre : l'eau qui était dans le premier pouvait aller jusqu'au dernier, pour qu'il y ait partout de l'eau et que l'huile soit bien sur le dessus. Quand il y avait trop d'eau, chaque bassin avait un robinet qu'on pouvait ouvrir, l'eau sortait et faisait sortir de la crasse. La dernière décantation était la plus difficile, parce qu'au dernier bassin il restait très peu d'huile, il en restait quelques centimètres au-dessus, parce qu'on en avait puisé tout le long. Tout le long on puisait.

La profondeur des bassins était importante parce que, c'est sûr, l'huile est plus légère que l'eau, donc elle reste dessus et l'eau va au fond. Mais entre les deux il n'y a pas une limite précise, ça ne s'arrête pas au centimètre près : à quatre-vingts centimètres il y a de l'huile, à quatre-vingt-un centimètres de l'eau, ça n'est pas vrai. Alors pour ne pas se tromper, il fallait une grande profondeur. On récupérait beaucoup d'huile dans le premier bassin, c'est là où on en récupérait le plus, dans le second on en récupérait un peu moins parce qu'il y avait plus d'eau en proportion, et ça jusqu'au dernier.

Le dernier était le plus bas, et pour récupérer le peu d'huile qu'il y avait, ce n'était pas n'importe qui qui le faisait. Il fallait quelqu'un qui travaille fin. Là, plus question de récipient qui ressemblait à une casserole. On avait ce qu'on appelait la « feuille », et effectivement c'était une feuille en zinc, très fine, légèrement creuse : comme une poêle à frire, mais en beaucoup moins profond, et très fin. Avec ça on arrivait à racler le dessus et à récupérer les dernières gouttes qui restaient. C'était le travail du baile. À partir de là, on mettait l'huile dans des cuves et on attendait qu'elle décante.

Aujourd'hui, avec le séparateur centrifuge, le premier bassin où l'huile va tomber n'est pas profond, on s'en fout. L'eau, l'huile, tout tombe dedans, et ça passe par le séparateur qui sépare l'eau et les impuretés de l'huile. Les impuretés, pas toutes, il en reste un petit peu.

Le fait qu'il y ait plusieurs bassins donnait du temps. On aurait pu faire tout le travail dans un seul bassin, seulement pour, il aurait fallu arrêter les machines, il aurait fallu qu'il n'arrive plus d'huile. Et comme il en arrivait en permanence, c'était dans le dernier qu'on pouvait se permettre de boucher la communication du bas et le versement du haut pour enlever la dernière huile. Ça permettait de travailler continuellement. Sinon, s'il avait tout fallu faire dans le premier bassin, il aurait fallu attendre que le gros de la décantation soit fait.

Sous le moulin, il y avait encore un bassin de décantation, il y est toujours, d'ailleurs, on appelait ça les « enfers ». C'est pour ça que, quand on parle de « descente aux enfers », c'est bien vrai, parce qu'il ne faisait pas bon y descendre... C'est très grand, c'est une grande cave, le moulin est bâti sur le rocher, ça devait être plus ou moins étanche, on s'en foutait : que l'eau passe à travers la roche ça n'était pas grave, l'huile, il en restait toujours assez. Et c'est l'eau qu'on faisait cavaler dans les autres bassins qui allait là. Mais ce bassin-là, on ne s'en occupait pas. Il avait un robinet, complètement au fond, qu'on allait ouvrir de temps en temps quand on voyait que c'était trop plein. L'eau partait dans le gaudre.

Là, on en arrivait encore à récupérer de l'huile, chose qui ne se fait plus. Maintenant, on la jette. On la pompait quand la saison était finie, mais elle était impropre à la consommation, elle avait trop stagné dans la saleté, on appelait ça l'« huile d'enfer ». On récupérait le dessus avec une pompe, et quand il arrivait un peu d'eau, on se disait qu'il y en avait plus, on envoyait le fond dans le gaudre. Elle n'avait pas tellement bon goût, cette huile, on la vendait aux savonneries qui utilisaient l'huile d'olive. Il y avait une usine à Eyguières, que je n'ai jamais vue fonctionner, je n'ai vu que le bâtiment, qui a été démoli maintenant. Ici, on vendait l'huile d'enfer à des raffineries, à Marseille. Maintenant, on la jette directement. Tous les trucs qui lavent « plus blanc que blanc » ont fait disparaître, ou presque, le savon. On fait encore du savon et des savonnettes, mais on n'utilise plus du savon comme autrefois, donc on ne vend plus de l'huile d'enfer. Elle est foutue, alors qu'on la récupérait.

Il y avait deux presses. Pendant qu'une était en train de monter et de faire son huile, on préparait l'autre... La pâte une fois pressée, lorsque la presse était montée, on attendait un peu pour que l'huile finisse de bien s'égoutter. Puis on enlevait la pression, la presse descendait, et on enlevait les scourtins, un après l'autre, et on les vidait du grignon – *grignoun* en provençal –, qui est la pulpe de l'olive pressée. On en faisait un tas, et on recommençait l'opération. Ce grignon, on en brûlait beaucoup. Ça finissait par brûler parce que ça n'était bon à rien, ça ne servait pas à grand-chose. Il y en avait beaucoup qui essayaient d'aller le mettre au pied des oliviers, mais ça n'avait aucune propriété. Le plus qu'il en passait, c'était dans la cheminée. Les raffineries en achetaient aussi, celles qui faisaient l'huile pour le savon, elles essayaient d'en tirer un peu d'huile, mais je ne sais pas si elles en tiraient beaucoup. À la première pression tout venait. C'est pour ça que quand on parle de « première pression à froid », d'« huile vierge » et tout, elles sont toutes vierges et c'est tout de la première pression! Tout ce qui venait après ne valait rien. La preuve, c'est qu'on ne s'en servait pas.

Les scourtins étaient imbibés d'huile du début de la saison à la fin, on ne les nettoyait pas. Mais après la saison, on les nettoyait, pour ne pas qu'ils deviennent rances. L'idéal, c'était, quand il pleuvait bien, de les mener dans le gaudre, dans des endroits assez caillouteux, de les mettre dans le gaudre et mettre des cailloux par-dessus. Il est grand, le gaudre... L'important, c'était de trouver un endroit qui soit caillouteux, pour les caler d'abord et puis pour pas qu'ils soient en contact avec la terre. Là, au lieu de les laver, on les aurait salis. On les laissait quelques semaines. Ça se faisait en février, une saison où en principe il y avait de l'eau. Sinon, on pouvait les laisser tremper dans les cuves, bien les rincer puis les laisser sécher. Ça finit par se sécher. Parce que les empiler tels que, l'huile devient rance quand elle est au contact de l'air. Ça se conserve très bien, l'huile, quand elle est propre, mais il ne faut pas qu'il y ait beaucoup d'air quand même.

Dans un moulin, il y avait quelques centaines de scourtins, pas beaucoup de centaines quand même. Ils finissaient par vieillir, mais on ne renouvelait pas le matériel très vite. Les scourtins, sur la presse, on appelait ça une « jambe ». En provençal, ils disaient *uno cambo*. Quand on empilait les scourtins sur la presse, on « montait une jambe », et il ne fallait pas qu'elle soit tordue ! On nous recommandait ça. Il y en avait toujours des neufs, mais pour changer un scourtin, il fallait que réellement tout passe à travers et qu'il soit foutu complètement. Alors là, on en mettait un neuf. Mais aussi bien, sur une presse, il pouvait y avoir entre trente à quarante scourtins à peu près, et il pouvait y en avoir un ou deux de neufs qui étaient au milieu des autres. Ça dépareillait un peu, mais... On ne les changeait que quand réellement il y en avait un de foutu. À la fin de l'année, ceux qui étaient foutus, on les jetait, et les bons il fallait les rincer, les rincer à outrance, et après les faire sécher.

L'huile qu'on retirait des bassins de décantation, on la mettait dans des cuves où on la laissait décanter encore quelques semaines, puis on la changeait de cuve et on jetait le fond. C'étaient des cuves en bois doublées de zinc à l'intérieur pour qu'elles soient bien étanches. Il s'en était fait en béton, mais les vieilles étaient toutes faites comme ça. D'abord, en béton, plus question de les transporter, alors que les cuves en bois on pouvait. Il en reste dans le moulin. Elles avaient deux robinets, un plus bas que l'autre : un pour l'eau et la crasse, l'autre pour l'huile. Quand on changeait l'huile de cuve, on la mettait dans des récipients pour la transporter, et on jetait l'eau et la crasse. Mais elle n'était pas propre quand même.

On pratiquait exactement comme pratiquaient les anciens pour le vin. Maintenant, on le filtre; mais on le décantait, c'est-à-dire qu'on vidait le tonneau, et le fond on le jetait. Et là, c'était le cas. Le fond, c'était beaucoup d'eau et un peu de crasse. Ça durait une partie de l'année d'après : on changeait l'huile de cuve au moins trois ou quatre fois, pour arriver à avoir de l'huile propre. La première fois où on la décantait, on pouvait arriver à avoir de l'huile propre, seulement il y aurait eu du gaspillage. En gros, pour le fond, il n'y avait qu'à ouvrir le robinet le plus bas et ça partait, l'eau et la crasse partaient. Et dès qu'on voyait arriver de l'huile il fallait vite arrêter! À partir de là, si on en laissait partir un peu plus, c'était bon, seulement il partait de la crasse et de l'huile : au plus on décantait de fois, au moins on laissait partir à chaque fois, et au plus on récupérait.

Le propriétaire qui voulait son huile, l'huile de ses olives, se débrouillait. On faisait une presse pour lui, une décantation en bassins pour lui et puis il emportait son huile. On enlevait le maximum d'eau, mais il y avait quand même énormément de crasse chez lui, il emportait tout. Il se débrouillait avec, il faisait décanter chez lui, il mettait son huile dans des jarres en fer-blanc, et ça se décantait tout doucement. Quand il avait besoin d'huile, il tirait par-dessus avec une louche, une grande louche ou un bidon, et au fur et à mesure l'huile se décantait seule. À la fin il restait toute la crasse au fond. À l'époque où j'ai travaillé au moulin, il y en avait encore qui faisaient comme ça, et il paraît qu'autrefois ça se pratiquait beaucoup plus. Tout le monde, à cette époque, avait de grandes jarres chez eux, et on ne se cassait pas la tête comme maintenant.

Pour les autres propriétaires, leurs olives étaient mélangées. À l'arrivée elles étaient pesées, et ils avaient droit à l'huile en fonction du poids d'olives qu'ils avaient fourni. On pesait les sacs sur une bascule avant d'aller les vider. Il y a un fait connu, c'est que le rendement est moindre au début. Et au plus on avance dans la saison, au plus les olives sèchent, au moins elles ont d'eau, donc on fait autant d'huile avec beaucoup moins de poids. Alors, toutes les deux ou trois semaines à peu près, on nettoyait tout et on pressait quelques centaines de kilos d'olives séparément des autres, pour voir le rendement, parce qu'on ne pouvait pas le décider, il fallait bien le voir. C'était pour déterminer la quantité à donner à ceux qui mettaient sur le tas commun.

Les olives cueillies les premiers jours de novembre, quand elles ne sont pas bien mûres, surtout si le temps est pluvieux, sont bien gonflées ; mais elles sont surtout gonflées d'eau et on arrive à tirer, je ne sais pas, disons dix-huit litres d'huile par cent kilos, des fois moins. Au fur et à mesure que la saison avance, elles pèsent beaucoup moins mais la quantité d'huile reste. Et on peut arriver à en tirer jusqu'à vingt-cinq litres. Ça fait une grosse fourchette quand même, du départ à la fin. Il y a des variétés d'olives qui donnent plus que d'autres, mais le rendement était le même pour tous. C'était fait régulièrement, mais c'était quand même assez approximatif, ça n'était pas au millilitre près.

Le propriétaire qui voulait son huile à lui, on s'en foutait. Il avait amené un tas d'olives, et son tas d'olives une fois trituré donnait un tas d'huile qu'il mettait dans des récipients. Le rendement, le moulinier ne le savait pas, il s'en foutait et il n'avait pas à le savoir. Le propriétaire payait tant par kilo de mouture et puis c'est tout, comme les autres, d'ailleurs, ça s'est toujours payé comme ça. Il payait le moulinier avec de l'huile, la plupart des propriétaires payaient en huile, mais ceux qui avaient très peu d'olives payaient en argent.

Le moulinier se basait un peu sur le rendement. Si le propriétaire lui devait la mouture d'une tonne d'olives à, par exemple, cent francs[1] le kilo, on calculait le prix de l'huile d'olive et le moulinier se payait en huile. Il y avait un prix qui était fixé, comme maintenant, chaque année pendant la saison. Il ne sortait pas d'huile du moulin avant le mois de décembre, et même très tard en décembre, à l'époque où il fallait la décanter.

On disait que les mouliniers étaient des filous, je ne sais pas jusqu'à quel point il y a du vrai, mais je l'ai toujours entendu dire. Aujourd'hui, c'est sûr, on n'a pas tellement le choix : à Aureille, il n'y a qu'un moulin à huile, et dans la vallée des Baux il y en a un ou deux par village, et c'est à peu près l'endroit où il y a le plus d'olives. Après, ailleurs, il faut aller chercher très loin pour trouver des moulins. Mais à l'époque où il y avait énormément d'olives, ils avaient quand même le choix, puisqu'il y avait plusieurs moulins dans chaque village. Il paraît que certains allaient plutôt chez l'un que chez l'autre, parce que celui-là donnait un demi-litre d'huile de plus aux cent kilos... Alors soit c'est qu'il se débrouillait peut-être un peu mieux, soit c'est qu'il avait du matériel un peu plus performant ou qu'il travaillait un peu mieux, parce que ça pouvait varier. Maintenant, on dit que c'étaient des filous, c'est vrai qu'on le dit : quand on va à l'épicerie, on dit que l'épicier est un filou parce qu'il triche toujours avec la balance, c'est connu, c'est un truc qu'on n'a pas inventé! Ça date d'il y a longtemps, et on le dit toujours!

Le moulin occupait énormément de personnel pendant les olives, puis il y en avait beaucoup moins quand il ne s'agissait plus que de l'entretien. Le moulinier était présent dès le début de la cueillette pour mettre en train les choses, nettoyer les presses... Et il réceptionnait les olives le soir. Avec l'avancement de la saison, le personnel variait avec la quantité d'olives qu'il y avait. On pouvait le déterminer à l'avance, mais pas tellement précisément. Moi, j'ai vu beau-

1. Laurent Merlo parle en anciens francs, bien sûr.

coup de gens se tromper – et moi-même je me suis trompé – sur la quantité de la récolte, se tromper de beaucoup même, alors que les olives sont sur l'arbre et sont mûres, qu'il ne reste qu'à les cueillir. Même quand on commence à cueillir les olives, il arrive qu'on en cueille ou plus ou moins que ce qu'on comptait le 1er novembre en voyant les oliviers.

Ce qui fait qu'il y avait un personnel fixe, par exemple sept ou huit personnes, et il y a des gens qui ne venaient que le soir, au moment où il y avait beaucoup de travail, à l'heure où on réceptionne les olives, pour permettre au personnel qui travaillait au moulin de ne pas se déranger, de continuer à faire de l'huile. Réceptionner les olives, c'est quand même un travail important, parce qu'il faut les peser, il faut les monter au grenier, vider les sacs. Ce qui fait qu'il y avait un personnel fixe et un personnel, disons, temporaire. Le jour où on décidait de faire une équipe de nuit, on recrutait. Il y avait ceux qui travaillaient toute la saison, ceux qui ne travaillaient que le soir à la réception, et puis ceux qui venaient faire les nuits quand on en faisait. Le travail de nuit n'a duré que quelques années, chez nous, puisque ça a gelé en 56 et qu'il n'y avait presque plus d'olives.

Avec deux presses, pour travailler convenablement il fallait au moins six personnes. Tout le monde mettait un peu la main de partout, mis à part le moulinier, qui n'était pas toujours là, surtout quand il y avait des équipes de nuit. La vente de l'huile ne se faisait que dans la journée, mais ça venait plus tard. Ça n'était pas le moulin qui en vendait le plus, comme maintenant. Aujourd'hui, les mouliniers achètent les olives, beaucoup, alors que ça ne se pratiquait pas. Moi, quand j'étais jeune, je n'ai jamais vu trop vendre des olives. Si : quelques gens qui venaient des villages voisins où il n'y a pas d'oliviers et qui voulaient faire leur huile. Ils achetaient cent kilos d'olives à un particulier, ils les apportaient au moulin, et ils avaient fait leur huile. Ça finissait par leur faire le même prix que s'ils avaient acheté l'huile au particulier, mais ils avaient acheté leurs olives, c'était leur huile, c'était pour la gloire.

Habituellement, les propriétaires, même ceux qui avaient mis leurs olives dans le tout-venant, emportaient leur huile chez eux, et c'étaient eux qui la vendaient. Ils en prenaient de temps en temps au moulin, on n'était pas obligé d'aller chercher toute son huile dès qu'elle était faite. Tel propriétaire qui avait énormément d'olives, s'il voulait son huile à lui, on ne la lui gardait pas parce que ça demandait trop de travail pour la décantation, la conservation. Alors, s'il voulait son huile faite avec ses olives, il se l'emportait. Sinon, celui qui avait beaucoup d'olives, et qui faisait donc beaucoup d'huile, pouvait très bien, à la fin de la saison, régler ses comptes avec le moulinier, payer sa mouture et conserver en dépôt plusieurs centaines de litres d'huile au moulin. Ça se faisait couramment. Le jour où il en voulait, il allait en chercher. Le moulinier la lui conservait, éventuellement lui en vendait.

Mais le moulinier, dans l'ensemble, vendait beaucoup moins que maintenant. Le moulinier était un moulinier : il faisait de l'huile avec les olives, c'était son activité principale. De nos jours, un moulinier est aussi un marchand d'huile. Il fait quand même de l'huile avec des olives, mais il est beaucoup plus commerçant. Cela vient surtout du fait qu'aujourd'hui, ceux qui ont des olives préfèrent laisser leur huile au moulin que de la porter à la maison, la détailler à des clients. Ils ne veulent pas se casser la tête et je trouve qu'ils ont raison.

Quand on faisait la nuit, il y avait une équipe de jour et une équipe de nuit. Aujourd'hui, une usine où on travaille sans discontinuer, on travaille trois fois huit heures. Nous, ça n'était pas ça : il y avait l'équipe de jour et l'équipe de nuit. L'équipe de jour ne travaillait pas forcément douze heures, et l'équipe de nuit non plus, il devait y avoir des temps morts. Par exemple pour les repas. Il s'agissait d'avoir préparé les presses avant, et on mangeait pendant que ça se pressait... On travaillait « de jour », mais je n'ai jamais vu le jour. On commençait qu'il faisait nuit, et quand on finissait il faisait nuit. Au mois de novembre, il fait jour assez tard. À cinq-six heures du matin par là on commençait, plutôt près de cinq heures, et ce jusqu'au soir. L'équipe de nuit travaillait toujours un petit peu moins. Elle arrivait le soir après la réception et attaquait jusqu'au matin, de sept heures du soir à cinq heures du matin à peu près. En gros, sur vingt-quatre heures, il fallait en compter treize pour ceux qui étaient de jour et onze pour ceux qui étaient de nuit. Parce qu'il se faisait plus du travail la nuit, tandis que le jour on était beaucoup dérangés. La réception des olives se faisait le soir, mais ça n'était pas toujours vrai. Il y avait toujours quelqu'un qui, le matin, avait un stock d'olives, puis qui venait les porter, ça perturbait le travail, ou ça créait du travail supplémentaire pour ceux qui restaient, du moment qu'il en manquait une paire.

Le travail s'organisait autour de monter au premier étage mettre les olives dans les meules, quand elles étaient bien écrasées, remplir les presses, puis recommencer : dès qu'on avait retiré la pâte pour mettre dans les scourtins, on s'empressait de remplir de nouveau la conque où il y avait les meules pour que ça tourne et que ça en prépare pour la fois d'après. Toutes les deux heures, à peu près, on remplissait la conque, et entre-temps on triait l'huile dans les bassins.

Le matin, à huit heures, on déjeunait, et à midi on mangeait un peu plus. L'équipe de nuit, elle, réveillonnait. Rentrer à la maison aurait supposé de tout arrêter. Quelqu'un qui voulait aller manger chez lui pouvait y aller, mais tout le monde, non, il ne fallait pas fermer le moulin. Il y a beaucoup de choses qui se faisaient seules : concasser les olives à la meule, il y a qu'à regarder faire, ça se fait tout seul, les presses montent et descendent toutes seules, la décantation se fait toute seule. Au plus on traîne, au plus on attend, au mieux ça se fait. Mais il fallait qu'il reste toujours quelqu'un. Sinon, on mangeait surtout des trucs à l'huile d'olive. On en prenait dans la pâte : c'était la meilleure, elle n'était pas pressée. Quand on avait tiré la pâte bien moulue dans le chariot, avant de la mettre dans les scourtins il y avait qu'à aménager un petit trou, et ce petit trou au bout d'un moment était plein d'huile, de l'huile qui était venue là naturellement, et claire, assez propre. Celle-là était bonne. Le meilleur, c'était du pain un peu dur, frotté d'une gousse d'ail, ou deux ou trois selon le goût, quelques anchois, bien arroser d'huile, et le faire légèrement chauffer à la cheminée. Pas cuit, juste un peu chaud, ça c'était bon. Puis les mouches ne s'approchaient plus!

Les premiers jours, le moulin est saturé d'olives. C'est compréhensible : il fait beau temps, tout le monde participe. Tous ceux qui doivent cueillir sont sur place, les journées sont encore un peu longues, il ne fait pas encore trop mauvais temps, donc il se cueille énormément. Et au plus on avance dans la saison et au moins il se cueille : les jours raccourcissent, il y en a qui finissent. La plupart de ceux qui finissaient allaient aider le voisin, mais quand même il y en a qui finissaient carrément. Puis il y a le froid, avec le froid on cueille un peu moins. Et les olives mûrissent, elles perdent beaucoup de poids, on fait toujours autant d'huile, mais il y a beaucoup moins de poids d'olives.

Ce qui fait qu'au moulin il fallait compter travailler novembre et décembre, quelquefois janvier, mais vers la fin il n'en restait plus que quelques-uns. Au fur et à mesure le personnel disparaissait. On ne parlait pas de licenciement, à ce moment-là. Les bonhommes qui venaient travailler, quelques-uns savaient qu'ils étaient embauchés pour la saison et qu'ils restaient jusqu'à la fin, et d'autres qu'ils venaient temporairement. Ils savaient très bien que dès que ça n'allait pas, on leur disait : « Dans quelques jours, vous ne viendrez plus. » Ça se passait comme ça.

Les centrifugeuses ont simplifié beaucoup de choses et ont supprimé du personnel. À la sortie des presses, avec ce séparateur centrifuge, l'huile part d'un côté, l'eau, la crasse et l'huile d'enfer, qui n'existe plus puisqu'on la jette, partent de l'autre, on les jette en vrac. C'est le gros du progrès. Puis, après, ils ont voulu monter des moulins modernes, mais ça n'a pas donné grand-chose.

Il y a un moulin à huile, par exemple, actuellement à Aureille, c'est un des rares dans la vallée des Baux, ce moulin travaille exactement de la même façon qu'il y a cinquante ans. C'est exactement pareil, seulement c'est tout mécanique. Sinon, il n'y a aucune différence : il a des meules, il n'y a pas de grenier, puisqu'ils ont un chariot élévateur avec un godet, ils mettent les olives dans des caisses en plastique, il n'y a qu'à les verser dans le chariot élévateur puis soulever le godet, verser directement dans la conque, et le principe est le même. La pâte une fois faite, un bras mécanique la prend dans le chariot, la met sur le scourtin, un autre bras la répand, puis un autre encore prend le scourtin et le pose sur la pile, et quand la pile est faite, elle est sur un chariot, il n'y a qu'à la pousser sous la presse. Mais le chariot, il ne faut pas le pousser : il y a un bouton et un moteur électrique, voilà. C'est exactement ce qu'on faisait il y a cinquante ans, mais mécanisé. À deux, ils font le travail d'une demi-douzaine de personnes.

Les autres moulins ont d'autres procédés. Les meules, il n'y en a plus guère, actuellement, ils ont des broyeurs, ça va plus vite. Il y en a qui utilisent même des dénoyauteurs. Après, plus besoin de broyer, la pâte se fait presque toute seule. Dans le noyau il n'y a presque pas d'huile, mais il paraît qu'elle apporte quelque chose. Certains n'ont même plus de scourtins, ils ont une longue machine comme pour faire les saucisses : on met la chair à saucisse d'un côté et de l'autre côté il sort la saucisse. Ils font pareil : ils mettent la pâte d'un côté, seulement eux, de l'autre côté, il coule de l'huile! Il y a d'autres procédés, que je ne connais qu'imparfaitement. Certains ont sorti des procédés ultramodernes qu'ils ont abandonnés. Le moulin à huile de Beaucaire, par exemple, j'étais allé le voir, c'était quelque chose de formidable, il paraît, et quelques années après ils l'ont abandonné, ils ne l'ont plus voulu. La seule vraie modernisation, ce sont les centrifugeuses. L'histoire de ne plus décanter l'huile, ça c'est une bonne chose, c'est formidable parce que la décantation demandait un travail terrible. Maintenant, ça a pris du travail, mais si on va par là, il n'y a pas que les moulins à huile!

Le moulin tient très peu de place dans mon histoire. Je n'ai fait que trois saisons, même pas complètement, mais à l'époque des presses, de seize à dix-neuf ans, de 44 à 46. Et puis, en 1963, quand les oliviers ont commencé à se requinquer, qu'on a recommencé à cueillir des olives, à ce moment-là l'ancien moulin avait été transformé, c'était un tout autre procédé, on a travaillé deux ans là, avec Louis Arlot. Le moulin avec les presses, les meules et tous ces trucs-là, ça avait disparu complètement, ça avait été vendu à une société marocaine en 1953. Il avait été acheté un appareil que le fermier du moment croyait moderne, mais qui ne l'était pas.

Le procédé était tout à fait simple : un dénoyauteur, qui faisait un bruit infernal... Je me souviens qu'autrefois il y avait beaucoup de gens qui allaient dans le moulin pour regarder, par curiosité, puis pour discuter de la qualité de l'huile ou d'autre chose. Et quand il y a eu ce nouveau truc, ce dénoyauteur, ça faisait un bruit infernal et on ne pouvait plus discuter, il n'y avait plus personne. Ça ne plaisait pas tellement. À partir de ce dénoyauteur, on jetait les noyaux d'un côté et on mettait la pâte dans un grand malaxeur qui tournait très lentement. Elle n'était pas pressée, du tout. Il fallait la laisser tourner pendant des heures et des heures, jusqu'à ce qu'elle devienne sèche, c'est-à-dire qu'il n'y ait plus d'eau ni d'huile dedans. L'eau et l'huile allaient dans les bassins de décantation, comme avant. Mais il devait rester de l'huile, puisqu'on n'arrivait pas à faire les rendements que les autres faisaient.

Et ce système-là a fonctionné trois ans, pour arriver à constater qu'on arrivait à faire de l'huile, mais un ou deux litres en moins par cent kilos d'olives que les moulins à presse. On s'est aperçu que ça n'était pas la peine d'insister. On s'en est débarrassé... Rien ne vaut le système avec des meules, pour broyer les olives, et les scourtins pour presser. La preuve, c'est qu'on en est encore là. Sauf que bientôt, des robots feront le travail. Il n'y aura plus qu'un maître de moulin qui surveillera!

Dans le vieux moulin, qu'on a transformé maintenant en lieu d'exposition, il reste les vestiges de très anciennes presses à bras. Ça, je n'ai pas connu. C'était le même procédé que celui avec lequel j'ai travaillé quand j'étais jeune, mis à part que les presses, au lieu d'être hydrauliques, étaient à bras. C'était quand même assez compliqué. Une presse à cliquet, on voit ce que c'est. Ils empilaient les scourtins comme on faisait, pour que ça coule dans les bassins de décantation, et ils commençaient à presser. Au départ, quand ça ne forçait pas, un seul homme devait suffire pour actionner la presse à l'aide d'une barre qui s'enfilait dans le cliquet. Dès que ça forçait, ils mettaient une barre un peu plus longue pour pouvoir forcer à plusieurs. Je sais que la plus longue, pour arriver à la fin, quand il fallait presser au maximum, mesurait dans les cinq mètres. L'extrémité de la barre, du côté de la presse, était presque de la grosseur d'une petite poutre, d'un poteau de téléphone. Elle s'amincissait vers le bout, et là ils forçaient à plusieurs. Il paraît que, pour bien presser, vers la fin, aux derniers coups de barre il y avait jusqu'à sept ou huit personnes. Là on serrait alors! Ça devait presser! Et ça représentait du travail... Le père Barbier prétend qu'il y a travaillé en 1918 avec les presses à bras. Donc, c'est qu'avant la guerre de 1914 elles existaient encore.

Ceux qui ont le plus fait pour essayer de moderniser, ce sont les Italiens. Dans les vingt ou trente dernières années, ils ont fait beaucoup de machines qu'ils ont abandonnées par la suite, pour en revenir aux procédés anciens, modernisés : c'est-à-dire les presses, la décantation. Bien entendu, il y a le séparateur centrifuge qui, lui, a joué un grand rôle : on n'a plus besoin de décanter l'huile à peine sortie des presses. Pour arriver à séparer l'huile de l'eau par la force centrifuge, il faut que ça tourne vite. Comme tout ce qui est nouveau, le jour où ces centrifugeuses sont apparues, on a commencé par les regarder un peu de travers : ça secoue trop l'huile, et ceci, et cela... Comme toutes les choses modernes, les anciens le regardaient mal. Et puis petit à petit on s'y fait, et on se dit que finalement ça n'est pas plus mal.

Les filtres existent mais ne sont pas tellement employés. Après avoir passé par une centrifugeuse, aussi perfectionnée qu'elle soit, l'huile n'est pas claire, elle n'est jamais bien claire. Il faut par la suite, si on veut arriver à avoir de l'huile claire, plusieurs semaines de décantation à une température entre vingt-cinq et trente degrés. Ça demande beaucoup de temps, alors que le filtre fait la même chose en quelques heures. Mais il n'est pas tellement employé, c'est même une chose que beaucoup de mouliniers ignorent, ils ne l'utilisent pas. Il y a des mouliniers qui s'en servent, mais pas pour toute leur quantité d'huile.

Le moulinier actuel, à Aureille, a un filtre, mais il s'en sert très peu. Quand l'huile est faite, qu'elle est passée par la centrifugeuse, il la stocke dans des cuves et elle se décante encore un peu. Il se sert du filtre uniquement pour pouvoir vendre de l'huile quelques jours après la récolte. Ça a cet avantage. Au temps où il n'y avait pas de centrifugeuse, il fallait attendre au moins un mois ou un mois et demi après que le moulin avait commencé à travailler pour avoir de l'huile consommable. Avec la centrifugeuse on peut déjà avoir de l'huile, puisque la décantation se fait par la machine. Le filtre, lui, permet d'avoir de l'huile filtrée, propre, nette, en quelques jours, en quelques heures même. Quelques heures après avoir sorti l'huile des presses et l'avoir passée par la centrifugeuse, on la passe dans le filtre et elle est claire, elle a sa belle couleur. Mais les mouliniers n'y tiennent pas, à ça. Ils y tiennent pour la vendre vite, mais finalement s'il y a un peu de fond, ça augmente la quantité d'huile...

Puis il y en a qui prétendent, comme pour les grands crus, les grands vins, qu'un léger dépôt est signe de qualité. C'est-à-dire que si il reste un peu de fond dans l'huile, ça ne veut pas dire forcément qu'elle soit mauvaise, bien au contraire.

À Aureille, je n'ai connu qu'un moulin, mais dans le village on connaît les vestiges de trois. Celui dans lequel j'ai travaillé, on ne peut pas parler de vestiges puisqu'il y a encore les vieilles presses. Mais l'hôtel était un moulin, et le restaurant La Sartan, je l'ai vu ressembler encore à un ancien moulin, j'étais tout petit. À l'hôtel, c'étaient les pigeons qui l'envahissaient, et au restaurant ça servait de grenier à foin. Je ne connais personne qui l'ait vu marcher, celui-là. Ça date au moins du siècle dernier. Déjà, en 1929, qui a été le dernier gel important des oliviers avant 1956, il ne restait plus qu'un moulin dans notre village.

Amandiers et amandes

Dans le temps, les gens faisaient des amandes. Il y en avait pas mal. Dans les quartiers où il y avait des terrains riches, il n'y avait pas d'amandiers, ou seulement dans les haies. C'était courant que sur les bords d'un verger d'oliviers il y ait quelques amandiers, sur la limite, entre le verger d'Untel et du voisin. Les plantations d'amandiers, il y en avait moins que d'oliviers, beaucoup moins, et elles étaient dans les terrains plus pauvres.

L'amandier est un arbre qui doit être beaucoup plus rustique encore que l'olivier. Il se trouvait plus haut et plus bas que l'implantation de l'olivier, ça devait tenir à la richesse du sol. L'amandier vient dans des terrains beaucoup plus secs que l'olivier. Mais il y en avait quand même pas mal. De quand je me souviens, ça fait déjà quand même plus de cinquante ans, déjà la production d'amandes commençait à baisser. Il y avait beaucoup de vieux amandiers qui ne produisaient presque plus, parce qu'on les négligeait. Autrefois, ça devait être moins important que l'olivier, mais ça tenait quand même une place. Et puis, je pense que c'était surtout pour ça qu'on en avait, la cueillette arrivait à une époque où on n'avait pas énormément de travail. Les olives n'étaient pas encore commencées, et les mas dans la Crau qui avaient du foin n'avaient peut-être pas beaucoup d'amandiers. Encore que c'est dans la Crau, avant qu'il y ait les canaux d'irrigation, qu'il y en avait peut-être le plus.

Contrairement à l'olivier, l'amandier avait l'avantage de pouvoir être taillé pendant tout l'hiver, il ne craignait pas le gel, on pouvait le tailler n'importe quand. J'ai même vu des gens tailler les amandiers à l'époque de la récolte, c'est-à-dire fin août. Ça facilitait le ramassage. L'amande, il n'y a pas de problème pour la cueillir : on la gaulait, puis on ramassait par terre. Ce qui fait que si on coupait des branches... Ceux qui avaient le temps profitaient de la cueillette pour les tailler, ou tout au moins ils en taillaient quelques-uns tout en cueillant les amandes.

C'est le premier arbre qui fleurit chez nous, il fleurit très tôt. On a vu des amandiers sauvages dans les haies – c'est exceptionnel – fleurir fin décembre. Mais sinon, ça fleurit, ça fleurissait disons, fin janvier, début février. Je dis « ça fleurissait » parce que, actuellement, ceux qui plantent encore des amandiers – ils sont rares, mais j'ai vu faire quelques plantations ces dernières années –, ce ne sont pas les mêmes variétés, elles fleurissent plus tard. Mais ça mûrit quand même à peu près à la même époque. On ramassait des amandes vertes fin juin, début juillet, mais ça n'est pas un gros marché. Ça durait un mois environ, au moment où elles deviennent fermes et où elles ne durcissent pas encore, où elles ne sont pas mûres. Il ne s'en cueillait pas beaucoup. Il s'en vendait un peu, quelques restaurants en achetaient.

Le gros de l'amande, c'était quand elles étaient mûres. Là, ça se conserve des années, l'amande. Alors on pouvait les stocker et les vendre. Ici, la plupart partaient du côté d'Aix, puisque c'est du côté d'Aix qu'on fait le plus de confiseries. Les calissons d'Aix, c'est connu ! On cueillait ça au mois d'août, à partir du 15 août, par là, on pouvait commencer à cueillir. Bien entendu, au plus on attendait pour les cueillir, au mieux ça valait, parce qu'elles étaient beaucoup plus mûres : la peau qui est sur l'amande se décortiquait plus facilement, même elle tombait toute seule la plupart du temps au fur et à mesure qu'elles mûrissaient. Les premières qu'on ramassait avaient encore cette peau...

On les ramassait puis on escalaguait, on appelait ça « escalaguer les amandes », ça veut dire enlever la première peau. Ça se faisait surtout à la veillée, tout le monde y participait : la femme, les minots. Ça ne se faisait pas uniquement à la veillée. Il pouvait arriver que si on en avait pas mal de ramassées et qu'un jour il pleuve, par exemple, qu'on ne puisse pas les cueillir, on les faisait. Mais en principe, c'était le travail réservé à la veillée, on ne le faisait pas dans la journée, c'était du temps perdu. À cette époque, la télévision, on ne connaissait pas, alors on occupait les veillées comme ça.

L'écalage se faisait sur de grandes tables. On renversait les sacs d'amandes dessus. On écalait avec le doigt, et ça n'était pas une science : on passait l'ongle sous l'écale et on l'enlevait. Puis on mettait les amandes d'un côté et les écales de l'autre. Les premières peaux, quand elles étaient encore un peu vertes, on les donnait à manger aux animaux, aux chevaux. Les chèvres, les moutons, même, les mangeaient pas mal, mais ça ne durait pas. Une fois qu'elles étaient un peu sèches, on n'en parlait plus, c'était fichu. On les faisait brûler ou on les jetait en tas, ça finissait par pourrir. Pour les écaler, il fallait attendre qu'elles soient assez mûres ; les cales[1] commençaient à s'ouvrir... Quand elles étaient vertes on ne pouvait pas. En gros, si on avait attendu qu'elles soient bien mûres, si on avait attendu la fin septembre, il n'y aurait plus eu qu'à gauler, et ça tombait, l'amande d'un côté et les cales de l'autre. Alors on laissait les cales par terre, ça faisait de la matière organique. Quand on labourait, on l'enterrait.

Une fois écalées, on faisait sécher les amandes sur des grands sacs en toile de jute. On mettait ça dehors, par terre carrément. Quelques-uns avaient des terrasses qui servaient à ça. Tous les soirs, il fallait les rentrer ou les mettre en tas, pour ne pas qu'elles prennent l'humidité de la nuit. Et puis les rentrer aussi s'il y avait une pluie. Mais ça n'était vrai que quand on cueillait les premières.

Quand il y avait des séries de beaux temps, c'était un avantage, et si on attendait vers la fin qu'elles soient mûres,

1. Français régional, du provençal *calo*, « écale ».

c'était avantageux aussi. Au plus on les cueillait tôt, au plus on avait de travail pour les faire sécher. Seulement ça avait l'avantage de les avoir rentrées, on ne craignait plus la pluie. Et puis on craignait les pies et les corneilles, surtout, parce que les variétés un peu précoces, les pies arrivaient à les bouffer très tendres. Celles-là, on les cueillait en premier, il n'y en a plus maintenant. Ces variétés ont disparu les premières. Les dures, les très dures, celles qu'il fallait un marteau pour les casser, on n'arrivait pas à les casser même avec un casse-noix, c'était trop dur, celles-là il en est resté, il y en a encore des vieux amandiers dans les haies... Mais les tendres ont disparu depuis.

Les très tendres, on arrivait à les casser avec les doigts. Alors forcément les pies et les corneilles, les écureuils aussi, les cassaient facilement. Aussi on les ramassait en priorité, et obligatoirement il fallait les écaler, parce qu'on n'attendait pas qu'elles soient prêtes, qu'elles soient mûres pour les gauler. Il y avait ça, aussi : si on les ramassait un peu trop tôt, il fallait monter sur le chevalet et les cueillir à la main comme on cueille les olives, elles ne tombaient pas avec la gaule. Et il fallait le chevalet parce que les arbres étaient très grands.

On craignait la pluie parce qu'elles prennent l'humidité. Ça noircissait un peu l'amande, son écorce était moins jolie. Encore qu'à ce moment-là, autrefois, on arrivait à les blanchir avec du soufre. Un jour, quand elles étaient en train de sécher et qu'il faisait bien soleil, on les saupoudrait d'un peu de soufre. Ça blanchissait, parce que la pluie, ça noircit même si elles ressèchent assez vite. Puis, chaque fois qu'elles prenaient une pluie, elles s'imbibaient d'eau, et chaque fois la qualité était un petit peu moins bonne. Encore que pour détériorer une amande, il en faut ! Les amandes qui ont pris des pluies pendant des semaines sont toujours bonnes. D'ailleurs, on peut avoir oublié un sac d'amandes quelque part dans un grenier et le ressortir dix ans après, c'est sûr que les rats en auront bouffé, mais celles qui restent sont encore bonnes. Ça se conserve longtemps.

On les mettait à sécher jusqu'à ce qu'elles soient bien sèches. Le temps de séchage était variable. Ça dépendait d'abord jusqu'à quel point elles étaient déjà sèches. Si elles étaient bien vertes, il fallait quand même une semaine ou deux. Avec des séries de beaux temps, les amandes qu'on cueillait le matin risquaient d'être un peu humides, elles avaient pris un peu l'humidité de la nuit, mais celles qu'on ramassait l'après-midi, il arrivait qu'on n'ait même pas besoin de les sécher du tout... Les jours de mistral, c'était beaucoup plus sec. Parce que le mistral, pour la cueillette de l'amande, était un allié précieux. C'était formidable! Il commençait à en tomber avant qu'on n'arrive avec la gaule pour les descendre, et là on était bien contents : au plus il en mettait par terre, au mieux ça valait, contrairement à l'olive qui elle, quand elle était tombée, ça n'était pas bon!

Pour les faire sécher, de temps en temps, au moment où il faisait bien soleil, il fallait les remuer un peu. Parce qu'on en mettait une couche pas tellement épaisse, mais ça représentait toujours entre dix et vingt centimètres. Au moins on faisait la couche épaisse, au plus il fallait de surface. Et il venait un moment où, pour ceux qui en avaient beaucoup, ça aurait fini par faire beaucoup de surface, une surface dont ils ne disposaient peut-être pas. Alors ils étaient obligés de faire une couche un peu plus épaisse. À partir du moment où la couche était plus épaisse, il fallait les remuer un peu plus souvent, à la main ou avec une pelle.

Il y avait des pelles en bois, mais je n'en ai guère vu. À l'époque où j'étais petit, c'étaient déjà des pièces de musée, ces pelles en bois! Mais ça existait, elles n'étaient pas arrondies sur le bout, elles étaient droites pour pouvoir remuer. On pouvait remuer aussi avec un râteau. Celui qui en avait très peu le faisait à la main. Mais s'il y en avait beaucoup, il fallait la pelle, qui servait aussi pour les mettre en sacs. Quand elles séchaient sur les grands sacs en jute, ça n'était pas difficile : il n'y avait qu'à attraper les quatre coins, elles venaient au milieu et on les vidait dans un autre sac. Mais on les faisait sécher aussi, je l'ai dit, sur des terrasses ou sur des aires de battage. Presque tout le monde avait une aire pour battre son grain, ou ses haricots, ou ses pois chiches, un petit endroit de quelques mètres carrés recouvert de béton... Et là-dessus, pour les ramasser, la pelle en bois était quand même plus commode qu'une pelle de terrassier.

On embauchait très peu de gens pour le ramassage. C'était beaucoup moins important que l'olivier, donc on n'allait pas tellement chercher à embaucher. On prenait son temps, ça se faisait en famille, ces travaux-là. Et là, dans le village, il n'y avait que de petits propriétaires qui avaient quelques amandiers. Il y en avait même qui n'avaient pas de verger d'amandiers, mais ils avaient des amandiers. Au hasard d'un verger d'oliviers, dans la haie ou à un endroit qui était un peu retiré, on mettait un amandier. Si on ne le labourait pas, lui, ça ne faisait rien : on avait quand même quelques amandiers.

Là, les minots, c'était important, on emmenait les minots, et on nous faisait parler souvent. Ceux qui avaient une équipe de nistons[1] qui cueillaient des amandes, de temps en temps on entendait des : « *O! Entendèn ren*[2]*!* » Ça voulait dire qu'il fallait un peu parler, parce que quand on ne parlait pas, c'est qu'on cassait les amandes et qu'on les bouffait. Voilà pourquoi on nous faisait discuter!

C'était toujours un homme qui gaulait, parce que c'était un travail quand même assez pénible. Ça paraît facile, mais ça ne l'est pas tellement... On tape sur les branches, pour commencer, avec une longue barre de saule en principe, assez mince, bien sèche. Quand on avait une bonne gaule, une *acanadouiro*, on la gardait d'une année sur l'autre. On les faisait aussi avec des barres de mûrier. Le mûrier, maintenant on ne voit plus que quelques vieux mûriers dans les cours, mais avant il y en avait beaucoup qui restaient de l'époque des vers à soie... Il paraît que quand ils faisaient les vers à soie, ils les taillaient souvent, ça faisait des rejets, de

1. Terme commun en provençal, passé en français régional, pour « jeune enfant ».

2. « Oh! On n'entend rien! »

jolis rejets, et avec ça on faisait des gaules aussi. Mais il fallait attendre qu'elles soient bien sèches. Et quand on avait une bonne gaule, assez longue et tout, on la rentrait chaque année pour l'année d'après. On disait *acana lis amelo* : « gauler les amandes ».

Au plus on fait la gaule longue pour arriver en haut des arbres, au plus l'extrémité est fragile, ça se comprend. C'est-à-dire que pour trouver une gaule d'un mètre cinquante de longueur et pas tellement grosse, ça n'est pas difficile. Mais si on veut le double, c'est-à-dire trois mètres ou plus, alors à une extrémité, elle est grosse, ce qui fait beaucoup de poids à trimbaler, et à l'autre, elle est faiblarde. Si on tape trop fort elle casse. La gaule idéale, c'est celle qui est faite avec du bon bois et qui tient bien, mais en vérité il n'y en a point.

On en avait plusieurs, parce que la taille des amandiers n'était pas obligatoirement uniforme. Si on gaulait un amandier qui avait quatre ou cinq mètres de hauteur, qui avait poussé dans la haie, qu'on n'avait plus taillé depuis quelques années parce qu'on n'avait pas eu le temps – on ne les taillait pas régulièrement toutes les années, ça n'était pas une obligation –, à ce moment-là, il fallait une gaule très longue. Mais une gaule très longue, ça fatigue beaucoup plus qu'une courte. À partir de là, si on arrivait à un arbre qui n'avait que deux mètres de hauteur, avec une gaule bien longue, on ne savait pas quoi en faire, il y en avait trois fois de reste. Alors on en prenait une petite qui était beaucoup plus maniable.

Au départ, ça n'est pas compliqué, il n'y a qu'à taper sur les branches, il tombe une grande quantité d'amandes. On fait le tour de l'arbre comme ça, et en donnant une douzaine de coups de gaule, on tombe quatre-vingts pour cent des amandes qu'il y a sur l'arbre si c'est bien sec. Après, là où ça devient compliqué, c'est quand il n'en reste plus que quelques-unes, et au bout d'une branche, et qu'il faut quand même tomber parce qu'il ne fallait pas en laisser.

Les petits, les femmes, tout le monde, toute la marmaille participaient. Ça n'est pas comme l'olivier. Ça venait à une saison où il fait encore beau temps : fin août et septembre, il fait beau, les journées sont encore longues, les petits n'étaient pas encore rentrés à l'école. Et pour cueillir des amandes par terre, mis à part le fait qu'on en mangeait beaucoup, c'était facile. Dans la Crau, surtout, quand c'était dans la Crau, on n'avait pas de peine pour trouver des cailloux et les casser. Les tendres se cassaient même avec les doigts. Et puis ça allait vite, il s'en ramassait beaucoup, peut-être pas en poids, parce que ça n'est pas si lourd que les olives, mais c'est plus gros. Et c'était sur des amandiers qui avaient bien des amandes, qui étaient à peu près bien soignés. C'était variable, on les soignait plus ou moins selon qu'ils étaient dans les haies ou en verger, par exemple, mais en verger, par terre, on pouvait ramasser à poignée presque.

Je me souviens que, petits, quand on nous faisait ramasser les amandes, on nous disait que si on en mangeait trop, le trou du cul nous démangerait, parce que les amandes avaient la réputation de donner les vers, et que pour Noël, on n'aurait pas de nougat. Parce que tout le monde faisait son nougat. Le nougat, ça n'est pas une friandise difficile à confectionner. Il faut du miel et des amandes. Pour Noël, tout le monde faisait son nougat, alors on nous menaçait de ne pas en avoir pour Noël. Mais ça ne nous inquiétait pas tellement! On cassait quand même des amandes de temps en temps, quitte à recevoir quelques coups de pied au derrière. Ça arrivait, mais on s'en foutait...

La quantité d'amandes qu'on pouvait cueillir sur un arbre était variable, ça dépendait des variétés. Les dures, par exemple, faisaient des arbres immenses qui donnaient pas mal, des fois on en mettait plusieurs sacs. Il pouvait y avoir des amandiers qui arrivaient à pas loin de cent kilos d'amandes! C'est un maximum... Ça dépendait aussi des années. Parce que comme c'est un arbre qui fleurit assez tôt, il arrivait qu'on voie fleurir les amandiers et puis qu'il tombe de la neige par-dessus les années où ils avaient fleuri trop tôt. Des fois, ça n'était pas grave, mais des fois, c'était grave. Cette année-là, il n'y avait presque pas d'amandes, ou il n'y en avait que dans les coins assez abrités.

Comme ça se faisait en famille, on ramassait dans un panier, puis dans des sacs. On emmenait les paniers pour les olives, mais la plupart du temps on se débrouillait de traîner les seaux, par exemple, puisqu'on traînait par terre. Parce que la cueillette sur les arbres, c'était très rare. On cueillait sur les arbres les amandes vertes – ce qui ne représentait pas beaucoup, parce que ça ne se vendait pas tellement –, et puis la première et la deuxième semaine où on cueillait dans le mois d'août, lorsque les amandes n'étaient pas suffisamment mûres, ou tout au moins pas de reste, qu'il fallait encore les faire sécher. À ce moment-là, il fallait cueillir sur l'arbre. Alors là, il fallait le panier comme pour les olives, le panier qu'on pendait soit à la ceinture, soit au cou. Après, quand elles étaient bien mûres, qu'on les gaulait, n'importe quoi était bon : un vieux seau qui ne servait plus parce qu'il était tout troué, qu'il fuyait de partout, qu'on ne pouvait plus y mettre de l'eau, mais ça ne faisait rien, pour mettre les amandes, ça suffisait. N'importe quel récipient était bon. Quand il était plein, on allait vider au sac, un sac de jute.

Les amandes venaient à une époque où il n'y avait pas tellement de travail, alors plutôt que d'attendre qu'elles soient mûres et après être pressés par le travail, on préférait commencer un peu plus tôt. Ça devait durer un bon mois et demi, pas à cueillir tous les jours, parce que ça aurait fait une production énorme et il n'y en avait pas beaucoup, mais ça pouvait durer environ un mois et demi, du 15 août à la fin septembre, avec des interruptions. Tel jour on allait cueillir quelques amandiers qui étaient dans un quartier, parce qu'ils étaient peut-être un peu éloignés, on se disait que les pies risquaient de les bouffer si elles étaient tendres... Les tendres étaient toujours en priorité. Les dures, on savait qu'elles ne risquaient rien, les oiseaux et même les écureuils ne risquaient pas de les bouffer, peut-être les rats qui les charriaient un peu... On ramenait chaque jour la cueillette du jour. Il fallait les écaler assez vite, celles qu'il fallait écaler parce que, vers la fin, on ne les écalait plus :

quand on gaulait il n'y avait pas de problèmes, elles tombaient sans la peau.

La récolte d'amandes était variable et ne représentait pas une grosse production dans le village. Peut-être au siècle dernier, je ne sais pas, parce qu'on ne voit plus ce que représentaient les amandiers, puisqu'ils ont été arrachés. Le plus qu'il s'en est arraché, c'est pendant la guerre. C'est un très bon bois pour brûler, l'amandier assez vieux est le plus consistant des bois qu'on ait par ici pour brûler. Il est meilleur que le chêne, il fait beaucoup plus de braises. Et pendant la guerre il s'en est arraché beaucoup parce que ils commençaient à être délaissés. Déjà on commençait à les abandonner, ou presque, et maintenant n'en parlons pas!

Une fois qu'elles étaient en sacs, on les conservait jusqu'à ce qu'on les vende. On emportait ça du côté d'Aix, d'Apt. Les gens se regroupaient, pour en faire un camion par exemple. On pesait avant, à la balance romaine, on savait qu'Untel avait tant de kilos. Les prix étaient variables selon les variétés, les amandes tendres étaient beaucoup plus chères que les dures.

On entretenait les amandiers, mais on n'y attachait beaucoup moins d'importance qu'aux oliviers. L'entretien du sol, surtout, n'était pas trop bien fait. L'amandier n'aime pas tellement qu'on lui casse des racines. Chez l'olivier, quand on casse une racine, il paraît qu'elle en fait une multitude d'autres petites, alors que l'amandier n'aime pas. On ne fait pas grand-chose au sol. Il faut gratter le moins profond possible. Là où il y avait des plantations en vergers, on les labourait comme les oliviers, mais la plupart n'avaient que quelques amandiers, alors à ce moment-là, l'important, c'était de les tailler.

La taille, personne n'oubliait de la faire. Ça se faisait à n'importe quelle saison, sauf au moment où ils faisaient leur végétation. À partir du moment où ils avaient commencé à mettre des feuilles, ça n'était plus valable. Mais j'ai vu tailler des amandiers quand ils étaient en fleur, ça faisait très bien. Au mois d'août, pendant la récolte, la végétation est un peu en sommeil, à cause de la sécheresse... Mais la sève n'est pas descendante, parce que c'est un arbre bizarre! S'il a trop souffert de la sécheresse pendant l'été, il peut faire une deuxième végétation à l'automne, on l'a vu ressortir des feuilles. Parce que pour faire tomber les amandes on les gaule, et les feuilles, forcément, comme ça se passe à la fin de l'été et que la végétation n'est pas tellement florissante – puisque qui dit fin de l'été, dans les Alpilles, dit sécheresse –, les feuilles tombaient facilement, et l'amandier arrive à en refaire. On a vu des amandiers qui avaient souffert de la sécheresse tomber des feuilles, en les gaulant on en tombait encore un peu, et puis, avec quelques bonnes pluies en septembre, pour peu qu'il fasse beau temps, à la chaleur ils ressortaient des feuilles. Ça paraît bizarre, mais c'est propre à l'amandier.

La taille n'est pas du tout la même chose que pour l'olivier. Il n'y a aucun critère à respecter, à part l'esthétique. On coupe les branches pour arriver à former un arbre joli, on ne s'inquiète pas de savoir si elles auront ou non des amandes l'année d'après. On sait que si on taille dans l'hiver, la première année il va faire des branches et l'année d'après, elles auront des amandes. On taillait tous les deux ans, jamais toutes les années.

On gardait des amandes pour la maison. C'est connu, le Provençal qui emportait son manger quand il allait travailler assez loin du village, que ce soit pour labourer ses oliviers ou les piocher, emportait le repas de midi, et il y avait toujours une poignée d'amandes. C'était son dessert! Je l'ai vu, puis j'ai porté des amandes.

On attendait Noël pour faire le nougat. Avant, on aurait pu, mais on n'en faisait pas, peut-être par tradition. Le nougat pour Noël devait se faire dans toutes les maisons. Ça fait partie des treize desserts, et c'était le nougat qu'on avait fait. D'ailleurs, on le fait toujours, peut-être pas dans toutes les maisons du village, parce que beaucoup de gens sont venus de l'extérieur et ne connaissent pas. Et puis, ceux du village, certains se sont peut-être assez modernisés pour ne plus le faire, mais je suis persuadé qu'il y en a encore beaucoup qui se débrouillent d'avoir des amandes – parce qu'il reste des amandiers dans les haies – pour faire leur nougat.

Ça n'est pas compliqué à faire. Il faut casser les amandes, bien sûr. On verse un pot de miel dans une casserole, on fait chauffer, et quand ce miel est prêt à bouillir, quand il est bien chaud, on verse les amandes dedans. Avec une cuillère en bois on touille le tout. Quand on a bien touillé et que les amandes commencent à éclater – il faut qu'il y en ait quelques-unes qui commencent à éclater, c'est le signal –, on verse ça dans un moule, un moule artisanal, une caisse pas très haute, de cinq ou six centimètres de hauteur. La grandeur du moule dépend de la quantité de nougat qu'on veut faire. On verse là-dedans, on recouvre et on met du poids dessus.

Si on ne met pas énormément de poids par-dessus, les amandes viennent en surface et le miel reste au fond, ça n'est pas bien mélangé. Ici, ça n'est pas compliqué, on n'a qu'à aller dans la Crau chercher de gros cailloux, et ça fait du poids. Auparavant on met la feuille, comme celle qui sert à faire les hosties. On en met au fond, sur les bords, et on en garde pour mettre par-dessus. Et deux ou trois jours après, on démoule, et on coupe les barres de nougat : il est réussi ou il ne l'est pas. Certains sont un peu plus durs que d'autres, ça dépend. Il paraît que le temps joue beaucoup. Quand j'étais petit, je le regardais faire. Même maintenant, je le vois encore faire, parce que ma femme en fait toutes les années. Pour respecter la tradition, on fait du nougat. Le moule, c'est moi qui l'ai fait. Le plus difficile à trouver, maintenant, ce sont ces feuilles d'hostie.

Les amandes, on en faisait des sifflets pour jouer. C'était un gros travail. Avec les amandes tendres, ça n'était pas bon parce que ça s'effrite. Il fallait les dures, et avec les dures, c'était quand même assez compliqué. Frotter une amande contre une pierre pour arriver à user les deux côtés plats, c'est long. On commençait à l'user, puis avec la pointe du couteau on faisait un trou. Et là où ça devenait compliqué, c'est quand l'amande était trouée des deux côtés, qu'il fallait encore sortir la graine qu'il y avait à l'intérieur. Alors on fauchait une aiguille à tricoter, c'était ce qui faisait le mieux. Il fallait piquer une aiguille à tricoter à la maison, et ne pas dire que c'était pour faire ça parce qu'on se faisait engueuler. Et puis il fallait casser la graine en petits morceaux, la faire sortir, et après on avait un sifflet.

Mais c'était plus pratique avec les noyaux d'abricot. Quand on avait bouffé l'abricot, on le faisait immédiatement. Donc la graine qui est dans le noyau n'avait pas eu le temps de sécher, elle était encore tendre. On en faisait beaucoup plus à la période où on mangeait les abricots qu'avec les amandes. Parce que l'amande, quand elle est verte dedans, on ne peut pas, l'écorce n'est pas encore dure... Les jouets, il fallait se les faire. Alors les sifflets, c'était avec les amandes, avec les cannes aussi, avec la pointe des cannes...

Les amandes qu'on cueillait vertes, c'était au mois de juin, vers la Saint-Jean, ça dépendait un peu des années. Mais si l'amande mûre n'avait pas une grande importance dans l'économie du village, verte c'était encore moins, ça ne représentait pas grand-chose. Tout le monde n'en faisait pas, parce que, à ce moment-là, on n'allait pas au marché facilement quand même. Alors il fallait les ramasser, il fallait qu'elles soient tendres... Les variétés dures, dès que l'écorce commençait à durcir un peu, ça ne se vendait plus vert. Puis je crois qu'il y a cinquante ans, dans les restaurants, c'était un luxe, les amandes vertes. Maintenant, c'est un peu plus répandu, mais pas tellement.

Quand l'amande commence à se former, juste après la floraison, qu'elle est toute petite – on l'appelait l'« amandon » à ce moment-là –, qu'elle grossit, on allait en manger quand on était minots. On mangeait tout : l'amandon, l'écorce, tout. C'était tendre, ça commençait juste à pousser. Ça n'était jamais qu'un truc vert, parce qu'au milieu il n'y avait rien, l'amande n'y était pas, elle commençait tout juste à se former. Ça n'était que de l'eau dedans, ça n'était pas caillé. Et puis, insensiblement, il venait un moment où elles étaient trop dures, alors on n'en mangeait plus. On en mangeait jusqu'à ce qu'elles commencent à devenir trop grosses. Après, cette peau n'avait pas tellement bon goût, et à l'intérieur il n'y avait rien. Alors il fallait attendre que ça soit une amande, c'est-à-dire que l'intérieur, qui n'est que de l'eau ou un genre de glaire, on dirait du blanc d'œuf, soit caillé. Ça devient tout blanc, ça devient ferme, là c'est bon. Dans les restaurants, on servait les vertes en dessert, mais très peu... Les amandes grillées, on n'en parlait pas tellement.

Les fleurs étaient les premières fleurs qu'on voyait. On n'en ramenait pas tellement dans les maisons, moins que maintenant. À ce moment-là on considérait que c'était un crime de couper des branches d'amandier avec les fleurs, ou n'importe comment. D'accord, on se permettait de tailler les amandiers qui avaient trop de branches pendant qu'ils étaient en fleur, mais c'était parce qu'il y en avait réellement trop. Mais passer au bord d'une haie ou d'un verger et couper une branche pour fleurir la maison, quand j'étais petit, c'était défendu, il ne fallait pas le faire. Du moment qu'on y avait coupé la branche, il n'y avait plus d'amandes. Si à côté il y avait un bonhomme qui taillait ses amandiers, alors on pouvait aller chercher des branches ! De toute manière la fleur d'amandier fane vite, les pétales tombent de suite, ça ne dure pas un jour dans un bocal.

Les variétés les plus tendres, on appelait ça les « fines », les un peu plus dures, les « demi-fines », *li miejo-fino*. Puis des dures, il y en avait plusieurs variétés. Il y en avait des grosses, très grosses, et qui produisaient énormément. Ces arbres-là arrivaient à en faire beaucoup et devenaient immenses. Il en reste encore, d'ailleurs, on en voit au bord des routes. Ces très très dures n'étaient pas les meilleures. En gros, au plus les arbres étaient productifs, au plus elles étaient dures et au moins elles étaient bonnes. L'avantage, c'était la conservation : il y avait des variétés de dures très grosses qu'on pouvait conserver plusieurs dizaines d'années, ça ne bronchait pas. Seulement voilà : il fallait le marteau pour les casser.

Il y en a qui ont essayé de faire de nouvelles plantations, mais il n'y en a pas beaucoup. On connaît une plantation à Aureille, qui d'ailleurs est en train de disparaître parce qu'elle ne produit pas tellement. J'ai participé à cette plantation, de trois mille pieds. La méthode, c'était comme pour toutes les plantations : on prend des mesures, on plante des piquets là où on veut faire des trous, mis à part qu'autrefois on faisait les trous à la pioche et à la pelle, et là il y avait une tarière derrière le tracteur, ça allait assez vite.

C'était fait beaucoup plus, presque on pourrait dire, scientifiquement qu'autrefois. Parce que pour la pollinisation, autrefois, on évitait de planter une même variété, mais on ne cherchait pas à comprendre. Il y avait trente-six variétés, il y avait un arbre ici, un arbre là-bas, on mélangeait. Alors que, de nos jours, on plante une variété en principe, mais de temps en temps, toutes les cinq ou six rangées, on met une autre variété. Dans les plantations importantes comme celle qui avait été faite là, il n'y a jamais que deux variétés : la variété principale puis une autre, qui fait environ le cinquième de la plantation. Les amandes, bien sûr, ne sont pas les mêmes. Il y a une question de consistance, une variété qui est plus dure que les autres, donc on ne peut pas les mélanger.

Parce que je ne sais pas comment elles se cassent, maintenant, mais je suppose que, dans les confiseries où on fabrique les calissons, on ne casse pas les amandes une après l'autre avec un marteau. Il doit y avoir des moyens mécaniques et il faut qu'elles aient toutes la même consistance. S'il y en a qui sont plus dures que d'autres, la machine ne doit pas bien fonctionner. De même que peut-être il y a la grosseur aussi. Si elles n'ont pas toutes la même grosseur... Encore qu'une machine doit pouvoir se régler...

Ces nouvelles plantations étaient modernisées. D'abord, il y avait l'arrosage. On a beau dire que l'amandier est un arbre très rustique qui arrive à s'acclimater dans des terrains secs, quand même si on l'arrose, il aime bien. On l'arrosait l'été. L'arrosage était au goutte à goutte, au ras du sol. Puis on a planté beaucoup plus près que ce qu'on faisait autrefois... Les vieilles plantations d'amandiers étaient plantées entre sept et huit mètres de distance entre les arbres. Alors que maintenant, on arrive à cinq ou six mètres, et il en va beaucoup plus à l'hectare. Autrefois, si on les plantait aussi loin, c'était question sécheresse. Ils avaient plus d'espace... Un arbre, quel qu'il soit, jette autant de racines que ce qu'il fait de branches, donc ça va chercher loin. Si on les plante trop près, les racines de l'un vont toucher celles de l'autre. Ça n'est pas grave à partir du moment où on les fume bien et où on peut les arroser. Mais quand ils étaient au sec, il valait autant qu'ils soient plantés un peu plus loin, les racines avaient plus de place pour aller chercher de l'eau.

Mais c'est surtout le ramassage qui s'est modernisé. Le ramassage mécanique de l'olivier, c'est assez difficile, alors que l'amandier, c'est au point. On ne craint que de grosses séries de mistral, mais c'est beaucoup moins grave que pour l'olivier. L'olivier est un arbre qui a une grosse souche. Si on le secoue on risque de casser des choses, ça ne fait pas bien. L'amandier, lui, a des racines profondes, lointaines, ça n'est pas du tout la même chose. Et quand les amandes sont mûres, c'est valable. Seulement il faut de grands espaces pour travailler avec des machines comme ça.

Le secoueur, accroché derrière un tracteur, est une sorte de remorque à deux ou quatre roues, de trois mètres de large sur six mètres de long à peu près. Il porte, sur toute sa surface, une toile qui, par un système de vérin, peut se dérouler sur son côté, d'autant qu'il est large, ce qui fait que déroulée, avec une fente au milieu pour laisser passer le tronc de l'arbre, elle fait un carré d'environ six mètres sur six. En fait, la partie fixe et la partie de la toile qui se déplace sont autonomes l'une par rapport à l'autre. On met le secoueur bien contre l'arbre et on déroule la toile dessous. Quand elle a fini de se mettre en place, deux rouleaux en caoutchouc viennent enserrer le tronc, ce sont des vibreurs qu'on met en route quelques fractions de seconde, il ne faut pas plus. Ça suffit pour tomber toutes les amandes. On enroule alors de nouveau la toile, ou le tapis, et le tracteur avance jusqu'à l'amandier suivant...

Quand on ramène la toile, les amandes viennent toutes sur la partie qui reste sur la remorque. On attend d'avoir fait plusieurs arbres pour mettre cette partie – un tapis roulant en fait – en marche, dans le sens de la longueur cette fois. Les amandes sont amenées vers l'arrière. Là, il faut avoir de grands récipients, ces récipients qu'on met sur des palettes, on appelle ça des « palox ». On fait tomber les amandes soit là-dedans, soit dans le godet d'une tracto-pelle. Après, il suffit d'avoir une benne et verser dedans... Quand les amandes tombent, les écales se séparent, parce que pour secouer, on attend qu'elles soient mûres : pas question d'écaler à la main, ni même mécaniquement. Elles sont mûres, donc en tombant les écales se séparent des amandes le temps de rouler... Quand les amandes arrivent au bout du tapis, les écales sont toutes parties, parce qu'elles sont plus légères, et avec les vibrations du tapis elles sont arrivées à l'arrière. Elles tombent par terre, on les laisse, puis on récupère les amandes après. C'est bien au point, ces trucs-là. Il reste très peu d'écales dans les amandes.

J'étais allé voir une plantation nouvelle du côté d'Avignon, et par la suite il y en a une autre qui s'est faite pas bien loin, au mas Saint-Paul à Mouriès. Au moment où elles se sont faites, les gens y croyaient, ceux qui les ont plantées. Ce qui a fait que ça n'a pas marché, que ça n'a pas été rentable malgré tout, c'est la vente. Il arrive énormément d'amandes de Grèce, d'Italie, et au prix où elles arrivent, il n'est pas possible de travailler, même avec le ramassage mécanique. Le jour où on donnera une prime à l'arrachage des amandiers, il n'y en aura plus. Les agriculteurs sont devenus, par la force des choses, des chasseurs de primes...

Le foin de la Crau

Les prairies de Crau sont artificielles – il faut les appeler comme ça puisqu'elles ont été ensemencées par l'homme. Mais artificielles, c'est beaucoup dire : ça a été vite fait. À l'époque actuelle, les gens qui veulent faire des prairies nouvelles dans la Crau nivellent leur terrain, préparent tout bien, puis on ensemence, on met de la graine pour ensemencer. Alors qu'autrefois, et ça n'est pas si vieux que ça, pour faire des prairies dans la Crau – la Crau est quand même assez plate –, on nettoyait le fond des greniers, *apelavian acó lou foun de feniero*[1], et ce fond de grenier, qui avait beaucoup de graines dedans, on l'éparpillait dans la Crau, carrément – je l'ai vu faire –, et puis on arrosait et on passait le rouleau pour tasser les cailloux. Et insensiblement, c'est devenu des prairies... Plus tard on a semé de la luzerne.

Il y avait un avantage qu'on n'a plus depuis le barrage de Serre-Ponçon, c'est que les eaux des canaux d'irrigation, que ce soit du canal de Craponne ou de celui de la vallée des Baux, viennent de la Durance et étaient très limoneuses. L'été, surtout, quand il y avait des orages en montagne, ou même quand la neige fondait en altitude, ça entraînait de l'eau énormément boueuse et ça déposait une pellicule à chaque fois. Et on est arrivé à faire les prairies comme ça, au fil des années. Il fallait des années. Sûrement, du limon,

1. « On appelait cela le fond de grenier. »

ça n'en déposait que quelques millimètres à chaque arrosage, et encore l'eau n'était pas toujours tellement bien sale. Aujourd'hui, les limons n'arrivent presque plus, ils sont arrêtés par le barrage. On voit encore quelquefois de l'eau un peu boueuse, qui nous vient du Verdon parce que lui se jette dans la Durance en dessous de Serre-Ponçon.

On arrose les prairies de Crau tous les dix jours environ, même ceux qui sont soumis à un horaire... Avant la construction du barrage, je me souviens que parfois on était obligés de sauter un arrosage, à cause de ce que l'eau était très boueuse. Quand on établit une prairie, quand la Crau[1] est nue, on peut envoyer de l'eau boueuse tant qu'on veut et passer le rouleau par-dessus, ce qui fait qu'on tasse les cailloux et la boue colmate. Mais ça n'est plus vrai quand la prairie est établie et que c'est le moment de rentrer les foins. Si on arrose quand l'herbe est assez haute, quelques jours après, si on la fauche, elle est pleine de terre. Aussi, quand l'eau était trop sale, on retardait les arrosages.

Cette prairie est composée, pour la petite herbe, de trèfle et de pissenlit, énormément de pissenlit. Ça constitue le gros de la prairie. Après, il y a les gros *calos*[2], on appelait ça le « fromental », *froumentau* en provençal, ça c'était l'herbe assez haute. Cette graine se retrouvait dans les greniers de par les graines qui étaient dans le foin auparavant.

Les premières prairies doivent dater de quand, à partir du canal fait par Adam de Craponne de la Durance à l'étang de Berre, on a fait dériver une branche jusqu'à Arles en passant par la Crau, à la fin du XVIe siècle. La légende voulait que ce soit Louis XIV qui ait fait faire cette branche, mais son règne est plus tardif. On attribue beaucoup de choses aux gens célèbres, mais ils ne peuvent pas tout faire! On a commencé là à faire des prairies. Les plus anciennes sont

1. Le terme « crau » sert à désigner l'espace géographique de la Crau tel qu'on l'entend en français, mais aussi et communément une lande ou un espace de lande couvert de cailloux. Laurent Merlo l'emploie souvent dans cette seconde acception.

2. Littéralement : « tronc », « souche ». Par extension : « une chose consistante ».

donc en-dessous du canal de Craponne. Au nord de Craponne, il y en a aussi parce qu'il y a un autre canal, le canal de la vallée des Baux, qui ne date que du début de ce siècle. Il a été mis en eau en 1914, quelque chose comme ça.

Au moment où on a fait le canal de la vallée des Baux, ça a été un gros avantage, mais encore plus quelques années après, quand les oliviers ont gelé complètement, en 1929, ce qui avait porté un sacré coup à l'économie du village. Au sud du canal, toute la Crau avait été divisée en petits lots, on parlait de quatre héminées[1], ce qui fait environ quatre mille mètres carrés. Et tous ces petits lots, les gens en achetaient selon les moyens qu'ils avaient. Les terrains auparavant devaient être communaux. Il y avait des chênes dessus, et de la Crau. Le canal de Craponne avait été tracé en limite de la Crau, ou presque. Au nord de Craponne il restait très peu de Crau. C'était la fin des Alpilles, donc des chênes verts, des chênes kermès et de la garrigue. Ces chênes étaient beaucoup moins fournis que dans la colline, on ne les exploitait pas.

Les gens ont acheté ces parcelles et puis les ont aménagées selon leurs goûts, soit en prairies, soit en cultures maraîchères. Pour les cultures maraîchères, il fallait d'abord défoncer les terres, tandis que pour faire des prairies non. J'ai vu beaucoup plus tard faire des prairies, encore pendant la guerre ou quelques années après, dans des terrains qui étaient boisés. On arrachait tout ce qui était petit, par exemple les romarins ou les cistes, on coupait les chênes au pied, assez ras pour ne pas que ça dépasse, et on arrivait après, en mettant de l'eau et du fond de grenier, à finir par avoir un pré. Le chêne finissait par mourir, on ne l'arrachait pas parce que l'arracher supposait un travail énorme. Même en admettant qu'on ait des tracteurs suffisamment puissants pour pourvoir les arracher, après il aurait fallu niveler, et tout un tas de trucs qu'on trouvait que ça revenait trop cher.

1. Terme populaire désignant l'espace de terre qu'on peut ensemencer avec une hémine (demi-sétier) de blé.

Les grandes exploitations qui défrichaient des bois de chênes pouvaient défoncer, ça s'est fait dans pas mal de terres. On ne parlait pas encore de tracteurs. Juste avant la guerre il y avait des machines à vapeur. On mettait une machine de chaque côté du terrain à défricher, et après avoir coupé le bois, avec une grosse charrue à balance et un câble qui s'enroulait autour d'un treuil et qui fonctionnait avec les machines à vapeur, on défonçait. Ce labour sortait les racines de chêne, et après il suffisait de travailler le sol. Mais ceci n'était valable que dans de grandes exploitations, parce que pour déplacer ces machines à vapeur, c'était quelque chose de compliqué...

On ne nivelait pas. C'était quand même assez plat et légèrement en pente, vers le sud. La pente naturelle est d'est en ouest dans les terrains de la Crau, et du nord au sud. Alors certains ont nivelé, mais bien après la guerre. Mais auparavant, ça se faisait très peu. Beaucoup épierraient : dans tous les champs il y a des *clapouiro* dans les coins, des amas de pierres. Mais épierrer complètement, personne n'y arrivait. On avait beau épierrer, après un bon labour il en ressortait. Bien entendu, il serait bien venu un moment où il n'en serait plus sorti, mais il y a tellement de pierres en Crau!

Une année de foin de Crau, on peut dire que ça commence en début d'année. Les moutons avaient accès aux prairies du 29 septembre, officiellement, au 14 février de l'année d'après. Pendant cette période-là, les prairies de Crau appartenaient aux bergers, parce que la prairie fonctionne avec les moutons. Il était même, je crois, interdit à un propriétaire de prairie d'aller couper de l'herbe ou d'aller faucher ses prés durant cette période, il fallait que le 29 septembre ça soit terminé. À partir de là, on n'avait plus le droit d'entrer dans les prés, l'herbe appartenait aux moutons. Et à partir du 14 février – c'est une date qui n'est pas toujours bien respectée parce que pendant tout le mois de février les moutons vont encore dans les prairies –, les moutons sortaient des prairies.

Et à ce moment-là on commençait à mettre de l'engrais,

et arroser si la saison était sèche. Dans le mois de mai, on faisait une première coupe, on rentrait du foin. On appelait ça *lou maien*, le foin du mois de mai. Après, on appelait « seconde coupe » la deuxième coupe qu'on faisait, qui se situait environ entre quarante-cinq et cinquante jours après la première. Il faut ce délai, un minimum de quarante-cinq jours, pour que les prairies soient de nouveau prêtes à être coupées. La seconde coupe se terminait des fois fin juillet, ça dépendait un peu de ce qu'on avait à rentrer et du temps, car c'est lui qui commande tout, là-dedans. S'il fait des temps magnifiques, des beaux temps, c'est facile : on coupait du foin aujourd'hui, on le rentrait le lendemain. Mais quand le foin met longtemps à sécher, qu'il pleut, qu'il faut le faner, c'est plus long. Bien entendu, tout l'été il fallait arroser : tous les dix jours on arrosait. Puis on faisait une troisième coupe qui ne commençait pas avant le 15 août, et à partir du 15 août on avait le temps de la finir jusqu'au 29 septembre.

On faisait toujours trois coupes, et quatre dans les luzernes. L'établissement des prairies, la plupart du temps, se faisait sur une luzerne. Ceux qui commençaient à semer des prairies, du moins dans les périodes récentes, commençaient par une luzerne, et sur la luzerne on faisait quatre coupes. On enrichissait la luzerne de fonds de grenier, et à force de mettre des fonds de grenier elle finissait par disparaître. On la semait au printemps – elle craint le gel quand elle est tendre –, et à n'importe quelle époque de l'année on l'enrichissait avec les fonds de grenier. On le faisait quand on en avait sous la main. L'important, c'était de ne pas le faire juste avant un arrosage. Parce qu'on arrose par ruissellement, on inondait, et les endroits où l'eau courait trop vite ça risquait d'emporter les graines toutes au même endroit. On jetait à la volée, à la main, ou si c'était bien fourni et bien épais, le fond de grenier était sur une charrette et on le jetait avec une pelle. On n'allait pas trop chercher si c'était bien homogène.

Il faut de nombreuses années pour avoir une prairie.

Même celles qu'on sème actuellement, qu'on nivelle bien et qu'on sème avec de la graine sélectionnée, quand tout est fait dans de bonnes conditions, il faut quand même des années avant que ça soit une vraie prairie. Il faut compter pas loin de dix ans avant qu'elle ait un rendement normal, c'est-à-dire neuf tonnes à l'hectare environ. Les belles prairies arrivent à donner entre neuf et dix tonnes de fourrage dans l'année à l'hectare, sans compter ce que les moutons mangent : ça, on ne le pèse pas.

La première coupe est beaucoup plus riche, en abondance et en qualité, la seconde un peu moins, et la troisième encore moins. D'ailleurs, ici, dans la Crau, on appelait cette troisième *lou revièure*, ce qui peut se traduire par « regain ». La seconde, *lou segound*, est maintenant la plus recherchée alors qu'autrefois, c'était la première qui était la plus cotée. Parce que l'époque où la première coupe se vendait beaucoup plus que les autres, c'est qu'il y avait encore beaucoup de chevaux, mais pas des chevaux de selle : des chevaux de trait. On vendait beaucoup, dans le département voisin par exemple, dans le Gard, aux viticulteurs, qui avaient tous des chevaux pour travailler leur vigne et qui préféraient la première coupe, qui est un foin beaucoup plus nourrissant. Puis aussi il faut des chevaux pour le consommer, parce que c'est quand même assez gros, c'est un foin grossier, la première coupe. Les moutons la mangeraient mal, en gaspilleraient, alors que les chevaux la mangent volontiers.

Maintenant, la première coupe ne vaut plus rien. Elle vaut pour les chevaux de course, mais très peu, on l'utilise peu. Il y a tout un tas de moyens de nourrir les chevaux, de nos jours, seulement il y a beaucoup d'aliments qui sont trop riches et qui ne bourrent pas l'estomac. Alors il faut quand même encore un peu de foin. Actuellement, la première coupe n'est plus ce qu'elle était. On se débrouille de couper le foin un peu plus tôt pour qu'il n'ait pas eu le temps de mûrir et qu'il soit plus tendre. Il y a une différence entre le foin rentré les premiers jours du mois de mai et les derniers jours : ça finit par faire trente jours de différence!

De toute manière, on a tendance à commencer les coupes plus tôt que ce qu'on faisait autrefois. Depuis un demi-siècle que j'ai vu, on a pris quinze jours d'avance. Je me souviens avoir vu des gens rentrer du foin fin septembre. On avait le temps, jusqu'au 29. Alors que maintenant, même les grandes exploitations qui ont beaucoup de foin, qui donc mettent plus longtemps pour faire la troisième coupe, eh bien leur limite, c'est la première semaine de septembre. À partir du moment où on fait la première coupe plus tôt, forcément la seconde arrive plus tôt et la troisième aussi. Le gros de la troisième coupe, maintenant, est fini dans le mois d'août.

Les coupes vont en décroissant : la première en a plus que la seconde et la seconde plus que la troisième. La seconde a l'avantage d'être moins grossière, l'herbe est moins haute, plus facile à manger, et elle a l'avantage sur la troisième d'être meilleure en qualité. La troisième, en principe, les éleveurs de par ici, ceux qui avaient des moutons et des prés, la gardaient pour la faire consommer aux moutons dans l'hiver, parce que ça n'est pas tous les jours qu'on peut mettre les moutons dans les prairies. Il y a des jours où il fait trop mauvais.

Du plus loin que je me rappelle – mais je m'en rappelle à peine –, on fauchait à la faux. Déjà, avant la guerre il y avait des faucheuses mécaniques. À la faux, je n'ai jamais vu franchement beaucoup faucher. On se sert encore des faux, mais très peu, pour des bricoles. Quand il y a eu les faucheuses mécaniques, il y avait encore des faux pour faire les angles, pour faire les bordures des haies, parce qu'on ne laissait rien perdre. Et auparavant, on fauchait carrément avec la faux.

Comme dans tous les domaines, il y en avait des bons et des moins bons. Il paraît que les bons faucheurs, les bons *segaire fasien quatre eminado*[1], ça fait environ quatre mille mètres carrés. Mais ça, c'étaient les bons, les champions. C'étaient les gens du village qui fauchaient, parce que tout le monde avait un peu de foin, surtout après qu'il y a eu le

1. « Les bons faucheurs faisaient quatre héminées. »

canal de la vallée des Baux. Auparavant, il fallait qu'ils aillent un peu plus loin, au sud de Craponne, mais chacun avait un petit lopin de pré pour son cheval. Et tout le monde fauchait. Dans les grandes exploitations – mais je ne m'en souviens pas –, ils devaient embaucher du personnel qui venait de l'extérieur, c'est sûr.

Ils employaient des faux avec de très grandes lames. Au plus la lame est grande, au plus on en fait, au plus ça demande de l'énergie; mais le travail ne leur faisait pas peur. Ils étaient durs à cette époque, ils n'avaient pas le choix. Parce que partir et faucher, pour les plus forts, quatre héminées par jour, c'est beaucoup! Même n'en faucher que deux, ça fait grand, et ça fait plus que la moitié. Ça, tout le monde y arrivait, à faire deux mille mètres carrés; mais moi il me semble que ça représente une grande surface quand il faut le faire avec la faux! Il fallait avoir du courage! C'est sûr que les jeunes maintenant, on dit qu'ils ne veulent pas travailler, s'ils étaient nés à ce moment-là, ils l'auraient fait! L'époque n'était pas la même et puis voilà. Et si les anciens étaient nés maintenant, ils ne le feraient plus!

Avec la faux, en avançant, on faisait naturellement des andains. On les tournait avec la fourche. Quand ils avaient séché d'un côté, on les tournait pour qu'ils sèchent de l'autre, puis on les mettait en tas. On travaillait le foin sur le pré, avec des fourches en bois de micocoulier à trois dents, les fourches qui sont fabriquées à Sauve, dans le Gard. Les femmes retournaient quelquefois, mais c'est tout ce qu'elles faisaient sur les prés. Charger le foin, par exemple, il était rare qu'on y mette des femmes. Maintenant, le fanage, tourner les andains, mettre en tas, c'était un travail que les femmes faisaient assez souvent...

On retournait le foin selon le temps qu'il faisait. La seconde coupe, par exemple, au mois de juillet, on la tournait moins que la première et que la troisième, parce qu'elle se situe à un moment où il fait plus chaud. S'il faisait des périodes pluvieuses, on le tournait plus. J'ai même vu faire des tas, à l'époque où on faisait encore les tas à la fourche, puis être obligé de les épandre le lendemain pour les faire sécher. On éparpillait les andains quand le temps était nuageux, que ça séchait mal, sinon, avec du beau temps, en les tournant seulement, ça suffisait... Mais on pouvait éparpiller le foin pour arriver à le sécher assez vite. Parce que si on le laisse trop longtemps sur le pré, il se détériore, il s'abîme, il perd de sa couleur.

En gros, c'est drôle à dire, mais le foin, quand il est sec, il faudrait qu'il soit vert, de couleur verte. Il perd beaucoup de sa saveur si on le laisse trop longtemps au soleil ou à la pluie, beaucoup de ses qualités nutritives. Au plus vite il est séché et ramassé, au moins il perd de la couleur. C'est le soleil qui lui fait perdre de la couleur, même la rosée de la nuit, si on le laisse trop longtemps. On n'a pas intérêt à le laisser longtemps, parce qu'on est toujours à la merci d'une pluie. Alors plus vite il est dedans et mieux ça vaut.

La faux, il fallait beaucoup l'entretenir. Avec un outil qui coupe bien, on a moins de peine. Il fallait la battre, on appelait ça *enchapla*. Ça avait deux avantages : ça reposait le bonhomme pendant qu'il tapait sa faux, et puis ça permettait d'avoir toujours un outil bien tranchant. On a une petite enclume qu'on plante dans la terre, entre ses jambes parce qu'on est assis pour faire ça, et avec un marteau spécial on refait le fil. Puis il faut aiguiser souvent, avec la pierre. On mettait la pierre dans un étui accroché à la ceinture, un *coufié*, un étui en général en corne ou en fer-blanc avec un peu d'eau dedans pour que la pierre soit toujours mouillée. Quand il n'y avait plus d'eau, on mettait de l'herbe, que la pierre reste humide. On crachait dessus, je l'ai vu faire. Et il fallait aiguiser souvent. Aiguiser, c'est beaucoup dire : juste quelques coups de pierre pour redonner le fil.

Et puis on faisait des tas. Le tas, c'était une fourchée, une grosse fourchée. Les tas faits la veille d'être ramassés, qui s'étaient bien tassés, risquaient, au cas où le sol aurait été un peu humide, d'avoir un peu d'humidité sur le dessous. Alors on les retournait une heure environ avant de les mettre sur la charrette. On les retournait avec la fourche : le dessus venait dessous. Pour bien faire un tas, il fallait mettre de toutes petites fourchées les unes sur les autres, avec la fourche en bois, qu'il soit assez haut. S'il était bien fait, quand on plantait la fourche en fer au milieu pour le soulever et le mettre sur la charrette, il venait en une fois tout autour de la fourche. L'important, c'était de ne pas le constituer en poussant le foin sur ses bords, mais de bien l'entasser, empiler les fourchées les unes au-dessus des autres. Ça donnait un tas assez haut, une fois un peu tassé il se baissait, et d'un coup de fourche ça venait.

En principe il y avait un homme sur la charrette pour deux en bas. Et il y avait le râteau, qui était aussi un travail pour les femmes et les petits. En gros, ça ressemblait à un râteau qui sert à râteler le jardin, mais assez grand, un peu plus de un mètre de large, et qui avait des mancherons comme une brouette. Mais on le prenait à l'envers d'une brouette : on le traînait et il n'y avait qu'à passer autour de la charrette. Le râteau servait à rassembler les quelques brins qu'on avait tombés en envoyant les fourchées sur la charrette. Alors on faisait le tour de la charrette avec pour rassembler les brins, et à la fourche on les jetait sur la charrette. Puis on a eu des râteaux attelés à un cheval, mais aujourd'hui des râteaux il n'y en a plus.

Il y avait deux personnes pour charger les tas et une troisième sur la charrette pour les arranger. C'étaient des charrettes avec des ridelles. Certains avaient des charrettes avec de grandes ridelles sur tous les côtés, mais ça n'était pas formidable. C'est vrai qu'on pouvait arriver à charger le foin sans que quelqu'un monte sur la charrette, mais il fallait l'envoyer beaucoup plus haut, et puis pour décharger ça n'était pas très pratique. C'était un avantage pour les personnes qui étaient seules et qui n'avaient pas trop de foin à rentrer : elles pouvaient se permettre de le rentrer seules. À partir du moment où il y avait des ridelles sur les quatre côtés, il n'y avait pas besoin d'une personne sur la charrette. On jetait le foin dans les ridelles, et quand c'était plein on allait le vider. Mais il y en avait très peu, de ces charrettes.

Sur les charrettes normales, on avait des ridelles devant et derrière, mais pas sur les côtés : des ridelles de un mètre, un mètre cinquante, comme sur les autres. Celui qui était sur la charrette, à mesure qu'on lui envoyait les fourchées, les plaçait sur les bords, les unes à côté des autres. On commençait par en mettre sur les bords, puis au milieu, et il marchait dessus pour tasser. Petit à petit, ça montait. On arrivait, si on en avait beaucoup et avec des tas bien tassés, sur une charrette qui avait moins d'un mètre cinquante de large, à mettre un voyage de foin qui à un mètre de hauteur avait des fois trois mètres de large. Au départ, on ne pouvait faire déborder qu'un peu mais après, à mesure, on faisait déborder toujours que plus, surtout avec la première coupe qui tenait beaucoup mieux que la troisième. La troisième, forcément, l'herbe étant beaucoup plus courte, les liaisons n'étaient pas les mêmes. Puis, en hauteur on passait par-dessus les ridelles. Les ridelles, c'était juste pour donner le départ.

Celui qui rentrait son foin dans un hangar pas loin du pré cherchait moins à comprendre. Mais celui qui savait qu'il allait traverser le village le soir et qu'il y avait beaucoup de monde, mettait un point d'honneur à arranger son voyage de foin. Dans les angles, à côté des ridelles, il faisait des rouleaux : on appelait ça des *brassaou*, des brassées. Il prenait la fourchée de foin et la roulait, ça faisait un saucisson, lequel saucisson il le mettait bien dans l'angle, et en calant sur le côté il faisait tout le tour. Puis il recommençait comme ça, il en faisait un autre. Ça faisait joli. On appelait cette façon de charger la « queue d'hirondelle ». C'était un peu pour la gloriole. On disait : « Tiens, lui, il l'a bien chargé son voyage de foin ! » C'était vrai dans tous les domaines, ces choses-là, on voulait bien faire. Puis certains étaient meilleurs que d'autres aussi, ceux qui en avaient beaucoup l'habitude...

Dans le village, ceux qui rentraient un peu de foin pour la consommation des animaux de la maison – la plupart avaient un mulet, ou un cheval, ou un âne, il y avait beaucoup d'ânes, ça ne mangeait pas beaucoup, ça –, ceux-là le rentraient dans le fenil, *la feniero*, au-dessus de l'écurie. Il y en avait dans toutes les maisons du village à peu près. On envoyait le foin avec une fourche par une grande ouverture munie seulement de volets. Un bonhomme depuis la charrette jetait le foin, et un autre dans la fenière le prenait et le plaçait. Si le fenil était grand, il fallait une personne pour ça. Là, on le mettait en tas.

On avait de grandes fourches qu'on appelait un *galato*, un « galate ». C'était comme une fourche normale mais en plus grand, avec quatre dents fines. On avait deux sortes de galates : à manche court et à manche long. Les manches très longs, on ne les utilisait que quand il fallait envoyer le foin réellement très haut. Par exemple pour le charger, ou pour le décharger dans le fenil. Celui qui était sur la charrette pour décharger avait deux fourches, celui qui était dans le fenil n'en avait qu'une. On commençait le chargement ou le déchargement avec un manche court, un manche normal en fait, parce que sur le pré, quand on commence à charger on commence à moins de un mètre de hauteur, la charrette est basse, et pour décharger dans le fenil, quand on commence aussi ça n'est pas haut, parce qu'on est très haut sur la charrette, presque à portée de la fenière. Donc, on commençait avec cette fourche puis, vers la fin, on prenait un galate avec un manche très long. Ce manche avait au moins un bon mètre de plus que les autres. Ça n'arrivait pas à trois mètres, mais je crois qu'ils avaient beaucoup plus de deux mètres de long.

Au fond de la fenière, il y avait une trappe, et on envoyait le foin directement dans le râtelier. Il y avait une poulie aussi, au-dessus de l'ouverture du fenil, qu'on utilisait quand on voulait ressortir du foin ou qu'on voulait monter des balles de paille. On ne les envoyait pas avec la fourche : on les prenait avec la poulie. Si on ressortait du foin, c'était pour le transporter chez un voisin ou pour l'emmener dans la bergerie à côté; alors à ce moment-là on le mettait dans des *bourras*, des grands carrés de toile qu'on chargeait et dont on attachait les quatre coins. À ce moment-là, la poulie avait son avantage. Encore que bien des fois on jetait carrément les *bourras*, ils arrivait par terre tout seuls!

Dans les grandes exploitations de la Crau, où on faisait le foin pour le vendre, on faisait ce qu'on appelait des « meules », dans des hangars assez grands orientés au sud. Leur longueur était d'est en ouest, le dos tourné au mistral. Ça n'était pas comme dans les pays de montagne, où ils font leurs meules dehors. La plupart du temps, côté sud, il n'y avait que des piliers, le hangar était ouvert, et entre chaque pilier ça faisait comme un compartiment dans lequel on faisait une meule. Quand on en avait fait une, on en recommençait une autre à côté, qui touchait la première. Les meules se touchaient mais elles étaient différentes, elles ne se mélangeaient pas, c'était bien empilé.

On arrivait, en empilant le foin, à faire un mur droit de la hauteur du hangar. Les grands hangars de la Crau ont au moins cinq ou six mètres de hauteur. Il y avait un mur de meule de cinq ou six mètres, droit. Il fallait savoir le faire, mais pour ceux qui étaient habitués, c'était un travail qui se faisait assez bien. Ça se faisait aussi à la fourche. Il y en a un qui jetait sur la meule, et quand ça arrivait un peu trop haut, on finissait par faire un étage pour arriver. On faisait comme un escalier au milieu de la meule, et on jetait en deux fois, puis on comblait l'escalier.

Il ne fallait pas être pressé, pour faire les meules. Quand on en avait commencé une et qu'on en avait mis suffisamment, qu'on était monté à cinq mètres, par exemple, en quelques jours la meule se tassait et on la complétait. Le foin se tasse beaucoup dans les hangars. On a beau y marcher dessus, il ne se tasse jamais aussi bien que si on le laisse se tasser tout seul de son propre poids. Son tassement est variable, il dépend de la qualité du foin qu'on a rentré, parce qu'on ne le rentre pas toujours comme on veut. Par temps de mistral, par exemple, à cette époque, on rentrait du foin qui à la limite était trop sec. Si on était surpris par le mistral, ça en emportait quand même pas mal, les jours où il soufflait trop on était obligés d'attendre qu'il se calme un peu, alors forcément on rentrait du foin qui était à la limite trop sec, il se tassait moins.

Puis il pouvait arriver qu'on en rentre qui n'était pas suffisamment sec. Avec un temps menaçant le soir, quand on avait du foin dehors, on se disait : « On va le rentrer. » On préférait le rentrer un peu plus vert, quitte à ce qu'il fermente un peu, plutôt que d'attendre le lendemain et risquer une pluie. À ce moment-là, c'était beaucoup plus vert, ça se tassait beaucoup plus, il fermentait. Quand il fermentait convenablement, c'était quelque chose de formidable, il était meilleur, chose qui n'arrive plus, aujourd'hui, avec les balles. Avec les balles, c'est trop serré, la fermentation n'existe pas : ou c'est sec ou ça moisit.

Il y avait rarement le feu dans les fenils. Le feu pouvait arriver à cause de la fermentation, mais dans une fenière, ça n'arrivait pas, ça n'était pas assez tassé. La fermentation pouvait se faire quand on rentrait du foin un peu trop vert dans les hangars. Trop, c'est trop; mais une légère fermentation donnait bon goût au foin. Les animaux le mangeaient beaucoup mieux. Si elle était trop forte, il est arrivé que ça prenne feu. Ça finit par faire des gaz, et avec la chaleur... C'est arrivé, mais c'était assez rare.

Dans les exploitations où on faisait le foin pour la vente, dans l'hiver, on en faisait des balles. On ne mélangeait pas les coupes dans les meules, bien sûr. Il y a des gens qui voulaient de la première et qui n'en voulaient pas d'autres. Le bonhomme qui achetait quelques balles de foin et qui avait un cheval n'achetait pas de la troisième mais de la première. La seconde était achetée surtout par les laitiers, pour les vaches. Elle partait aussi pour des moutons. La troisième est celle que l'on gardait le plus pour la consommation sur l'exploitation, et on en consommait beaucoup... Maintenant, dans les grandes exploitations on n'a que des tracteurs : ils consomment du gasoil! Alors qu'à ce moment-là, il y avait beaucoup de chevaux.

On n'emballait pas du foin fraîchement rentré, il fallait

attendre environ un mois. Même le foin des fenils, on attendait quelques mois avant de le donner aux bêtes. Elles mangeaient toujours du foin vieux. Le foin nouveau n'était pas indiqué, il fallait qu'il se soit reposé. On dit que dans les fenils, ça ne fermentait pas, mais ça devait fermenter quand même un peu, et il fallait attendre que ça ait passé. À l'époque où les chevaux travaillaient beaucoup, on leur gardait peut-être un peu de première coupe, mais enfin on consommait surtout la troisième, parce qu'à cette époque-là c'était celle qui se vendait le moins, alors que maintenant, ça file comme le reste, sinon mieux que la première. Parce qu'il y a moins de grosses tiges dedans, il y a beaucoup plus de petite herbe, surtout du trèfle. C'est moins nourrissant, mais c'est beaucoup plus tendre.

Donc, à partir de novembre on pressait, et ça durait tant qu'il y avait du foin. C'est un travail un peu spécial. Je l'ai fait quand je travaillais à La Jasse, à Eyguières. On travaillait avec des presses à bras, qu'on pouvait transporter sur deux roues, et qui étaient facilement démontables. Au départ, elles avaient des roues comme les roues de charrette, en bois cerclé de fer. C'est pour ça que ça doit dater d'il y a longtemps. C'était très vieux. J'en ai vu comme ça, mais je n'ai jamais travaillé avec. Celles avec lesquelles j'ai travaillé étaient exactement les mêmes, mis à part qu'à la place des brancards où on attelait un cheval, c'était un attelage pour mettre derrière le camion ou un tracteur, et que les roues étaient à pneus.

On emmenait la presse chez celui qui avait du foin à vendre, parce que les propriétaires avaient rarement leur propre presse. Ils vendaient leur foin en meule : le négociant en foin – on l'appelait « marchand de foin » – arrivait, il achetait la meule de foin. Il faisait l'intermédiaire, si on veut, entre le producteur et le consommateur. Ça n'est que plus tard – ça n'a pas duré longtemps, puisque après il y a eu les presses mécaniques sur le pré – que certains gros propriétaires emballaient leur foin eux-mêmes. Sinon, ils le vendaient tel que, ils estimaient la meule avec le marchand de foin.

À partir du moment où le marchand l'avait achetée – il achetait une meule de première, de seconde ou de troisième coupe, ou les trois –, à partir de là le foin était à lui : il l'avait acheté. Il donnait un acompte, puis il venait l'emballer quand il voulait, pas nécessairement le lendemain ! Le négociant en achetait à plusieurs endroits, il avait des équipes – on appelait ça les « emballeurs » – qui travaillaient, et qui ne venaient pas forcément emballer de suite. Il donnait un acompte et le règlement final se faisait quand le foin avait été emballé et emporté. Pour savoir le poids, il fallait emballer, puis peser.

On pouvait travailler, autour de ces presses, à deux ou à trois. À deux, on arrivait à travailler, mais c'était moins bien qu'à trois. À trois, ça faisait un roulement, où chacun passait à son tour à chaque poste. Le marchand de foin s'occupait de la presse, c'est lui qui l'amenait au mas. C'était une espèce de grande armoire de deux mètres à peu près de hauteur, un mètre de longueur et soixante à soixante et dix centimètres de large, en bois et bien bardée de fer. C'était assez solide. On enlevait les roues, on la mettait au ras de la meule ou, quand des gens faisaient emballer son foin dans le grenier, ça arrivait, alors on la mettait sous l'ouverture de la fenière; mais ça, c'était assez rare.

On mettait la presse contre la meule et voilà. Il y en a un qui rentrait dedans, il empilait chaque fois qu'on lui envoyait les fourchées, et un était sur la meule et envoyait. Celui qui était dedans avait un chapeau assez large pour éviter d'en prendre trop sur la gueule. Il se mettait dans un angle, et celui qui envoyait s'arrangeait pour envoyer la fourchée devant lui. On roulait la fourchée à la main, sans gants – ça n'existait pas ça, on mettait les gants quand on avait réellement trop froid mais pas pour travailler –, et après l'avoir roulée d'un côté, l'avoir pliée en deux et poussée bien dans l'angle, on y mettait les pieds dessus, on se retournait et on refaisait la même chose de l'autre côté avec une nouvelle fourchée. À chaque fois qu'on se retournait pour rouler une nouvelle fourchée, on mettait les pieds sur celle qu'on venait de faire pour la tasser, et ça jusqu'à ce qu'on arrive en haut. On se retournait à chaque fois. Arrivé en haut, il y avait un plateau posé sur deux potences, on le tirait au-dessus de la balle, on mettait des chaînes, et on billait avec une barre à cliquet pour faire descendre le plateau.

Il y avait deux rainures de chaque côté de la presse pour que les manchons du plateau puissent sortir. On pressait sur ces manchons, un de chaque côté, en faisant attention de ne pas aller plus vite que l'autre, autrement ça n'allait plus. De deux mètres, la balle arrivait à être serrée d'un peu plus de la moitié. Quand on avait serré complètement, il y avait des rainures au bas de la presse et sous le plateau, et dans ces rainures on faisait passer six fils de fer. En bas, on les passait avant. Voilà pourquoi on travaillait plus souvent à trois qu'à deux : c'est le troisième qui passait les fils. Une fois la balle serrée, il fallait faire passer les fils sous le plateau, dans les rainures, et de l'autre côté quelqu'un attachait. Les fils passaient facilement, une fois qu'on en avait pris l'habitude; c'était fait pour.

Quand la balle était attachée, on enlevait les chaînes et on remontait le plateau. Un rentrait dedans, il y avait des portes de chaque côté, on éjectait la balle en la poussant d'un côté, on la jetait dehors. Cette balle tombait devant la presse. Le bâti n'était pas au ras du sol, il était à une trentaine de centimètres. Elle restait devant. Alors un à nouveau rentrait dedans – chaque fois on tournait –, on lui fermait la porte, l'autre était déjà prêt pour envoyer, et celui qui avait fermé la porte s'occupait de la balle qu'on venait de faire.

On appelait ça « peigner ». On avait une cisaille, comme on avait pour tailler les haies, et il fallait couper tous les morceaux de barbe qui dépassaient sur les bords de la balle. On la mettait bien propre. On alignait les balles par terre sans les empiler. Celui qui avait nettoyé la balle, quand il avait fini, passait les fils pour celle d'après; entre-temps les autres avaient fini de remplir, et on continuait. Éventuellement, le troisième donnait un coup de râteau par terre. Le foin qu'on avait coupé, les débris qu'on avait enlevés de la balle, on ne les gaspillait pas, on les ramassait avec la fourche et on les rejetait dans la presse. Il avait son travail, le bonhomme !

Le temps qu'on mettait pour faire les balles était d'environ cinq à six à l'heure, et on en faisait cinquante par jour. Elles faisaient entre quatre-vingts et cent kilos, ça dépendait un peu du poids du foin, de comment il avait été rentré. Maintenant, les premières presses mécaniques qu'on a eues et qui durent encore, qui pressent sur le pré, font des balles entre vingt-cinq et trente kilos. Il y a des presses qui font aussi, sur le champ, des balles qui pèsent deux cent cinquante kilos environ. Seulement il faut un chargeur pour les mettre sur une charrette. À la main, on ne peut plus le faire. Tandis que nous, on les manipulait à la main.

Alors ces cinquante balles, quand on les avait toutes alignées par terre, le soir on les pesait, à la balance romaine et à trois : un de chaque côté avec la barre sur l'épaule, et le troisième qui pesait. On plantait un crochet dans la balle et on soulevait, cinquante kilos chacun environ. Ça se faisait à tour de rôle aussi. Chaque jour, ce n'était pas le même qui pesait. Parce que c'était quand même plus facile de peser et de marquer le poids sur l'étiquette que de soulever. Dans les fils de fer, quand on passait les fils de fer, sur celui du milieu on glissait une étiquette sur laquelle il y avait le nom du marchand de foin, et on marquait le poids là-dessus. Puis après, on empilait les balles.

Ça n'était pas un travail de fillette. Moi, j'étais jeune, je ne faisais pas attention si c'était pénible ou pas, je sais que financièrement c'était intéressant. Il fallait se lever tôt, il fallait se démener, mais on était payé au poids qu'on avait fait. Et on gagnait au moins trois ou quatre fois plus que quelqu'un qui allait travailler à la journée. C'était un travail pénible, avec la poussière, mais c'était bien rétribué.

Ces équipes-là se faisaient, mais des fois se défaisaient vite. Il y en a beaucoup qui, quand ils avaient travaillé un mois, en avaient assez, ne voulaient plus le faire. Ça durait pratiquement tout l'hiver. Et ceux qui faisaient ce travail-là avaient quand même un avantage, c'est qu'ils étaient plus appréciés que d'autres pour rentrer les foins. Ceux qui faisaient rentrer du foin les embauchaient volontiers : ils savaient que sur les meules, c'était toujours mieux arrangé que par quelqu'un qui s'en fout. Parce qu'en faisant ce travail-là, celui qui arrangeait la meule savait que c'était avantageux de bien la faire. Du foin qui avait été bien rentré, bien répandu sur la meule, toujours une couche après l'autre, ne pas faire un gros tas puis monter dessus le tasser et en faire un autre à côté, c'étaient des avantages pour plus tard quand on faisait les balles...

Une fois pesées on empilait les balles, et quand il y en avait assez on les chargeait sur un camion. Le marchand de foin, selon la vente qu'il avait, venait les charger... Moi, j'ai fait ça deux ans. Ça n'a pas duré parce que je suis venu à Aureille après, et j'ai fait autre chose. De toute manière, quand j'avais commencé, je savais que ça ne durerait pas : je craignais trop la poussière. Ces fourchées de foin qui arrivent de haut, des fois, sur la gueule, ça n'est pas tellement agréable. On travaillait au moins dix heures par jour, c'était un minimum : entre dix et onze heures, facilement. On partait tôt le matin et on mangeait sur place, à moins de travailler pas loin. Le matin, on portait notre petit déjeuner, et dans tous ces mas les emballeurs avaient leur repas de midi. Ça faisait partie du contrat, en quelque sorte. On allait au mas et ils nous donnaient une bouteille de vin par jour. Pas à chacun : pour les trois. Ceux qui étaient un peu plus larges en donnaient deux, des fois.

Les balles, il s'en livrait, et d'autres venaient se les chercher. Autrefois, à La Tapie, ils portaient tout leur foin à la gare d'Aureille. Elle travaillait, cette gare! Ces balles d'une centaine de kilos partaient par wagon. Je ne sais pas si on en envoie encore par le train, je ne crois pas. Moi, j'en ai eu livré, en camion, surtout dans le Gard, l'Hérault, l'Aveyron. Les plus gros clients du marchand de foin chez qui je travaillais, c'étaient le Gard et l'Hérault. Il allait quelquefois en Savoie, il avait des clients un peu partout, mais la plupart de son foin, à l'époque où il y avait encore beaucoup de chevaux chez les viticulteurs, avant qu'ils aient des tracteurs, allait chez eux... Mais ça ne me plaisait pas, de livrer. Partir tôt le matin, ça n'était pas grave, mais après il y avait toute la journée à pinailler pour perdre son après-midi, parce que les emballeurs n'étaient pas prêts à charger, ils n'avaient pas fini journée, on ne pouvait pas charger tant que ça n'était pas fait. Ce qui fait qu'il fallait partir tôt de la maison et rentrer tard le soir, des fois pour ne pas aller tellement loin. Aller livrer un camion de foin du côté de Lunel, revenir et recharger pour le lendemain, ça n'était pas quelque chose de terrible, mais ça prenait quand même la journée. Des fois, il fallait aller plus loin, alors c'était des kilomètres qu'il fallait avaler...

Les techniques de coupe ont vite évolué. Il y a eu une évolution formidable dans les années soixante, mais même avant la guerre on avait déjà des faucheuses à lame tirées par des chevaux. C'était une lame qui passait entre des doigts, sur le principe d'une tondeuse, actionnée par les roues de la faucheuse. Elles avaient des roues en fer avec de gros crampons, et les roues en avançant actionnaient une bielle qui actionnait la lame. Ça doit être vieux, elles avaient des lames très courtes. Moi, je l'ai vu. Puis la première modification qu'on a faite sur ces faucheuses à chevaux, ça a été de mettre un petit moteur, des petits moteurs Bernard qui n'actionnaient que la lame. Le cheval ne servait plus qu'à l'avancement de la faucheuse. Il traînait la faucheuse et le mouvement de la lame se faisait par le moteur. À partir de là, le cheval avait moins de peine et on avait commencé à allonger les lames. Les premières lames devaient n'avoir guère plus de un mètre, alors que sur les dernières faucheuses à chevaux qu'il y a eu, elles étaient d'un mètre quarante environ.

Puis il y a eu les petits tracteurs à trois roues, des petites faucheuses. Ça avait trois roues, mais c'était bien, tout à moteur, plus de chevaux! Il y en avait déjà bien avant la guerre : des Kiva. Je ne sais pas si c'était des initiales, le nom de la marque, mais je me souviens de les avoir vus ces trucs-là, puis par la suite avoir travaillé avec parce que ça a duré longtemps. C'était tellement pratique! Même quand il y a eu les tracteurs avec un porte-lame et des grosses lames, dans les petites exploitations les Kiva restaient utiles, et même dans les grandes, ça servait à aller dans les angles, dans les coins des prairies. Ça avait l'avantage de se tourner n'importe où, c'était très mobile, avec une lame d'un mètre cinquante à peu près.

Ces faucheuses à lame ont toutes eu le même principe, seulement on les modernisait, et au plus on les modernisait, au plus on travaillait mal. La vitesse d'avancement était plus rapide, on en faisait beaucoup plus. On entendait dire de quelqu'un qui avait fauché son pré trop vite : « Il ne l'a pas tondu, il lui a arraché les cheveux! » Elles allaient plus vite, on allongeait le porte-lame, ce qui fait qu'au lieu de faucher un mètre comme on menait au départ, au début du siècle quand il a dû commencer à y en avoir, à la fin c'était deux mètres. Et au plus on les allongeait, au plus le travail était à peu près. Pour peu qu'il y ait des dénivellations, avec les prairies qui avaient été nivelées plus ou moins bien, pour peu qu'il y ait une bosse le porte-à-faux est d'autant plus grand que la lame est longue. Et on laissait de l'herbe, à une époque où c'était important.

Le principe est resté le même jusqu'à ce qu'on sorte les faucheuses rotatives, dans les années soixante, qui se sont généralisées. Celles-là sont constituées de disques avec quatre petites lamelles de fer qui tournent très vite. Dans des prairies assez grandes, dans des prés où il y a bien de la place, avec un tracteur, sans être trop puissant, on arrive à faire plusieurs hectares à l'heure. On arrive à marcher à vingt à l'heure, ce qui est quand même assez rapide dans un pré, avec deux disques qui mènent plus de deux mètres de large... Forcément, ça n'est pas raclé comme autrefois avec la faux, parce qu'avec la faux on allait au ras du sol, puis on va tellement vite que c'est un peu mâché. Mais enfin on va vite, c'est ce qu'il faut faire, on en est tous là.

Avec les faucheuses à disque, c'est la faucheuse qui fait l'andain. On les a équipées – mais ça n'est pas tout le monde – d'un conditionneur. Ce sont deux rouleaux en caoutchouc, et l'herbe, quand elle a été coupée, avant de tomber sur le sol, passe entre cès deux rouleaux qui l'écrasent. Ça n'a qu'un avantage : on sèche le foin plus vite puisque les tiges sont éclatées, en plein été il met quelques heures de moins. Mais les acheteurs ne l'aiment pas tellement. À partir du moment où on écrase la tige, on doit faire sortir quelque chose. Comme toute chose qui a un gros avantage, il faut voir où il y a l'inconvénient. Et là, ça sèche un peu plus vite mais ça nuit peut-être un peu à la qualité.

Les faucheuses rotatives, par rapport aux faucheuses à lame, on roule beaucoup plus vite, on mène beaucoup plus large, et puis il n'y a jamais d'arrêt. Avec les faucheuses à lame, c'était bien souvent qu'il y avait des ennuis. C'était une misère pour travailler. Un bout de bois cassait une dent, un caillou qui passait entre les lames cassait quelque chose, alors il fallait s'arrêter. D'abord il fallait s'arrêter parce que ça bourrait entre les dents. C'est comme dans une tondeuse, si tu vas chez le coiffeur et que tu te mets un clou dans les cheveux, ça ne marchera pas. Ces lames qu'on mettait, on travaillait une heure avec, une heure et demie ! Puis il fallait enlever la lame, en mettre une autre qu'on avait aiguisée.

Sur toutes ces lames il y avait des dents avec une petite section triangulaire. Sur les premières faucheuses, sur les plus petites, il y en avait au moins une vingtaine. Pour débourrer avec le tracteur, ça n'était pas compliqué : il n'y avait qu'à s'arrêter, descendre et débourrer. À la main, on pouvait le faire : du moment qu'on n'était plus sur le tracteur, ça ne risquait rien. Mais avec les chevaux, on avait le bout de bois, il y avait le bâton de planté. Les touristes qui regardaient faucher voyaient le bâton, ils croyaient que c'était pour faire avancer les chevaux, mais ça n'était pas tellement pour ça. C'était pour débourrer et pour ne pas laisser les doigts dans la faucheuse. Le cheval risquait toujours d'avancer. On fauche l'été, quand il y a beaucoup de mouches, des taons, ils piquent les chevaux, alors ils s'envoient des coups de pied sur le ventre, ils bougent, ils risquent d'avancer, pas beaucoup, mais pour peu qu'ils appuient sur le collier, la faucheuse bouge et si le doigt est dedans, c'est foutu.

Quand on enlevait une dent abîmée, il fallait en mettre une autre. Elles étaient rivées, on pouvait les river sur place, mais on avait toujours des lames de rechange. Le bonhomme qui partait faucher, que ce soit à l'époque où on fauchait avec les chevaux ou plus tard, avec les tracteurs, avait toujours deux ou trois lames de rechange, affûtées et prêtes. Pour affûter une lame on le faisait sur la meule, comme les aiguiseurs qui passaient autrefois pour les couteaux et les ciseaux, des meules comme ça, actionnées avec le pied ou sous une chute d'eau, et puis après par le matériel électrique. Les lames étaient longues et il fallait au moins une demi-heure. Pour manipuler une lame d'un mètre quatre-vingts, c'est dur de la tenir à la main. Quand on affûte les dents du milieu, ça n'est pas pénible, mais quand ce sont celles d'une extrémité ou de l'autre, le poids portait toujours de l'autre côté. C'était un travail!

Les faucheuses rotatives, quand on a commencé à travailler avec, c'était quelque chose de formidable! Les lames tournent comme des ailettes sur un disque de la grosseur d'une roue de bicyclette à peu près, on ne les affûte pas. Ce sont des bouts de ferraille plats, grands presque comme un paquet de cigarettes, mais moins épais, bien sûr. Quand elles sont trop usées on les change, mais elles durent plusieurs jours des fois. Elles peuvent attraper un caillou, n'importe quoi, tout passe à travers. On peut travailler une semaine avec, même qu'il y ait des cailloux, parce que même si elles ne coupent plus, c'est la force de rotation qui les fait couper, ça tourne tellement vite!

Avec les faucheuses à lame, dans une exploitation où il y avait beaucoup de travail, où le charretier commençait à faucher le matin, quand il avait travaillé sa demi-journée, s'il revenait avec des lames seulement usées, qu'il n'ait rien cassé, il s'estimait heureux. Mais il avait quand même passé trois ou quatre lames. Il avait fallu s'arrêter pour les changer, s'arrêter pour débourrer, s'arrêter pour mettre de l'huile, il fallait graisser souvent. Alors que maintenant, on arrive sur le champ avec la faucheuse rotative, on coupe des cailloux, on ne s'aperçoit pas, on file. On ne graisse pas, rien. On peut arriver dans un pré de dix hectares avec un tracteur, la faucheuse est portée, on la baisse, on commence à faucher, et trois heures après les dix hectares sont terminés, on peut relever la faucheuse et partir, sans s'être arrêté, sans avoir vu si tout allait bien. À part qu'il y ait un accident énorme, mais ça n'arrive pas.

Les dix hectares qu'on fait maintenant en trois heures avec une faucheuse rotative, les premiers tracteurs avec lame il fallait compter dix heures, tout compris, les pannes et tout, changer les lames... Parlons pas de les affûter, c'était encore autre chose. Des premières faucheuses aux faucheuses actuelles, il faut multiplier le rendement par dix, et je n'exagère pas. Avec les chevaux, c'était pire. Là, je n'ai pas idée. Parce qu'avec les chevaux, j'ai travaillé et je l'ai vu faire, mais pas suffisamment pour me faire une idée.

Dans l'affaire, on a peut-être gagné, mais je ne sais pas ce qu'on a gagné. C'est une histoire beaucoup compliquée à notre siècle, c'est sur toute la ligne qu'il faudrait voir si on a gagné beaucoup ou pas. Mais ce qu'on a gagné, il faut quand même voir que, prenons pour modèle un mas comme La Tapie, c'est des mas qui devaient employer une vingtaine de bonshommes, l'été, moins en hiver. Mais il y en avait toujours au moins dix. Et l'été, quand je dis vingt je suis modeste, pour rentrer les foins... Et ils avaient moins de prés que maintenant! Ils ont sûrement un peu agrandi les prairies, mais enfin pour la même chose, maintenant, il y a un arroseur et quatre personnes qui travaillent avec des tracteurs. Ça fait quand même une différence de personnel. Là, il ne faut pas multiplier! C'est des divisions qu'il faut faire! Avec le matériel approprié, quatre personnes aujourd'hui font le travail d'au moins deux douzaines à l'époque où on rentrait le foin à la main. Je ne parle pas de quand on fauchait à la main, parce qu'alors là, je n'ai pas idée de ce que ça pouvait donner.

Il fallait d'abord faucher. À ce moment-là, le charretier, quand il avait coupé une hectare[1] dans sa matinée, il était content, il avait bien travaillé. Il fallait plusieurs personnes, déjà, pour faucher, et puis il fallait faner, mettre en tas, charger sur des tirasses. On appelait *tirasso* des grosses charrettes à plateaux et à ridelles, des ridelles juste sur le passage des roues, et devant et derrière, pas sur les côtés. Ils faisaient trois « battues » à ce moment-là. La battue, c'est un temps de travail entre deux repas. Avant le petit déjeuner, ils buvaient le café et déballaient les voyages de foin qui avaient été chargés la veille. Ils les mettaient en tas dans le hangar, sur des meules. Après, un bon casse-croûte, et de neuf heures à midi, c'était pour tourner le foin, le faner, le préparer et le mettre en tas. Après le repas de midi, dans l'après-midi, là on chargeait. Ça n'était pas une règle, parce qu'on est toujours tributaire du temps, mais enfin c'était à peu près comme ça.

Ces gens qui travaillaient dans les fermes, on les appelait les *ràfi*, en provençal. Ça se traduit par ouvrier agricole. Ils étaient payés au mois, logés et nourris. Il y avait un personnel fixe : les charretiers, les bergers étaient là toute l'année. Les charretiers avaient quand même du travail tout l'hiver. Dans les mas, il y avait pas mal de labours à faire. Les prairies, on ne les laboure pas, mais tous ceux qui avaient des prairies dans la Crau avaient des céréales, et ça tenait du travail. Parce qu'à peu près tous les mas qui avaient des prairies avaient des moutons. S'ils avaient des moutons, il leur fallait de la paille, donc ils étaient obligés de faire des céréales.

De mai à septembre, il y avait beaucoup de saisonniers itinérants, on les appelait des « compagnons », qui promenaient, qu'on ne voit plus maintenant, qui s'embauchaient

1. Le terme provençal *ectaro* est féminin, ce qui explique le genre employé ici.

pour quelques mois, puis qui continuaient à filer. Ils se promenaient d'un chantier à l'autre, ils allaient faire la campagne à la betterave dans le nord de la France, dans le sud ils faisaient la lavande, les vendanges, le riz... Puis ils venaient faire les foins. Ils connaissaient tous les mas, et si Untel avait déjà assez de personnel, ils allaient un peu plus loin et finissaient par trouver de l'embauche. Quand ils arrivaient, leur situation était au point zéro, alors pendant quelques semaines c'étaient des travailleurs formidables, ne regardant ni à la peine ni au temps passé. Le soir, si l'orage menaçait, il arrivait qu'on rentre du foin tard et personne ne rechignait. Les heures supplémentaires, on ne connaissait pas.

Là où ça n'allait plus, c'est quand, au bout d'un certain temps, le patron leur donnait un acompte, en principe le samedi soir. On entendait dire : « Ce soir on va faire un petit tour au village. » Mais le petit tour pouvait durer jusqu'au lundi ou au mardi. L'instinct poivrot reprenait le dessus... Le dimanche, il n'y avait presque personne au mas, tous étaient en goguette. Un dimanche, quand je travaillais à La Jasse, je m'étais aperçu que mon vélo n'était plus à sa place. Je m'étais dit que quelqu'un me l'avait emprunté; mais le lundi matin il n'y était toujours pas. Pourtant, tout le personnel était à table pour le petit déjeuner. Alors je demande si on pouvait me renseigner. Il y en a un, on l'appelait le Breton, qui se lève et me dit : « C'est moi. – Ah bon, et où tu l'as mis? – Je ne sais pas. » Finalement, dans la journée, le vélo était retrouvé dans un fossé, entre le village et le mas. On en avait conclu qu'il s'était cassé la gueule avec, et la boisson aidant, il s'était endormi. Puis, au petit matin, en se réveillant il était reparti à pied, en oubliant qu'avant de tomber il avait peut-être une bicyclette entre les jambes...

En février 56, pendant les froids, un soir ils étaient tous en train de se chauffer à la veillée, et un a dit : « Je vais pisser. » Il est sorti et quand il est revenu, il avait une gouttière glacée tout le long de la jambe du pantalon. Les autres lui ont demandé s'il s'était pissé dessus ou s'il s'était pissé dans les brailles[1]. Il ne comprenait pas ce qui lui était arrivé. « Sûrement j'ai bien pissé dehors, puisque je le tenais à la main! » Mais peut-être qu'il ne tenait que sa chemise et qu'il avait laissé le sifflet dedans, ou qu'il se tenait autre chose[2]...

Et voilà. En fait, on se demande si on a gagné beaucoup. On a gagné là-dessus, ça c'est sûr : il y a du chômage, il y a vingt personnes qui travaillent en moins, et on ne joue plus d'accordéon dans les mas. Parce qu'il y avait quand même une bonne ambiance dans ces mas. Le soir, après la journée, on avait le temps de jouer aux boules, de se raconter des histoires. Ces compagnons qu'on embauchait avaient beaucoup voyagé et parlaient des régions où ils avaient travaillé. Et maintenant, l'ambiance, on ne peut pas savoir si elle y est ou pas, on n'entend que le bruit des tracteurs. Quand on fauche, c'est le tracteur, pour faire les andains, c'est le tracteur, faire les balles, c'est épouvantable... et ainsi de suite. Puis le soir : douche et télévision!

Un peu avant 1960, on a commencé à voir des presses ramasseuses, qui ramassaient le foin sur le pré et en faisaient des balles, comme on fait toujours actuellement, qui pèsent entre vingt-cinq et trente kilos. Ces balles étaient attachées avec du fil de fer, qui a été vite remplacé par de la ficelle, puis du plastique. C'est mieux parce qu'avec ces fils de fer, à l'endroit où c'était noué il fallait bien prendre des précautions. C'est là qu'on a commencé à travailler avec les gants. Moi, je n'avais jamais vu travailler avec les gants, on ne savait pas ce que c'était, à la campagne. Si on partait à vélo, en plein hiver, quand il faisait bien froid, on avait des gants, mais c'était pour le froid. Mais travailler avec un outil, on n'y pensait pas. Quand il m'est arrivé plus tard de prendre une pioche ou une pelle avec des gants, je me disais qu'à l'époque où j'ai commencé à travailler, si mon père m'avait vu avec des gants, je ne sais pas comment ça se serait passé. Ils ne rigolaient pas, les vieux, à ce moment-là!

1. Pour : braies, pantalon.
2. Ce scénario narratif est traditionnel. On le retrouve par exemple dans les *Contes picards* de la collection des *Kryptadia*, Paris, Welter, 1907, pp. 19-20.

On manipulait les balles avec un crochet : un bout de fer recourbé qu'on plante dans la balle. Seulement voilà : l'endroit où le fil de fer s'était torsadé et coupé, si on envoyait la main dessus, ça écorchait. Maintenant il y a de la ficelle, mais on met les gants quand même, on s'y est habitué, c'est devenu à la mode.

Les presses ont évolué après, en ce sens qu'elles avalent beaucoup plus vite, c'est plus perfectionné, il y a moins de pannes ; mais sinon c'est exactement la même chose, le même principe. Avec la presse il y a un ramasseur qui ramasse le foin par terre, l'envoie dans une sorte d'entonnoir. Ça passe dans un couloir, et il y a un tampon qui pousse. Le tampon ne s'arrête jamais, régulièrement il pousse les fourchées de foin qui sont ramassées, il les pousse au fond du couloir, et quand il y en a suffisamment des aiguilles amènent la ficelle, des noueurs font leur nœud, se retirent, et entre-temps le tampon ne s'arrête pas de fonctionner. C'est de beaux outils. La balle tombe derrière ou sur une remorque.

Il y a beaucoup de gens qui mettent encore une remorque attelée derrière la presse, ce qui fait que quand la balle glisse, au lieu de tomber sur le sol, elle tombe sur la remorque. Mais ça n'est pas un meilleur procédé que de les laisser tomber sur le sol, parce que ça pose des problèmes... Dans les virages, ça fait un grand attelage : le tracteur, la presse, la remorque... Puis ça évite d'avoir à charger, mais il faut un bonhomme qui entasse.

Pour charger les balles au sol, il y a aussi des autochargeurs, des machines qui se chargent seules. Ça aussi, dans les grandes exploitations, ça n'est pas rentable parce qu'on est limité. Sur une remorque assez solide, on peut mettre deux ou trois cents balles de foin, alors que ces chargeuses font quatre-vingts ou cent balles, à peine. Ça se charge automatiquement, c'est sûr, avec la prise de force du tracteur. Seulement c'est assez coûteux et on est obligé d'aller vider immédiatement et de revenir charger.

Alors qu'avec de grandes remorques et un ramasseur

autonome à côté, ça oblige à avoir un tracteur supplémentaire pour tirer la remorque; mais dans les grandes exploitations ils n'en sont pas à un tracteur près. Un ramasseur, c'est un appareil qu'on fixe sur le côté de la remorque avec une fixation rapide. Il ne faut que quelques minutes pour le faire, et il n'y a qu'à conduire et s'arranger pour passer à côté des balles. Elles tombent de la presse, ça fait une rangée par terre, il n'y a qu'à suivre la rangée. Ça ramasse et ça mène les balles sur la remorque. Partant de là, il faut quelqu'un qui les empile; mais on peut en mettre énormément, c'est le gros avantage. Et puis, des remorques, on peut en avoir en quantité, ça n'est pas coûteux. Alors on met la remorque dans un coin, on la met à l'abri et on commence à en charger une autre. Si un jour on a peur de la pluie et qu'on est pressé de rentrer le foin avec une autochargeuse, dès qu'elle est chargée il faut aller la vider, ou alors il faudrait en avoir une quantité énorme, mais ça serait trop coûteux. Tandis que la remorque, on la mène dans le hangar s'il le faut, on en prend une autre et on se dit : demain on aura le temps. Il peut pleuvoir.

Les prairies, une fois constituées, on ne les refait pas. Nos prairies ont deux cents ans peut-être, elles sont faites à vie. Il y en a qui sont très anciennes. Celles qui sont en dessous du canal de Craponne, on a dû les faire quand on a fait le canal, ça va chercher il y a pas mal de temps et c'est toujours les mêmes. Elles n'ont pas été refaites. On ne voit pas la différence entre des prairies anciennes et des prairies qui ont à partir de vingt ou trente ans. On le voit forcément dans les prairies jeunes, parce qu'elles produisent beaucoup moins, on voit beaucoup plus de petites herbes, beaucoup plus de trèfles, de pissenlits, ça foisonne.

Il faut longtemps pour faire une prairie, assez longtemps. Du procédé d'autrefois, de jeter du foin de grenier, à celui de maintenant, de les semer et d'ensemencer avec de la bonne graine, ça ne change rien. Il faut très très longtemps avant que ça fasse une vraie prairie, au moins dix ans, et puis avant que ça produise suffisamment. Mais on ne voit pas la différence entre une prairie de vingt ou cinquante ans, mettons, et une prairie de deux cents ans. Tous les vieux prés au sud de Craponne ne sont ni meilleurs ni plus mauvais que ceux qui datent du début du siècle, de quand on a fait le canal de la vallée des Baux. On ne les refait pas, c'est planté à vie.

On engraisse les prés, on met beaucoup d'engrais. Le fumier, autrefois, n'empêchait pas de mettre de l'engrais. Le fumier, c'était une chose, et l'engrais une autre. Le fumier, on en met toujours, mais parce qu'il y est. Dans presque toutes les exploitations, il y a des troupeaux de moutons et il n'y a pas un marché bien important pour vendre ce fumier. Ces moutons font quand même un apport, ça fait de la matière organique, ça chausse, ça fait un peu d'humus, ça tient l'herbe.

J'ai toujours entendu dire qu'il est contre-indiqué de mettre du fumier toutes les années dans les prés. Il y en a qui n'en mettent point, qui ne mettent que des engrais. C'est bon, de mettre un peu du fumier, mais pas trop : ça doit favoriser certaines plantes qui, après, doivent proliférer plus que d'autres, ça détruit peut-être un peu l'équilibre dans une prairie si on en met trop. L'engrais, de toute manière, ça n'est que de l'engrais organique. On ne met pas d'azote dans les prés : nitrate, ammoniaque et tous ces genres de trucs, on n'en met pas... L'engrais qu'on met est constitué essentiellement de potasse et d'acide phosphorique, c'est-à-dire organique. C'est pour ça que la nappe phréatique de la Crau n'est pas polluée ! Elle est alimentée par les prés.

Il y a une vingtaine d'années qu'il ne se fait plus de prairies. Il ne viendrait plus à l'idée de quelqu'un d'en faire. À l'époque, la prairie, c'était un besoin. Il fallait un peu de foin, tout le monde avait des chevaux ; pour travailler les oliviers, il fallait avoir un cheval ou un mulet, au pire celui qui n'en avait pas beaucoup et qui n'était pas bien riche avait un âne. Alors c'était une nécessité d'avoir un petit morceau de prairie. La plupart le mangeaient[1], il n'y en avait pas beaucoup qui le vendaient. Maintenant, c'est devenu essentiellement pour la vente... Des chevaux pour travailler, on n'en a plus, le plus qu'on a dans le village, ce sont des chevaux de selle, mais il ne viendrait pas l'idée à quelqu'un d'avoir un petit morceau de prairie pour rentrer son foin pour son cheval. Pour le bonhomme qui a son cheval pour ses loisirs, c'est moins cher d'acheter le foin que de se le produire. Si il voulait un morceau de pré, il n'aurait pas le matériel pour : il faut avoir un tracteur. Il faudrait qu'il le fasse faucher par quelqu'un, puis le faire rentrer par un autre, et puis à la fin ça lui ferait bien plus cher que s'il l'achetait en balles. Voilà pourquoi toutes les petites exploitations ont disparu.

Les prairies, il fallait les arroser. On commençait en avril et jusqu'à la fin septembre. Il est arrivé d'arroser en octobre, peut-être dans le mois de mars, si c'était réellement sec, mais très peu. Quant à avril et septembre, on arrosait si on en avait réellement besoin. Sinon, à partir du moment où c'était l'été, tous les dix jours environ il fallait arroser. Ceux qui sont soumis à des horaires d'arrosage, ceux du canal de la vallée des Baux, par exemple, quand on a fait tous ces petits carrés de prés, on leur a établi des tours d'arrosage. Et pour les prairies, c'était neuf jours et demi. Neuf jours et demi, ça a son importance. Il fallait neuf jours et demi pour que ça ne soit pas toujours les mêmes qui arrosent à la même heure. Par exemple le bonhomme qui avait son tour d'arrosage à deux heures de l'après-midi, la fois d'après il l'avait à deux heures le matin. Ça n'était pas toujours la même heure, voilà pourquoi les neuf jours et demi d'intervalle.

Aujourd'hui, dans les exploitations importantes, on a de l'eau, et il n'y a plus de tour comme ça, on n'y fait plus attention. Beaucoup de ces petits carrés de terrain ont disparu, les exploitations ont beaucoup grandi. Des gens qui ont une demi-hectare de prés, ça n'existe plus. Au sud du

1. Le terme « manger » est employé couramment dans les milieux d'élevage pour : faire manger au troupeau.

canal de la vallée des Baux, entre la vallée des Baux et Craponne, il y avait tout le village qui avait un peu de prés. Et maintenant, il y a quatre ou cinq exploitations, c'est tout, peut-être six, ils s'arrangent entre eux et partagent la flotte. Tous les petits propriétaires ont disparu. Soit ils ont laissé inculte leur terrain, soit ils l'ont vendu, soit ils l'ont loué au voisin qui en a beaucoup plus.

À l'origine, c'était tous les neuf jours et demi, et il y avait un temps d'arrosage selon la surface. Ça n'était pas tellement mal calculé, parce qu'on y arrivait bien. Je n'ai pas idée des chiffres. Pour une hectare, il y avait tant d'heures et ainsi de suite, avec un débit équilibré. À Craponne, pour le débit des rigoles d'arrosage, il n'y a pas de réglementation, ou très peu. Parce que quand on a fait le canal de Craponne, je crois qu'on a donné l'autorisation de prendre de l'eau à toutes les grandes exploitations qu'il traversait, à condition qu'elles le laissent les traverser. Comme ça, les constructeurs n'avaient pas à exproprier. On avait le droit de prendre de l'eau. Petit à petit, ça s'est réglementé, il y a eu des syndicats, mais au départ c'était ça. Alors qu'à la vallée des Baux, non. Quand ils ont fait ce canal, il y a eu des lotissements et on avait tant d'eau pour tant d'heures. Je crois que c'est dans les cinquante litres à la seconde le débit de ces arrosages, ce qui fait une rigole pas tellement mal.

Comme les terrains, à quelque chose près, ont tous la pente d'est en ouest et du nord au sud, puisque le canal file dans ce sens, pour arroser il n'y avait qu'à faire une rigole au nord du pré. On envoie l'eau dans la rigole, on la bouche au bout, la rigole se remplit, et quand elle est pleine la surverse arrose le pré, l'eau se répand. On immerge le pré, l'eau se répand par gravitation. Bien entendu, si le pré est très grand, ça n'arrose pas toute sa surface. Il y a un système de martelières[1] qui permet de conduire l'eau en bouchant la rigole à tel ou tel endroit. Le moderne, c'est de faire

1. Français régional à partir du provençal *marteliero*, « vanne », « épanchoir ».

des cadres en ciment dans la rigole, avec des glissières, et de glisser une martelière de forme rectangulaire dedans.

Avant, on mettait beaucoup de martelières en forme de demi-lunes. C'était une grande tôle en forme de demi-lune, munie d'un manche et d'une poignée. Avec le manche, qu'on prenait à deux mains, on la jetait bien fort dans le fossé, comme on frappe avec une hache, ça se plantait dans la terre. La poignée servait à la guider pour la jeter, mais surtout à la retirer. Ça bouchait hermétiquement le canal. Ces martelières avaient l'avantage qu'on les mettait où on voulait, à un mètre ou dix mètres plus loin, elles n'avaient pas besoin de bâti pour les recevoir ; tandis que les bâtis en ciment sont fixes.

Il faut que la rigole courre sur la ligne la plus haute du pré. Il faut qu'elle soit bien faite, de façon à ce que ça verse partout. Quand l'eau était sale, avant qu'on construise le barrage de Serre-Ponçon, c'était facile de faire des prairies, plus facile que maintenant. Sur des prairies neuves, ou qui venaient d'être fauchées de frais, on exagérait : si on avait de l'eau de reste, on en faisait passer à outrance, ça nivelait. Ça nivelait parce que, forcément, dans les endroits bien bas, il allait beaucoup plus d'eau que sur les bosses. L'eau, étant sale, déposait beaucoup plus de limon. Et à force d'en mettre, au fil des années, ça colmatait.

Pour arroser un pré avec ces débits de cinquante litres seconde, je crois que ça allait chercher dans les deux heures et demie ou trois heures pour une hectare. C'était à peu près le temps qu'on avait. C'est un arrosage par submersion, il faut que ça inonde partout. Des fois, ça versait, ça allait plus loin que le bas du pré, et c'était arrangé pour que ça aille dans un fossé qui allait alimenter ceux qui étaient plus loin... Les rigoles de la vallée des Baux partent du canal de la vallée des Baux et vont finir au nord de Craponne, qui est à trois kilomètres plus bas vers le sud.

On ne peut pas savoir à combien de hauteur d'eau correspond un arrosage. On en mettait tellement ! C'est difficile à calculer, et je ne crois pas que quelqu'un s'y soit appliqué.

Cinquante millimètres, c'est sûr, c'est ce qu'on compte pour un arrosage complet par aspersion, par pluie. Pour qu'une pluie soit efficace pour faire un arrosage complet, on compte entre cinquante et cinquante-cinq millimètres d'eau. Maintenant, après, savoir ce qu'on a versé, je suis sûr que ça les dépasse toujours. Les endroits où l'eau stagne un peu, où elle reste assez longtemps, ça doit dépasser les cinquante millimètres et de loin! Parce que j'ai eu vu, dans le sud de la prairie, inonder sous quinze ou vingt centimètres d'eau et pendant des heures! Alors, une fois imbibé, c'est difficile à calculer! Maintenant, sur les bosses, là où l'eau passe très vite, peut-être que ça correspond à moins. De toute manière, dans les prés, on s'en apercevait parce que, là où l'eau passait trop vite, l'herbe était moins haute.

Pour un bon « arroseur », celui qui arrose les prés, il faut que l'eau soit passée partout. Il faut qu'elle soit partie du point le plus haut du pré pour arriver jusqu'en bas. Quand une prairie est établie, au bout de bien quelques années, il n'y a plus de problèmes, on sait où va l'eau, où elle passe. Mais quand on l'établit, au départ, c'est beaucoup plus compliqué. Il peut y avoir des bosses. Si ça a été nivelé – comme on a fait des prairies avec les méthodes modernes, il n'y a pas très longtemps encore –, la terre est meuble et l'eau ravine quand on l'envoie, surtout s'il y a un peu trop de pente. Alors il faut en envoyer assez pour qu'elle passe partout et ne pas en envoyer trop pour ne pas qu'elle ravine. Il faut s'y tenir, y rester en permanence, et éventuellement avoir une pelle pour boucher quelques trous; si elle ruisselle un peu trop à un endroit, prendre une pelletée de terre là où c'est plus haut et la mettre là où c'est plus bas, pour qu'elle s'étale uniformément. Puis, quand l'herbe a poussé, qu'il y a assez de racines tout autour, il n'y a plus de problèmes, l'eau passe et voilà.

Dans les prés, pas où on les a nivelés mais là où on a fait les premières prairies, il y avait des endroits qui étaient un peu hauts. Sur les bosses, il y avait des endroits où il ne poussait pas du tout d'herbe même, si la bosse était trop grosse. On appelait ça des « lunes ». Alors l'arroseur se faisait souvent chambrer. Un bon arroseur, il ne fallait pas qu'il y ait de lunes. Mais il y a des fois où même l'arroseur bon, des lunes, il y en avait! Si réellement il y avait une grosse bosse, l'arroseur ne pouvait pas porter de l'eau avec un arrosoir! Alors il y avait des lunes...

L'arroseur a un plan d'arrosage dans sa tête, quand il est habitué. Prenons une exploitation assez grande. Il a à tenir compte de ceux qui rentrent le foin : il faut qu'il réfléchisse pour arroser à tel endroit pendant qu'ils sont de l'autre côté. Quand on a fauché le foin, que le foin est sur le pré, il ne faut pas qu'il envoie la flotte... Le problème de l'arroseur, c'est surtout de pouvoir dormir souvent et peu. Il ne peut pas se permettre d'arroser la journée et puis la nuit aller dormir. Il peut dormir, mais quelques heures. Parce qu'on arrose en permanence dans une exploitation assez grande, l'arroseur est sur la brèche en permanence. Quand il a fini un pré d'un côté, de l'autre côté ça a de nouveau soif, parce que les propriétés sont grandes et qu'il y a beaucoup de prés. Il peut se permettre de dormir plusieurs heures s'il a des endroits où placer l'eau et où il est sûr qu'elle ne versera pas du pré. Ça n'est pas pareil pour quelqu'un qui n'a qu'une demi-hectare de prés...

Dans son plan, il y a des endroits où l'eau ne peut rester qu'une demi-heure, alors qu'à côté il faudra plusieurs heures pour faire la même distance. Il y a des endroits où elle s'étalera plus que d'autres, où elle mènera beaucoup plus large. Il faut qu'il calcule là-dessus. Ah oui! il faut connaître. Un arroseur qui arrive dans des prés qu'il n'a jamais arrosés, la première année il va se fatiguer trois fois plus que ce qu'il faut. Et au bout de quelques années, c'est une routine. En principe, on met l'eau au point le plus haut puis on va attendre au point le plus bas pour voir quand c'est qu'elle arrive, pour savoir si elle est au bout. Et il vient un moment où un arroseur, à sa montre, sait où elle sera à quelques mètres près. Mais la première année, il ne le saura pas.

Un tas de choses peuvent jouer. Le temps qu'il fait d'abord : s'il a fait une petite pluie, l'eau ira beaucoup plus vite. À tel endroit où on sait qu'en mettant telle quantité d'eau elle met une heure pour faire son parcours, eh bien s'il a fait beaucoup sec, elle mettra un peu plus longtemps, et s'il a fait une petite pluie, elle ira un peu plus vite. Et puis il y a la saison. Au mois de juillet, les prés sont secs, l'eau avance moins vite qu'au mois de septembre, où les nuits sont plus longues. Il y a la hauteur des prés. Si les prés sont hauts, ça fait de l'ombre et le sol sèche moins que quand on vient de couper. Quand on vient de couper, le soleil tape beaucoup plus fort sur la terre. Il faut qu'il tienne compte de tout ça.

Pour que l'eau ne verse pas chez le voisin – mais ça, c'était une plaisanterie –, on disait à l'arroseur qu'il n'avait qu'à se coucher au point le plus bas du pré et comme ça, quand l'eau arrivait, ça le réveillait. Il n'avait plus qu'à aller la lever, il savait qu'elle était au bout.

L'histoire de planter un bâton pour savoir où en était l'eau, c'était le truc pour éviter du travail. Si la prairie est grande, du point le plus haut au point le plus bas, des fois ça peut aller chercher jusqu'à cent mètres. Alors on plantait un bâton dans la terre, pas trop profond, et dans le terrain sec, le bâton tenait debout. Quand l'eau arrivait, la terre se ramollissait, et à condition qu'il ne soit pas planté trop profondément, le bâton se cassait la gueule. Alors, quand on voyait le bâton qui tombait, on disait : « L'eau est arrivée là-bas. » Mais il fallait que le terrain soit bien ras, qu'il n'y ait pas d'herbes qui le tiennent, parce que s'il tenait dans les herbes, il ne tombait jamais! Mais ça se faisait très peu en réalité, je l'ai vu mais c'était surtout une rigolade, on plantait le bâton et puis ça marchait ou ça ne marchait pas, il valait quand même mieux aller vérifier! Parce que s'il n'était pas planté assez profond, il risquait de se casser la gueule avant que l'eau arrive. Il fait du mistral, ici, peut-être qu'un coup de mistral aurait pu le tomber. C'était surtout de la blague, parce qu'un arroseur consciencieux allait voir.

L'arroseur, dans un mas important, c'était un personnage. Il était embauché pour toute l'année. L'été, il arrosait les prés, et l'hiver, il entretenait les rigoles. Maintenant, ça n'est plus vrai, les grandes exploitations ont un arroseur l'été, il le faut toujours, mais l'été seulement. L'hiver, l'entretien des rigoles se fait mécaniquement. Il y a des éparreuses, des débroussailleuses pour faucarder les fossés, c'est-à-dire pour couper l'herbe, les roseaux, les joncs, tout ce qui peut pousser dans les roubines[1] et dans les fossés. Autrefois, on le faisait avec une petite faux, une faux très courte, avec un manche en bois pas plus long qu'un manche de pioche, juste pour couper l'herbe sur les bords et au fond du fossé. Une grande faux, on appelait ça une *daio*, et la petite, c'était un *daioun*.

Avant le barrage de Serre-Ponçon, si l'eau déposait du limon qui chaussait les prés, elle déposait aussi énormément dans les rigoles. Dans l'hiver, il fallait enlever une couche assez épaisse de limon dans les fossés. C'était le travail aussi de l'arroseur, à la pelle, une petite pelle à main. Aujourd'hui, on le ferait à la pelle mécanique. Il y a des pelles mécaniques arrangées pour curer les rigoles et qui le font très bien. Mais on n'a plus beaucoup à le faire, parce que ça ne se colmate plus. L'eau est souvent propre. Donc, maintenant, le métier d'arroseur c'est l'été, un point c'est tout.

C'était d'ailleurs un des rares employés, en gros, qui n'était pas commandé. Un bon arroseur n'avait pas besoin qu'on lui donne des ordres. C'est sûr que le reste des *ràfi*, dans un mas, le matin quand ils partaient, il fallait que le baile leur dise : « Toi, tu vas aller faucher, toi, tu feras ceci, tu feras cela... » Alors que l'arroseur, lui, c'est l'eau qui le gouvernait, le temps, et l'hiver il savait ce qu'il avait à faire. Il devait faire tel fossé... C'était un personnage solitaire, il ne vivait pas avec les autres, il vivait surtout la nuit, parce que c'est la nuit qu'on arrose le mieux. Selon où on était placé, il

1. Terme de français régional très commun dans le pays d'Arles, du provençal *roubino*, « fossé d'irrigation ou de drainage ».

y avait toujours quelqu'un qui arrivait à piquer un peu d'eau pour arroser son petit bout de jardin. Des fois, ça faussait un peu le débit! Alors que la nuit, c'est là qu'il y avait le plus d'eau dans le canal. Le jour tout le monde en prenait, la nuit il y en avait beaucoup plus!...

L'arroseur devait travailler presque autant la nuit que le jour. Seulement la nuit, s'il était dégourdi, il avait des endroits où il savait pouvoir laisser l'eau tranquille et pouvoir dormir pendant quelques heures. Ah, dans la tête, il avait son plan! Et il le fallait, même! Il gardait les grands prés pour la nuit, et le jour il restait aux endroits où il savait qu'il fallait changer l'eau toutes les demi-heures. Il emportait le journal – maintenant on emporte le transistor – ou il s'assoupissait à l'ombre, mais il fallait faire attention de ne pas s'endormir, ou alors s'endormir dans le pré.

Le débit arrive comme il arrive. On le règle au départ du canal, c'est le garde-canal qui le fait. Les grandes exploitations avaient beaucoup d'eau, mais elles avaient quand même des jours. Les grandes exploitations, du canal de Craponne surtout, qui est très vieux et qui n'avait pas la même réglementation que celui de la vallée des Baux, avaient surtout des jours où il ne fallait pas prendre de l'eau. Telle exploitation pouvait arroser six jours par semaine, mais pas le septième. Et l'autre, c'était le cinquième jour qu'elle n'arrosait pas, pour que dans le canal il y ait à peu près toujours le même débit. Parce que si tous les arrosants, à partir d'où le canal démarre et jusqu'à Arles, tout le long de la Crau, se mettaient le même jour à ne pas prendre de l'eau, il y en avait trop, pour pas assez d'autres jours. Le canal de Craponne débouche dans le Rhône, on peut y laisser l'eau en permanence. Mais quand même, s'il partait à ras bord au départ et que personne n'en prenne tout le long, il y en aurait trop à l'arrivée, parce qu'il diminue un peu de capacité. C'est étudié pour. Il est moins large et moins profond à l'arrivée qu'au départ.

Le canal de la vallée des Baux, c'est pire, il finit pratiquement à l'état de rigole, dans les marais de Fontvieille. C'est pour ça que le travail du garde-canal est beaucoup plus sévère. Parce que, par exemple, s'il y a un orage et que tout le monde s'arrête d'arroser, il faut vite que le garde-canal le signale et qu'on arrête d'envoyer de l'eau. Sinon, à la fin du canal, elle arrive toute dans les marais...

Pour l'avenir de la Crau, ça devient grave, maintenant! Moi, je connais des gens qui l'année dernière, déjà, vu que le foin ne se vend pas tellement bien, ont laissé passer une coupe sans arroser. J'en connais qui n'ont pas arrosé leurs prés de tout le mois de juillet, qui ont recommencé après pour éviter que le pré meure. Si on y va comme ça et qu'on abandonne les prés, la nappe phréatique de la Crau, qui est réputée pour être inépuisable, n'aura plus d'eau. L'eau vient toute des prés. Ce qu'il y a de plus important, maintenant, dans la Crau, à part les prairies, ce sont les serres et les plantations de pêchers. On a beaucoup planté de pêchers. Les pêchers sont arrosés beaucoup au goutte à goutte, ça fait moins d'eau que dans les prés. Ils n'inondent pas, eux! Par contre, ils ont beaucoup de produits, insecticides, pesticides, engrais chimiques, alors que dans les prés on n'en met pas. Dans les prés, c'est de l'eau claire qui va dans la nappe.

C'est grave parce qu'il y a quelques années, les producteurs vendaient leur foin à un franc le kilo et même davantage, je crois que c'est arrivé à un franc vingt le kilo, et actuellement il en est à soixante centimes cette année! Et du foin à beaucoup moins cher, on en trouve, alors ils sont inquiets! Il y en a qui parlent d'abandonner! Si on abandonne les prés, c'est une catastrophe, et pas que pour les producteurs de foin : pour tous ceux qui puisent de l'eau dans la nappe, même nous, ici, dans le village. L'eau ne nous vient pas des Alpilles, il en arrive, mais pas beaucoup! L'eau vient de la Crau, et la Crau, ça va mal, parce que le foin ça va mal. Si on ne vend plus le foin, on va abandonner les prés, si on abandonne les prés, on ne les arrosera plus, et si on n'arrose plus les prés, il n'y aura plus d'eau.

Petits bergers et grands troupeaux

Juste avant la guerre, il y avait bien une demi-douzaine de petits troupeaux dans le village, de cent à cent cinquante moutons. Et ils vivaient, ces bergers! Tous ceux que j'ai connus – le dernier est mort il n'y a pas longtemps – ont tous élevé une famille avec une centaine de moutons. Ils étaient propriétaires de leur troupeau, ils le gardaient eux-mêmes tout l'hiver, jusqu'à la transhumance. Ils partaient d'Aureille l'hiver, tous les jours, pour manger dans les prés. Ils descendaient aux Fiolles ou aux Trébons[1], ça représentait quand même entre deux et cinq kilomètres, et autant pour le retour. Ceux qui allaient le plus loin faisaient ainsi cinq kilomètres pour aller et cinq kilomètres le soir pour revenir. Ils allaient dans la colline au printemps, après la date limite à laquelle on pouvait aller dans les prés, c'est-à-dire le 14 février. En Crau, c'étaient surtout les grands troupeaux qui y allaient. Les petits propriétaires bergers d'Aureille, eux, allaient plutôt dans la colline.

Dans le village les bergeries étaient à côté de la maison. En face les écoles il y en avait une, en face la petite école, la maternelle. Il y en avait une au quartier du Bâtiment, une au mas des Conses, là-haut. En plein milieu du village, il y en avait une à côté de la boulangerie, qui ne donnait pas sur la grand-rue, mais un peu vers l'arrière. À ce moment-là, on

1. Quartiers ruraux au sud de la commune, dans la Crau irriguée.

ne cherchait pas tellement à comprendre. Les odeurs de bergerie, on ne l'appelait pas « nuisance » comme maintenant. Je me souviens, quand on allait à l'école, en attendant l'heure d'entrer en classe et s'il faisait trop froid, on était dans la bergerie. Il faisait chaud, au moins, là-dedans. Quand on rentrait dans l'école, on avait bien un peu de crottin de brebis aux pieds, mais, ma foi, ça passait bien.

Je me souviens de six petits bergers. Il y avait très peu de tout petits troupeaux, de vingt ou trente brebis par exemple. Il pouvait y avoir quelques gens qui avaient quelques brebis chez eux, mais pas beaucoup. Il fallait quand même en avoir suffisamment pour pouvoir les amener dans la colline, autrement ça n'était pas rentable d'en avoir que quelques-uns. Mais avec une centaine, ils arrivaient à vivre. Ça paraît impensable maintenant ! Mais à ce moment-là, tous ceux que j'ai connus se débrouillaient bien. C'est sûr que le métier n'était pas tellement démocratisé comme maintenant. Tout propriétaires qu'ils étaient, ils travaillaient dimanches et jours fériés. Parce que c'est facile, avec un troupeau, de pouvoir prendre des jours de repos : il n'y a qu'à les parquer et leur donner du fourrage. Mais ça faisait cher, à cette époque-là, on n'y pensait pas, à ça, c'était trop cher, alors on allait les garder coûte que coûte. Il fallait qu'il tombe de la neige ou qu'il fasse réellement mauvais temps, des grosses pluies pendant plusieurs jours, pour qu'on se décide à les garder à l'abri, et obligatoirement on leur donnait du foin.

Dans la Crau, tous les propriétaires, disons plutôt les éleveurs de moutons qu'il y avait, étaient dans des mas assez grands. Eux employaient des bergers au sens propre, bergers mais employés. L'éleveur, lui, était quand même un personnage, il ne gardait pas ses moutons lui-même. Dans les fermes importantes, dans les mas importants de Crau, il y avait un *baile*, ce que dans les autres métiers on appelle contremaître, qui gardait son troupeau de moutons aussi comme les autres, mais il avait la responsabilité des autres bergers s'il y en avait plusieurs. Il y a des exploitations où il y en avait plusieurs.

Parce que les bergers, de cette époque-là à aujourd'hui, ça a beaucoup changé. Maintenant, le berger n'a plus tellement besoin de surveiller ses moutons : c'est assez parqué, il y a des clôtures électriques, il y a tout un tas de trucs qui permettent d'en garder beaucoup plus à la fois. Avec des clôtures, un berger en Crau peut surveiller deux ou trois mille bêtes. Il fait le tour de la clôture avec sa voiture, c'est moins compliqué ! On a remis des moutons dans les collines ces dernières années aussi, mais personne ne les garde, il y a juste quelqu'un qui les surveille un peu, c'est clôturé, tandis qu'autrefois le berger se débrouillait, il se les gardait lui ! Alors un grand troupeau dans la colline, il n'aurait pas pu le garder. Les petits bergers du village qui gardaient dans la colline avaient entre cent et cent cinquante moutons et, c'est vrai, c'est à peu près ce qu'un berger pouvait garder dans la colline, parce qu'après, il ne maîtrisait plus la situation, il ne savait plus tellement où elles[1] étaient.

Les grands troupeaux de Crau avaient plusieurs milliers de têtes. Un éleveur de Crau pouvait avoir plusieurs milliers de moutons, c'était courant, mais partagés en plusieurs petits troupeaux, ça n'était pas tout groupé, on ne gardait pas tout le troupeau ensemble. Il y avait d'un côté les brebis jeunes, de l'autre celles qui avaient l'agneau, et les béliers étaient à part aussi, il y avait un berger qui les gardait spécialement. Parce que les naissances étaient beaucoup plus étalées qu'à l'heure actuelle. Le problème a changé parce que l'insémination artificielle permet maintenant de faire naître les agneaux dans l'espace de quelques semaines. Alors on essayait de séparer les troupeaux pour regrouper les naissances.

Alors que les petits propriétaires-bergers du village, eux, son troupeau était tout mélangé, il y avait tout dedans, même les béliers étaient mélangés avec les brebis. Pour leur éviter de saillir en dehors de la période voulue, on leur mettait un tablier, le *foudau*. Il y avait moins de touristes que

1. À propos des troupeaux d'ovins, on emploie fréquemment un féminin qui signifie « les brebis ».

maintenant. Et quand ils voyaient un mouton – pour eux c'étaient tous des « moutons », à part que les béliers ça se reconnaît puisque certains ont des cornes, pas tous, ça n'est pas obligatoire non plus –, mais quand ils voyaient le tablier ils demandaient pourquoi, et on leur disait que c'était le cuisinier. « On met le tablier parce que c'est le cuisinier ! » Mais cela ne se faisait que dans les petits troupeaux.

Le berger qui avait son petit troupeau n'avait que quelques béliers, au printemps il enlevait le tablier au moment voulu, pas trop tôt parce qu'il y avait quand même des dates à respecter pour la transhumance après. Il fallait faire saillir les brebis juste avant de partir en montagne pour éviter qu'elles fassent leur agneau avant de revenir de l'alpage. Bien entendu, il y avait des exceptions, parce que le tablier n'était pas toujours bien efficace ! Il arrivait que ça pouvait passer par-dessous ou que le tablier se soulevait... Ça n'était quand même pas une ceinture de chasteté bien précise, ce qui fait que dans un troupeau il pouvait y avoir des agneaux qui avaient deux mois, puis d'autres qui venaient à peine de naître, et puis il en naissait très peu, mais à toutes les époques. Il en naissait même en montagne. Alors que les grands troupeaux, eux, étaient bien organisés, même il y a très longtemps.

Ce qui était vrai dans la Crau ne l'était plus dans les collines. Dans la Crau, on surveille plus facilement un troupeau que dans la colline, alors on se permettait d'en garder un peu plus. Maintenant, c'était variable. Un éleveur qui avait trois mille moutons ne pouvait pas faire des lots exacts de cinq cents. Ça n'était pas vrai. Il mettait les béliers d'un côté, les agneaux de l'autre – les agneaux qu'on avait sevrés –, puis après un lot de brebis qui allaient mettre bas, enfin il se débrouillait de séparer comme ça... Dans les grands mas de Crau, les prairies étaient beaucoup plus grandes que les prés dans lesquels allaient faire manger les petits propriétaires. Parce que les petits bergers d'Aureille faisaient manger des prés qu'ils louaient aux agriculteurs du village. Mais ça n'était pas des grandes parcelles, ce qui fait que c'était beaucoup plus de travail. En gros, c'est des chiffres peut-être un peu en l'air, mais un berger du village avait plus de peine pour garder ses cent cinquante moutons, des fois, qu'un berger qui gardait dans la Crau ou dans les grandes prairies de Crau et qui en gardait cinq cents. Lui était plus à l'aise, c'est vaste la Crau, c'est grand, on voit de loin. Il y a bien les chiens, mais les chiens, c'est pareil, ils ont beaucoup plus de travail quand les parcelles sont toutes petites que dans les grands espaces.

Les bergeries du village, c'étaient des petites bergeries. Des fois, elles étaient réparties en plusieurs compartiments, en plusieurs maisons. C'est qu'on ne construisait pas forcément une bergerie, on récupérait les espaces disponibles. Il y a bien des gens qui habitaient au premier étage et le rez-de-chaussée, c'était la bergerie. Ça avait un avantage : ça tenait chaud l'hiver. L'été, ça aurait pu être un peu gênant, mais comme les brebis étaient à la montagne... Alors que dans la Crau il y avait de grandes bergeries. Il y en a de très grandes ! Ces bergeries étaient très basses, sous les bouts de la toiture un homme pouvait à peine se tenir debout, on ne cherchait pas trop à ce que ce soit bien haut à l'intérieur. Au plus on les faisait hautes, au plus il fallait faire des murailles hautes et au plus on donnait de prise au mistral.

Ces bergeries étaient en général orientées vers le sud, les ouvertures principales étaient côté sud. Il y avait des ouvertures côté nord, mais très petites, comme des meurtrières, tout juste pour pouvoir donner de l'air s'il y en avait besoin, et qu'on pouvait facilement boucher avec un sac de paille quand il faisait réellement froid. En plein hiver, pas besoin d'aérer, les toitures n'étaient pas étanches. On ne connaissait pas encore la laine de verre, à ce moment-là, on n'allait pas trop chercher !

Les premières étaient construites en *tàpi*. La *tàpi*, je ne sais pas comment on peut le traduire, c'est de la terre malaxée avec de l'eau. On faisait une bonne pâte, comme si on avait fait du béton, et on bâtissait avec ça et des pierres de Crau. Et ça tenait, puisqu'il y a encore de ces murs qui tiennent debout. Par la suite on a fait des bergeries toujours de la même façon mais le mortier, c'était du sable avec du ciment, et toujours avec des galets de Crau. Dans le temps, en Camargue, les bergeries avaient un toit en *sagno*[1], mais dans la Crau je ne crois pas qu'il y en ait beaucoup eu. En Camargue, il en reste une recouverte de roseaux, mais on ne l'entretient que pour la montrer aux touristes. Dans la Crau, elles étaient couvertes avec des tuiles. Le mistral, quand même, souffle beaucoup plus dans la Crau qu'en Camargue, quoiqu'il y ait du vent aussi. Si elles sont très grandes, il y a des piliers vers le milieu pour soutenir. Elles sont beaucoup en longueur. Il en reste une à la Carougnade[2], qui a plus de cinquante mètres de long sur une douzaine de large. Ça représente pas mal de moutons : dans les bergeries, les bergers comptaient trois brebis au mètre carré. On dirait que ça n'est pas vrai, parce que si on prend un mètre carré et qu'on essaie d'y caser trois brebis, c'est difficile, on n'y arrive pas. Mais sur le nombre, ils comptaient ça : c'est-à-dire que sur une bergerie de cent mètres carrés, ils comptaient trois cents moutons. Ça doit être plus facile de les caser quand l'espace est plus grand!

Les bergeries qu'on construisait en *tàpi*, ça ne veut pas dire qu'elles soient tellement vieilles, parce qu'elles ont été construites comme ça. Il y avait une question de prix je crois. Par exemple, la plupart des maisons du village, les vieilles maisons, ont été construites avec de la chaux. Et pourtant, il devait y avoir du ciment pour faire du bon mortier déjà. Parce qu'il y a un château qui domine le village, qui, lui, a plusieurs siècles d'âge, et ma foi j'y ai grimpé pas mal sur ses murs quand j'étais petit – j'en ai usé des fonds de culotte là-dessus! –, mais impossible d'arracher une pierre de là. C'est du solide! Donc, pour en revenir à nos bergeries, si on les a construites avec ce matériau, c'était pour une question de prix, et non parce que le ciment n'existait pas. C'est sûr que ça revenait moins cher, de mélanger un peu de

1. Plante palustre, *Typha latifolia*.
2. Exploitation sur la commune de Saint-Martin-de-Crau.

terre de Crau avec de l'eau et d'empiler les cailloux... C'était tout sur place, et en même temps ça épierrait la Crau.

Je crois qu'il y a eu une évolution dans la construction des bergeries, du sens nord-sud vers le sens est-ouest. Ça a des avantages parce qu'il y a beaucoup plus de place au soleil sur le côté sud. Parce que les brebis ne passaient que la nuit dans la bergerie. Les grands élevages dans la Crau comme les petits propriétaires dans le village ne laissaient pas les brebis dans la bergerie jusqu'à ce qu'elles sortent vers les prés. Elles y passaient la nuit, mais au lever du jour on les mettait dehors, dans une cour devant, pour qu'elles soient plus au large, et quand c'était le moment on les emmenait dans les prés. C'est ça, quand je dis qu'il y a plus de place au soleil, et c'est plus à l'abri du vent. Si les bergeries sont orientées nord-sud, l'espace abrité du mistral, qui souffle du nord, n'est que de la largeur de la bergerie ; alors que si elles sont d'est en ouest il y a toute la longueur pour faire un enclos. Dans le village, ces orientations n'existaient pas. Les bergeries étaient enclavées entre les maisons, il n'y avait pas de règle. C'était au nord, c'était au sud, c'était selon comment on avait bâti, et quand on avait bâti on ne l'avait pas forcément fait pour une bergerie. Alors que dans la Crau, si on faisait une bergerie c'était pour faire une bergerie...

Les troupeaux de Crau, en gros, l'hiver mangeaient dans les prés. Au printemps ils sortaient des prés et allaient dans la Crau sauvage plus au sud, dans les cailloux, et quelques-uns allaient dans la colline. Ceux du village faisaient le chemin à l'envers. Comme le village est à la limite de la Crau et des Alpilles, quand ils avaient fini d'aller dans les prés, ils vadrouillaient un peu dans les terrains incultes qu'il y avait autour du village, et puis dans la colline au nord.

Les troupeaux rentraient de transhumance début octobre et immédiatement allaient dans les prés – c'était autorisé à partir du 29 septembre –, et là on commençait à avoir des agneaux. Il y en avait déjà peut-être quelques-uns, mais c'était accidentel, on s'arrangeait pour qu'ils naissent à partir du moment où ils étaient de retour de la transhumance.

La période de l'agnelage était celle où il y avait le plus de travail pour les bergers. En principe ça se passe bien, parce que les brebis n'ont pas besoin d'assistance pour agneler, mais il y a toujours des cas particuliers, il fallait le surveiller. Une brebis qui fait un agneau mort, par exemple, aujourd'hui on cherche moins à comprendre, mais à cette époque-là, on se dépêchait de lui en donner un autre...

Il y a aussi des *bessouniero* ou « bessonnières », des brebis qui font des jumeaux. Elles ont toujours assez de lait pour les nourrir, mais s'il y en avait une qui par ailleurs avait fait un agneau mort, on lui en donnait un de celles qui en avaient deux. Seulement ça faisait beaucoup de travail, pour le berger, parce que pour le lui faire accepter c'était assez difficile. Moi, je l'ai vu faire quand j'étais petit : le berger, s'il devait donner un agneau à une brebis qui n'était pas sa mère, commençait par écorcher celui qui était mort, à condition de le faire assez vite, et mettait sa peau sur celui qu'il voulait donner en remplacement. À ce moment-là, la brebis le sentait, elle arrivait à l'accepter. Elle le faisait téter, et quand elle l'avait fait téter quelques jours il n'y avait plus de problème. On l'habillait, on peut dire, c'est une chose qu'on ne fait plus maintenant, c'est dépassé. Mais à ce moment-là, la brebis avait du lait, alors pour ne pas que ça se gaspille on lui donnait un agneau...

Les agnelets suivaient leur mère jusqu'à quelques mois, et les derniers temps, juste avant de les vendre, on les laissait, on ne les sortait plus, pour qu'ils engraissent un peu. Parce que de courir tout le jour dans les prés, ça ne les engraissait pas beaucoup. Ça faisait peut-être de la bonne viande, mais... À trois ou quatre mois, ils étaient prêts pour la vente. La vente des agneaux et de la laine était le principal apport du troupeau. Les agneaux naissaient en octobre, et en principe pour Pâques il n'en restait plus, on avait tout vendu.

Les bergers étaient occupés par les agneaux jusqu'en février, en gros. Parce que pour les engraisser, il fallait les séparer pour leur donner un plus de nourriture, et même, avant de les laisser enfermés, on commençait à leur donner des suppléments de nourriture le soir. La journée, ils suivaient le reste du troupeau, mais le soir, quand ils rentraient, on leur donnait du maïs surtout, ça engraissait bien, ils avaient leur ration, c'était en supplément. Il fallait les séparer dans la bergerie d'abord de leurs mères – puisqu'ils étaient avec –, puis des béliers. On ne les vendait pas tous : il fallait garder quand même quelques femelles pour renouveler chaque année. Chaque année, ils en gardaient un peu.

Il n'y avait aucune règle pour les clos[1] qu'il pouvait y avoir dans la bergerie. Il pouvait n'y en avoir que deux ou trois comme beaucoup. Il arrivait de faire un petit clos avec des « tavelles », des claies en bois, pour une brebis ou deux quelquefois : pour une qui boitait, par exemple, qui ne pouvait pas suivre le troupeau, les autres risquant de la bousculer. Les béliers n'étaient pas séparés, puisqu'ils avaient le tablier. Les agneaux l'étaient, mais juste le temps de leur donner un peu à manger. Après, quand on les séparait carrément pour les engraisser, ça faisait deux clos. Au moment où les brebis agnelaient, il y avait des clos, pas mal. Il y avait des brebis qui ne gardaient pas bien ses agneaux, alors il fallait les enfermer, les laisser pendant quelques jours avec eux pour qu'elles les gardent, ça représentait tout un tas de clos, et beaucoup de travail...

À l'heure actuelle, c'est beaucoup plus facile parce que les brebis agnellent presque toutes en même temps, ce qui fait que le travail ne dure pas longtemps, puis on est moins tatillon. Un agneau mort, on le jette, et la brebis on la met dans le troupeau qui va au rebut. Enfin ça n'est pas du rebut, mais toutes les années, dans les élevages, on vend les agneaux mais aussi des brebis trop vieilles. Autrefois, on les gardait plus longtemps, mais quand on les avait gardées une dizaine d'années, ça faisait beaucoup. Maintenant, on n'arrive même pas là. Je crois qu'à six ou sept ans on considère qu'elles sont moins productives et on les élimine, sinon

1. Terme de français régional très commun dans le pays d'Arles dans l'élevage des ovins et bovins : enclos, généralement de planches, pour séparer ou enfermer les animaux.

elles viendraient beaucoup plus vieilles quand même... Les béliers, eux on les gardait pas mal. Maintenant, il n'y en a plus que quelques-uns, mais autrefois ils suivaient le troupeau, séparés pour les grands élevages, et chez les petits éleveurs ils suivaient avec leur tablier toute l'année. Il n'y avait qu'à l'époque du mois de mai où on leur enlevait. Aujourd'hui, en montagne, ils sont séparés aussi, tandis qu'il y a un demi-siècle, tout l'été, ils ne cherchaient pas à comprendre, les béliers restaient avec les brebis, ce qui fait qu'il pouvait y avoir des agneaux retardataires.

De nos jours, il faut que les agneaux naissent tous en même temps, puis on les vend aussi presque tous en même temps. Avant, les bergers en vendaient presque toute l'année. D'ailleurs, s'il y avait des brebis qui agnelaient tard dans l'hiver, ça ne les embêtait pas parce qu'il leur fallait des agneaux tout le temps. On n'achetait[1] pas toujours les herbages avec de l'argent. Il y a beaucoup de gens qui n'avaient qu'un petit carré de pré, alors ils le cédaient à un berger à condition qu'il lui donne la moitié de l'agneau ou un agneau, ça dépendait un peu. Il y avait beaucoup de transactions comme ça, qui ne se font plus. D'abord parce que les petits élevages ont disparu, et puis ça serait du temps perdu d'avoir un troupeau important, c'est-à-dire cinq cents ou mille bêtes, et puis d'avoir quelques brebis qui ont leur agneau au milieu. Ça n'existe plus ça, il ne faut plus, c'est du temps perdu.

Après février, après la sortie des prés, il y avait la colline ou la Crau, la Crau pour les grands troupeaux, et pour les tout petits les endroits les plus escarpés de la colline. Ça n'est pas que les grands ne pouvaient pas y aller, mais c'était trop difficile à garder. Là, on mettait beaucoup de sonnailles, beaucoup plus que quand ils étaient dans les prés, pour pouvoir les entendre si les brebis se dispersaient trop. Maintenant, on en met beaucoup moins, les brebis sont parquées. On avait les grosses sonnailles, les « redons[2] », pour

1. Pour « louait ».
2. Du provençal *redoun*, même sens.

la transhumance, qu'on ne met plus puisque la transhumance se fait par camion, et des grosses sonnailles c'est gênant dans les véhicules. Alors qu'à ce moment-là, elles avaient des sonnailles énormes, on entendait ça de loin, c'était joli !

Au printemps, dans la colline, il y avait pas mal de problèmes, parce que la laine était un apport important. Aujourd'hui, ça ne l'est plus : elle sert à peine à payer les tondeurs, et il ne reste pas grand-chose... Pour tondre, d'abord, il fallait attendre assez pour qu'elles aient la laine bien bonne, mais il fallait tondre assez tôt pour que la laine ait le temps de repousser un peu avant de partir en montagne. On ne pouvait pas les envoyer en montagne tondues de frais, il faisait trop froid, là-haut. Encore que c'était moins grave que maintenant, parce qu'elles s'y habituaient progressivement : elles mettaient plusieurs jours pour aller de la Crau dans les Alpes. Alors les bergers faisaient attention, parce que dans la colline, dans les branches, dans les buissons, elles laissaient de la laine, de la laine qui restait accrochée. Et il fallait y faire attention, c'était du poil perdu ! On le regardait. Maintenant on s'en fout...

On les tondait en avril, et c'était plus long que maintenant. On tondait avec un ciseau, une petite cisaille. Il y avait des équipes qui faisaient ce travail, il en venait de l'extérieur, ça n'était pas obligatoirement des gens de la Crau. Ce n'est pas le berger qui se le faisait, parce que c'était un trop gros travail. Et les équipes, ça se passait comme ça se passe toujours : les tondeurs arrivent, on enferme les moutons, il y a un berger qui est désigné pour les amener un après l'autre. On préparait un endroit propre devant la bergerie, dedans s'il pleuvait, on faisait un coin propre et quelqu'un les attachait. De nos jours, on va tellement vite qu'on ne les attache même plus. Les tondeurs tondaient jusqu'au bout de la queue, toute la laine. En gros, un bon tondeur, quand il avait fini de tondre sa brebis, la toison était d'un seul morceau, on aurait dit une couverture. Sûrement, si on avait tiré dessus, ça se serait effiloché, mais la laine tient entre elle, surtout la laine du mérinos, qui est la race la plus répandue en Crau. On voyait même les pattes sur la toison. Quand le tondeur lâchait sa brebis, il n'avait qu'à enrouler, il y avait une façon d'en faire une pelote, et en trois coups de main c'était enroulé et on empilait les toisons.

On commençait par tondre le bout des pattes, les pattes de devant jusqu'à la poitrine, les pattes arrière jusqu'aux mamelles et le ventre. Je n'ai pas bien idée du temps qu'il fallait, mais je crois qu'il fallait un bon quart d'heure par brebis, même davantage. Alors que maintenant, aux champions, il ne leur faut guère plus d'une minute avec la tondeuse électrique! Ça va vite. Les tondeurs couchaient au mas, mais ça allait vite aussi parce que c'était un travail qu'il fallait faire rapidement. Il y avait des équipes importantes au moment où on le faisait à la main. On ne pouvait pas commencer trop tôt pour des questions de température peut-être, et trop tard ça ne se faisait pas parce que la transhumance commençait beaucoup plus tôt. Aujourd'hui, par camion il faut quelques heures pour arriver en montagne. À ce moment-là, le troupeau qui marchait bien arrivait à faire trente kilomètres par jour, par vingt-quatre heures, mais ça faisait une belle étape. Il s'arrêtait le moins possible. Il fallait s'arrêter pour laisser reposer les bêtes.

Les tondeurs travaillaient à la tête de bétail. Ils ne travaillaient pas à la journée ni au poids, c'était tant la tête. Une fois les toisons en tas, on les pesait pour les vendre. C'était important! D'ailleurs, normalement, pour des questions d'hygiène, de propreté, on coupe la queue aux brebis, on ne leur laisse qu'un petit trognon, alors qu'à l'origine elles ont la queue longue. Et il y a des bergers qui ne coupaient pas la queue. Ça avait un inconvénient parce que si elles mangeaient trop, de l'herbe trop mouillée, et que leurs crottes n'étaient pas bien sèches, pas dures, elles étaient toujours un peu sales. Et puis quand elles agnelaient. Mais certains ne la coupaient pas parce que ça faisait un peu plus de laine, chose qui paraît impensable aujourd'hui parce que le peu de laine qu'il peut y avoir sur la queue on s'en fout! On se fout presque du reste, ça n'est plus un apport. Mais alors la laine se vendait beaucoup plus. Certains disent qu'elle payait la montagne, ou que la laine de la queue payait le tondage, je ne sais pas si c'était vrai quand même, mais maintenant ça ne paie grand-chose.

Après la tonte, en avril, on se préparait pour partir en montagne. Le 3 mai il y avait une foire qui était fréquentée à Arles. Il y avait deux foires importantes pour les bergers : le 3 mai à Arles, et à la Saint-Michel, vers la fin septembre, à Salon. À Salon, ils s'embauchaient pour la garde d'hiver, et à Arles au mois de mai c'était pour l'été, pour la montagne. Parce que la montagne, ce n'est pas tout le monde qui y allait. Pour le même nombre de brebis, il y fallait beaucoup moins de bergers, parce que c'est grand. Alors beaucoup se groupaient. Les petits éleveurs du village restaient là, la plupart n'allaient pas en montagne. Ils laissaient leur troupeau à quelqu'un qui en avait beaucoup plus, qui avait loué un pâturage dans les Alpes, ils avaient un prix à payer, puis ils ne s'en occupaient plus. Ils s'en occupaient pour le départ puis allaient le récupérer quand il redescendait. Tous ces petits bergers faisaient des regroupements et mélangeaient leurs troupeaux. C'est pour ça qu'on les marquait. Car il y avait quelque chose d'important une fois qu'ils étaient tondus, c'était de les marquer.

Presque de suite, entre le moment où on l'avait tondu et le moment où il partait en montagne, il fallait marquer le troupeau. La marque[1] était assez grande, en fer, et on la trempait dans une peinture rouge. Peut-être il y avait des marques noires, mais moi j'ai surtout vu des rouges. Sur ces marques, la plupart du temps il y avait les initiales de l'éleveur. C'était un peu agrémenté : ses initiales pouvaient être dans un cœur ou dans un écusson carré... Certains avaient seulement leurs initiales, c'est tout, assez grandes. Ça allait chercher, je ne sais pas, une main. Il fallait que ça se voit

1. Le terme « marque » peut désigner le signe imprimé, l'outil d'impression, ou l'ensemble des bêtes appartenant au même propriétaire, et portant donc le même signe.

bien. C'était sur le dos, pas carrément, mais presque, et plutôt d'un côté que de l'autre. On les marquait sur le côté gauche, mais pas carrément sur le côté non plus, parce que quand elles étaient serrées entre elles on n'aurait pas vu la marque. On en mettait partout, de ces marques, devant les bergeries. Tous ceux qui dans le village avaient des moutons dans une petite bergerie, il y avait bien quelqu'un qui, chaque fois qu'on marquait les moutons, essayait sur le mur pour voir si la marque marchait bien avant de commencer sur les moutons.

Pour marquer, ça n'était pas bien compliqué : il n'y avait qu'à tremper la marque dans le pot de peinture et l'imprimer dessus. Seulement, après, il ne fallait pas les mettre ensemble. Il fallait avoir quand même assez de place pour que la brebis reste toute seule, qu'elle n'aille pas se frotter contre les autres, pour donner le temps à la peinture d'un peu sécher. Alors il fallait les mettre un peu au large. C'est un travail qu'on pouvait faire n'importe où, on pouvait le faire en pleine nature : avec les tavelles qu'on avait, en bois, il n'y avait qu'à faire un petit parc. La plupart le faisaient à la maison, après on les laissait promener dans la rue. C'était l'époque où il n'y avait pas trop de voitures !

Cette marque restait jusqu'au retour, après, dans l'hiver, elle finissait par disparaître. La laine croissant, elle ne se voyait plus. Mais c'était suffisant pour l'été et pour l'automne, parce qu'il fallait trier surtout à l'automne, au retour. Au printemps, pour grouper les troupeaux, ça n'était pas difficile. Il fallait qu'elles soient marquées parce qu'il fallait penser au triage plus tard. Ils avaient aussi une « escoussure », comme on fait en Camargue pour les taureaux. Ça se faisait pas mal, l'escoussure. C'était une marque spéciale à l'oreille. On coupait le bout de l'oreille ou on faisait une entaille en haut et en bas. « Écoussurer », c'est couper les oreilles ! Ça se faisait en principe quand on les marquait, sinon on pouvait le faire quand on voulait. Il y en a beaucoup qui ne le faisaient pas, ça n'était pas une obligation non plus, c'était un complément à la marque sur le dos.

Pour trier, c'était un drôle de travail! Il fallait avoir le coup d'œil et la main agile, parce qu'on faisait passer les moutons dans un couloir très étroit, l'un derrière l'autre, avec des tavelles. Il y avait un système d'ouverture et de fermeture au bout du couloir, alors telle marque passait à gauche et les autres à droite. S'il y avait cinq éleveurs qui avaient mélangé leurs moutons, par exemple, on ne pouvait pas faire cinq sorties au bout du couloir. Au pire[1], on ne pouvait en faire que trois. Alors, le plus facile était encore de n'en faire que deux, de mettre une marque d'un côté et les autres de l'autre, et puis après on recommençait l'opération.

Aujourd'hui, préparer un troupeau pour la transhumance, c'est beaucoup plus compliqué parce qu'il y a les services vétérinaires, il faut avoir des certificats de vaccination, tandis qu'à ce moment-là, on n'en parlait pas encore. C'est sûr qu'avant de mélanger un troupeau, il fallait être sûr que les brebis soient saines, même s'il y avait moins de maladies que maintenant et si on était moins tatillons, mais c'est tout. Les éleveurs se mettaient d'accord entre eux.

Au jour dit, ils prenaient son troupeau. En principe, les troupeaux ne passaient pas par le village, ils passaient au sud, sur la grande route qui se trouve à un kilomètre environ. Il y en a qui venaient de loin. Il pouvait y avoir des petits éleveurs en Camargue qui mélangeaient avec quelqu'un d'ici, alors ils arrivaient, ils se groupaient. Ça, c'était à peu près selon les villages, selon les endroits, ils mélangeaient leurs troupeaux et voilà. Le dernier regroupement se faisait là où il y a le bassin de décantation des eaux de la ville de Marseille, près de Cadenet, de l'autre côté de la Durance, dans le Vaucluse...

Chacun mettait ses sonnailles, il fallait que tout soit prêt. Les colliers de sonnaille, en bois, étaient marqués avec une marque semblable à celle qu'on mettait sur le dos, mais en beaucoup plus petit, on l'imprimait dans le bois en le brûlant au fer rouge. Ça se voyait mieux que de le faire au couteau. Les grands troupeaux de Crau avaient leurs ânes avec

1. C'est-à-dire « au mieux ».

les bâts pour porter le matériel, le ravitaillement éventuellement, puis les agneaux qui pouvaient naître en route, parce que ça arrivait toujours. Ils avaient des chèvres et des boucs qui servaient à la décoration, avec de très grandes cornes, de grandes sonnailles. On les faisait marcher en tête, ça faisait joli. Puis on entendait de loin. Les chèvres, c'était aussi pour le lait, mais la plupart des boucs, qui n'étaient plus des boucs parce qu'il y en avait beaucoup qui étaient « bistournés », qui étaient châtrés, ne servaient qu'à la décoration, ils marchaient devant.

Les ânes, il y en avait devant, il y en avait derrière, ils marchaient un peu où ils voulaient. Les *flouca* aussi. Les *flouca*, c'étaient des béliers qu'on avait châtrés, et quand on les tondait on leur laissait un pompon dessus. C'est ce pompon qu'on appelait le *flouca*[1]. Ça faisait joli, et ceux-là étaient apprivoisés. On les appelait les *menoun*, c'est-à-dire les meneurs, parce qu'ils passaient devant le plus souvent. Comme les moutons de Panurge, quand on voulait en faire aller un quelque part, il n'y avait qu'à lui tendre la main, il savait que le berger, quand il envoyait la main dans la poche, c'était pour prendre un peu de maïs, il venait manger le maïs dans la main puis il suivait. Et c'est connu : tout le monde suivait. Il y en a qui avaient plusieurs pompons. Ils en avaient au moins un pour qu'on les voie de loin, dans le troupeau. Des fois, on leur mettait un ruban ou une ficelle, pour que le pompon ne s'affaisse pas. On avait une charrette, un âne avec une charrette, pour l'intendance, mais ça n'était pas tout le monde, l'âne avec la petite charrette. Enfin la charrette ne pouvait pas aller jusqu'au bout en montagne.

D'ici, ils partaient par Eyguières, quelquefois par les Alpilles. En principe, tous les départs pour les Alpes allaient traverser la Durance au pont de Cadenet, ou au pont de Mirabeau, près d'Aix. Puis ils montaient le long de la Durance, longeaient sa vallée. Ceux du nord des Alpilles partaient par Cavaillon, mais il y en avait beaucoup moins

1. Par extension, le terme désigne l'animal lui-même.

que dans la Crau. Ceux-là suivaient le Rhône. La plupart filaient en direction des Alpes. Les troupeaux du Languedoc, ça n'est pas pareil, ils vont dans les Cévennes, et peut-être qu'en Camargue aussi il doit y en avoir qui s'en vont de là-bas. Ça, on ne connaissait pas. Les troupeaux de Camargue passaient la plupart par ici.

La durée de la transhumance dépendait de si on allait loin. Ceux qui allaient le plus loin, jusqu'en Savoie, ça allait chercher plusieurs semaines. Parce que trente kilomètres par jour c'était un maximum, ça faisait gros. Déjà, pour faire trois cents kilomètres il fallait dix jours, mais il fallait en compter plutôt quinze que dix. D'une année à l'autre, ils louaient des terres tout le long du parcours, pour alimenter les moutons. Ils mangeaient peut-être un peu sur les bords des routes, mais ça n'était pas suffisant. Ils chapardaient beaucoup, ça c'était connu, ils débordaient un peu sur les routes. Il y a des gens qui étaient sur le passage des troupeaux, qui gardaient un carré de luzerne qu'ils louaient toutes les années aux bergers qui montaient. Les bergers savaient où c'était, ça se passait d'une année à l'autre, pour que les bêtes mangent un peu. C'est long, le chemin! Le berger, quand il s'arrêtait pour passer la nuit, n'avait qu'à sortir les victuailles et casser la croûte. Mais les moutons, eux, on les laissait dans l'enclos ou même en pleine nature, ils n'étaient pas forcément parqués. C'étaient les chiens qui les gardaient.

La transhumance est une des choses que je regrette de ne pas avoir vécues. Maintenant, je ne peux plus y aller. Jusqu'à Cadenet, j'y suis allé souvent, parce qu'ils avaient toujours besoin d'un coup de main pour mener les moutons jusque-là. On avait des amis bergers, on allait jusqu'au dernier regroupement, et après, quand ils avaient fait leur troupeau, ils partaient et nous on ne s'en occupait plus. J'y suis allé par la suite en voiture. C'est sûr, en montagne à proprement parler, pour s'y rendre, il faut toujours faire la fin du chemin à pied. Il n'y a que les ânes qui peuvent monter jusqu'au bout. Les bergers vont faire les courses avec les ânes : eux connaissent leur chemin.

D'ailleurs, personne ne voulait emmener les ânes quand on allait en montagne, parce qu'on disait que celui qui menait les ânes était plus couillon qu'eux. On le disait couramment et on le dit toujours certainement, puisqu'on en utilise toujours. De nos jours, il y a les hélicoptères pour amener le sel pour les brebis, mais on utilise quand même des ânes. Et, c'est connu, les ânes, dans les sentiers de montagne, savent où il faut passer, et il ne faut pas essayer de les conduire, il ne faut pas essayer de les faire passer là où ils ne veulent pas, ils ne passeront pas. Ils suivent leur chemin et vont droit à la cabane, ils ne se trompent pas. C'est pour ça qu'on disait que celui qui menait les ânes était plus couillon que les ânes! Ça voulait dire que les ânes savaient leur chemin, ils n'avaient besoin de personne pour les conduire.

Aujourd'hui, les foires sont devenues quelque chose de banal. Autrefois, je me souviens qu'aucun éleveur ou berger de la Crau n'aurait manqué la foire du 3 mai à Arles, ni la foire de la Saint-Michel à Salon pour un empire. Il fallait y aller. Ce jour-là, les moutons sortaient un peu plus tard ou ne sortaient que tard dans l'après-midi, parce qu'il fallait le temps d'aller à la foire, de revenir et de les sortir quand même un peu parce qu'il fallait qu'ils mangent. C'était très important, une foire. À Saint-Martin-de-Crau, il n'y en avait pas. Maintenant, Saint-Martin-de-Crau devient, si ce n'est déjà, la capitale de la Crau, il y a des bergers, il y a un marché aux moutons une fois par semaine, le mercredi je crois, et il y a une foire. Ça devient très connu alors que c'est tout nouveau. Saint-Martin, à ce moment-là, était en plein milieu de la Crau, mais on n'en parlait.

En Crau, ceux qui ont des prés, en principe, ont des moutons, ou presque tous. Il y a plus de mas de Crau dont les propriétaires ont des moutons que de ceux qui n'en ont pas, ceux-là sont rares. Il y a quelques mas qui n'ont pas de moutons, qui louent leurs prés, mais je n'en connais pas beaucoup. La plupart sont propriétaires et éleveurs. Et si le nombre de moutons qu'ils ont dépasse les superficies qu'ils ont à faire manger, s'ils n'ont pas suffisamment de prés, ils en louent aux autres. Ils louent des prés. Les *coussou*[1] de Crau, ça se loue aussi. Il y en a toujours que moins à cause des serres, des plantations de pêchers, mais il y en a encore et ça se loue, au printemps. Quand les brebis sortent des prés, on loue la Crau.

Les moutons sans les prés vivraient difficilement, ou alors il faudrait les réduire. Ils y ont toujours vécu. Même avant qu'il y ait le canal, il y avait des moutons dans la Crau, et il n'y avait pas de prés. Mais il devait y en avoir beaucoup moins. Et d'un autre côté, s'il n'y avait pas les moutons, avec tous les prés qu'il y a, qu'est-ce qu'on en ferait tout l'hiver? On ne les coupe pas, l'hiver, c'est de l'herbe qui se gaspillerait, puis ça nuirait au bon fonctionnement du cycle des herbages. Parce qu'on les coupe trois fois dans l'été pour le fourrage, et ce qui reste et que les moutons mangent l'hiver, je me demande ce que ça deviendrait. Le faire manger à d'autres animaux serait délicat, que ce soit les chevaux ou les taureaux. Il y en a qui le font, mais c'est la ruine des prés, les taureaux sont trop lourds. Par temps humide, la bouse de vache fait un tas, ça n'est pas bon pour les prés. Les moutons tondent et fument un peu, pas beaucoup, mais enfin... S'il n'y avait pas les moutons qui tondent les prés, je suis persuadé qu'au bout de quelques années la qualité du foin de Crau serait moins bonne, c'est sûr.

Le *pelot*, c'était le patron dans la Crau, ça peut se traduire comme ça. Maintenant, ceux qui avaient un petit troupeau dans le village, quand ils parlaient de quelqu'un de la Crau, des éleveurs de la Crau qui avaient plusieurs milliers de moutons, un mas et quelques centaines d'hectares – parce qu'en comptant la Crau sèche en plus des prés, les mas de Crau vont chercher plusieurs centaines d'hectares –, ils les appelaient « capitalistes ». Celui qui avait cent cinquante moutons, pour lui un propriétaire de Crau, c'était un « capitaliste ». Mais c'était une appellation qui n'avait rien de politique.

Les bergers étaient des figures importantes. C'est dom-

1. Crau sèche soumise aux parcours des troupeaux.

mage, il y en a de moins en moins. Mais c'était une époque où ils étaient très importants, parce qu'il y en avait beaucoup d'abord, et puis c'étaient des personnes pas tout à fait comme les autres. Dans les grands mas, il y avait des jardiniers pour nourrir le personnel, et on disait volontiers : « *Vau mai un marrit pastre qu'un bon jardinié* » – il vaut mieux un mauvais pâtre qu'un bon jardinier –, parce que, quoiqu'il soit bon, un jardinier ne produisait jamais que des légumes, tandis qu'un berger, même qu'il soit mauvais, fournissait toujours de la viande. Il faut dire que c'était le temps où on mangeait des haricots blancs tout au long de la semaine, et on faisait fête le dimanche avec des haricots rouges...

Le berger était quelqu'un qui ne connaissait pas les fêtes, les dimanches, qui était au service de son troupeau, c'est tout, au service de ses bêtes. On ne peut pas dire que c'était carrément un marginal. C'est sûr qu'il ne pouvait pas vivre comme tout le monde parce qu'il était trop pris par son travail. Il y avait beaucoup plus de bergers célibataires que mariés, ça c'est vrai. Et il y avait plus de célibataires dans cette corporation-là que dans d'autres. Chez les petits bergers du village, ça n'était pas pareil, mais chez les bergers qui étaient employés dans les mas, c'était comme ça. Puis les bergers avaient des savoirs. Ils avaient tout le temps d'observer et de voir, par exemple comment le temps venait. Ils étaient guérisseurs, aussi, car ils connaissaient plus de choses là-dessus, sur les animaux, que d'autres, ils étaient tout le temps en contact avec...

La plupart de ceux que j'ai connu employés dans la Crau venaient de la montagne, des basses Alpes ou de plus haut, de Savoie... On appelait les gens qui venaient de ces régions des « *gavots* ». Et même on disait – c'est les gavots qui le disaient – qu'il y avait trois sortes de gavots. Il y avait les dégourdis. Il paraît que les dégourdis étaient tous partis en Amérique, ils avaient fait fortune. Il y avait les moins dégourdis. Les moins dégourdis, il paraît qu'ils étaient restés dans leur pays, ils faisaient leur train, ils ne vivaient pas mal. Et puis il y avait les pas dégourdis du tout. Alors, ils disaient que ceux-là étaient venus en Provence pour civiliser les gens du Midi. Ça, je l'ai entendu dire par des gavots. Je suis jamais été[1] d'accord avec eux, mais voilà ce qu'ils disaient. Mais « gavot » avait un sens péjoratif aussi. Quand on traitait quelqu'un de « gavot », presque on le traitait de rustre, de grossier, d'arriéré. Ça, c'est les Provençaux qui le disaient. Et les gavots disaient le reste.

Le berger est considéré comme un personnage un peu provençal. C'est quelqu'un qui en réalité vient d'ailleurs, la plupart du temps, mais dans le folklore provençal, c'est un symbole de la Provence. Du moment que les moutons, c'est la Provence, les bergers aussi. Enfin la Provence ! C'est surtout la Crau. Les bergers, la nuit de Noël, vont offrir un agneau à la messe. Peut-être c'est que quand les rois mages sont arrivés pour apporter leur offrande à Bethléem, il y avait un berger qui venait de Provence, mais on ne nous l'a pas dit ! La messe de Noël, maintenant, on la fait moderne : il y en a qui attellent un *flouca* à une petite charrette, on met l'agneau dedans, ça fait plus joli. La messe de Noël, à part quand j'étais petit, je n'y suis jamais plus allé. Je le vois sur les journaux ce qui s'y passe.

Il y a aussi une fête particulière des bergers à Raphèle, qui est très vieille. Maintenant, à Saint-Martin, on la fait de même, à l'automne. Mais c'est principalement à l'église, il y a la bénédiction. À Aureille, il y a eu un moment où il y avait la bénédiction des troupeaux, je l'ai entendu dire, mais je ne l'ai jamais vue : il y a une vieille photo où on voit les troupeaux qui passent devant l'église[2]. Mes souvenirs ne vont pas plus loin que les années trente, et la photo doit dater de 1920, 1910. En 1920 je n'étais pas encore né. Il y a un oratoire de saint Véran à Aureille, c'est le patron des bergers. On a restauré cet oratoire il y a quelques années.

Entre le temps que j'ai connu et maintenant, ce qui a

1. Tournure grammaticale coutumière en provençal, et passée en français régional.

2. *Cf.* F. Arlot, *Aureille*, Marguerittes, Équinoxe, 1994, p. 79.

changé au niveau de l'élevage, c'est surtout du côté des bergers. Les moutons, eux, n'ont pas changé, mais les bergers disparaissent insensiblement. Déjà tous les troupeaux du village ont disparu, ça en faisait pas mal. Et les grands troupeaux de Crau, là où il y avait six ou sept bergers à peu près avec un baile, tout l'hiver, peut-être quelques-uns de moins en été en montagne, maintenant il y en a plus que deux, et ils ne gardent plus. Il en faut encore un peu pour l'agnelage, qui se passe beaucoup mieux qu'autrefois, il y a bien des clôtures électriques qui remplacent les bergers, mais il faut les mettre en place, c'est les bergers qui font ça. Mais le peu de bergers qui restent ne font plus le travail que faisaient ceux d'autrefois. Autrefois, le berger partait et gardait ses moutons, maintenant il ne les garde plus. Il va mettre les clôtures, il sort son troupeau, il va l'amener dans la clôture, puis il s'en retourne chez lui faire autre chose. Il n'y a plus de transhumance à pied, il y a quarante ans qu'on ne la fait plus, on ne peut plus, ça se fait tout par camion. Je crois que c'est dans les années cinquante, cinquante et un, peut-être cinquante-deux, que certains ont encore eu le courage de partir à pied, mais ça devenait dur.

Le principal apport du troupeau, c'était en premier la viande, et en second la laine. Ici, on n'a jamais fait de fromage. Il y a beaucoup de régions où on trait les brebis, où on fait du fromage, ici on les élevait uniquement pour la viande et la laine. Quelques gens pouvaient faire des fromages de chèvre, mais il n'a jamais dû venir à l'idée à quelqu'un dans la Crau de faire du fromage de brebis... Je ne peux pas dire que j'en ai jamais mangé, parce que peut-être qu'un jour un berger m'en a fait manger qu'il avait fait pour lui, mais c'est tout. Je ne sais pas pourquoi il n'est jamais venu à l'idée de quelqu'un d'en faire, puisque d'autres régions le font. Je ne sais pas... Maintenant, peut-être que ceux qui font du fromage de brebis n'ont pas la même race de brebis que nous.

Ici, c'est le mérinos, le mérinos d'Arles. Les brebis mérinos sont surtout réputées pour leur laine. Seulement la laine, ce qui était vrai autrefois ne l'est plus. La viande, si on demande aux bergers de Crau si c'est une viande appréciée, ils diront que c'est la meilleure, encore que maintenant la plupart des éleveurs font des croisements avec des béliers qui viennent d'ailleurs. La race mérinos a une moins belle présentation, ils doivent faire des croisements pour arriver à vendre leur viande. Mais tous les éleveurs que je connais dans la Crau qui font des croisements pour la viande gardent quand même un noyau de mérinos pour ne pas laisser perdre leur race.

Depuis quelques années il y a un renouvellement du folklore autour de la transhumance. Il y a pas mal de villes qui font des transhumances dites « traditionnelles ». C'est bien si on veut, mais je ne sais pas à quoi ça rime. On refait la transhumance « comme autrefois », mais ça n'est pas vrai, ça n'est jamais comme autrefois. On amène les moutons à l'entrée du village puis on les fait traverser le village une fois ou deux, avec les sonnailles, les ânes par-devant, les bergers en grande tenue, trop bien habillés même!

D'ailleurs, dans ces reconstitutions, puisque c'est une reconstitution, on ne parle jamais d'« arrivée » de la transhumance, on parle de « départ ». C'est qu'on les fait au printemps, peut-être que si on les faisait à l'automne on dirait que c'est l'arrivée. C'est vrai que le départ pour les Alpes était une fête pour les bergers, alors que l'arrivée, ils arrivaient et c'est tout. Le départ était une fête pour les bergers et pour tout le monde. Avec ces gros redons, on les entendait de très loin. Quand on était tout petits, dès qu'on entendait les sonnailles on partait à la rencontre des troupeaux. On se disait : « Du moment qu'on les a entendues c'est qu'elles ne sont pas loin. » Et il nous arrivait de faire plusieurs kilomètres en direction de Mouriès, puisqu'elles arrivaient de ce côté-là pour partir vers Eyguières. Puis on accompagnait le troupeau, c'était un événement formidable. Beaucoup de personnes se déplaçaient pour aller voir passer les troupeaux.

Maintenant, on n'a même plus besoin de faire comme ça,

on les fait passer dans le village. Je crois que sous prétexte de faire revivre les traditions, on en profite pour attirer les touristes. Devant il y a les gardians qui défilent, les Arlésiennes[1], on en rajoute toujours un peu... Ça fait quand même plaisir à voir parce que quand on se souvient de ce que c'était, on se reporte cinquante ou soixante ans à l'arrière et, ma foi, ça laisse un peu de nostalgie quand même. Et puis, d'un autre côté, quand on voit tous ces appareils photographiques, la télévision et des gardians qui accompagnent, ça fait moins plaisir parce qu'on se dit qu'on fait beaucoup d'esbroufe, que c'est un peu exagéré. Alors c'est difficile : dire que c'est pas bien on en a envie, et puis finalement on se dit que ça rappelle des bons souvenirs. Alors on ne sait pas.

Les premiers à avoir refait une transhumance, c'est Saint-Rémy-de-Provence. Ils ont commencé en 84. Saint-Rémy, ça n'est plus la Crau, c'est le nord des Alpilles, mais il y a quand même des bergers, là-bas. Ça fait cinq transhumances : Saint-Martin-de-Crau, Saint-Rémy, Istres, Aureille, Salon! Ils sont obligés de se prêter un tas de choses sauf les moutons. Les moutons, pourvu qu'on en trouve entre mille et deux mille, la fourchette est assez grande, mais enfin un troupeau de douze cents ou quinze cents, ça ne fait pas vilain, c'est assez important pour pouvoir boucher les rues d'un village ou d'une ville. Mais ce n'est pas tout le monde qui a encore des boucs et des chèvres, des ânes et tout un tas de choses. Les bergers, on en trouve, ça n'est pas difficile. On met une veste de velours à un bonhomme, des grosses godasses, un chapeau sur la tête, un bâton à la main, et on dit que c'est un berger. C'est comme ça que ça se passe! Pour ceux qui le regardent, c'est toujours des bergers... C'est sûr : il y a aussi les vrais bergers, et ça leur fait plaisir d'y participer...

Aujourd'hui, le berger a du temps de libre, il vit à peu près comme tout le monde. Ils ont plus de travail dans la

1. Jeunes filles habillées en costume considéré comme étant traditionnel du pays d'Arles, au sein des groupes folkloriques.

période où les brebis agnellent, mais c'est tout. Ceux qui vont en montagne passent l'été tout seuls, dans leur cabane, là ça n'a pas tellement évolué. Il y a beau y avoir des hélicoptères pour leur apporter le sel ou les matériaux nécessaires quand on veut construire une cabane... Ce qu'on montait à dos d'âne on peut le faire avec un hélicoptère, encore que le prix ne soit pas le même. Les ânes, on s'en sert encore beaucoup parce que ça revient cher, l'hélicoptère. C'est beau, mais comme tout ce qui est trop beau, ça coûte. Sinon, ceux qui sont dans la Crau n'ont plus rien du berger ancien. Il n'y a plus qu'en montagne qu'ils vivent comme ils ont toujours vécu ou à peu près. Il y a des choses qui ont changé, mais pas beaucoup. Ils n'ont plus à faire cuire à la cheminée ou dans un vieux poêle, ils ont le gaz, ça va plus vite. Ils n'ont plus le pipeau, ils ont le transistor... Ce sont les seules choses qui ont changé, parce que le travail est toujours le même, là-bas.

Sinon, on se représente le berger avec un pipeau, mais moi j'en ai connu beaucoup qui avaient un harmonica. Ça se glisse dans le fond de la poche, dans un étui, et j'en ai vu pas mal. Ça ne voulait pas dire qu'ils étaient musiciens, mais ça leur faisait passer le temps. Je n'ai jamais fait le berger, ou très peu, mais j'ai eu mon premier harmonica j'allais encore à l'école et j'en joue toujours. C'est un instrument de musique qui est bien personnel, on joue pour soi, pour son plaisir la plupart du temps, c'est une compagnie. C'est sûrement pour ça que les bergers en avaient. Maintenant, ils ont des postes de radio toujours plus perfectionnés, même en montagne ça marche quand même. Ils ne peuvent pas avoir la télévision, et encore : on en fait, des télévisions avec des piles. Encore que pour recevoir les émissions dans ces montagnes, ça doit être difficile...

Des poubelles en pleine Crau

J'ai travaillé dix ans à la décharge de la ville de Marseille, qui se trouve à dix kilomètres au sud d'Aureille, près du village d'Entressen, en pleine Crau. La décharge s'étend sur environ quatre-vingt-cinq hectares. C'est le Centre de traitement biologique des résidus urbains, le CTBRU. J'y ai travaillé de 1978 à 1988. J'ai commencé le 1er avril 1978, et ça n'était pas une farce!

J'avais été même choqué, assez choqué, moi qui avais toujours vécu d'une manière assez sauvage, à commencer par les charbonnières dans la colline, puis à travailler les oliviers, le fourrage, tout un tas de travaux où on n'était pas habitués à être commandés par quelqu'un, où le travail commandait lui-même, le travail et le temps. Alors que là : chef d'équipe et tout. À trente ans d'intervalle, ça m'avait rappelé le jour où j'étais rentré faire mon service militaire, où je m'étais dit : « C'est une histoire de fou, ici. » Et puis finalement je m'y suis fait.

J'étais allé travailler là-bas parce que le patron chez qui j'étais était assez découragé du rapport de sa propriété, des oliviers surtout, qui n'étaient plus productifs. Lui aurait voulu se débarrasser du souci de sa propriété. J'étais son employé, j'étais baile, l'idéal pour lui aurait été que je devienne son fermier. À ce moment-là, il n'aurait plus eu de souci à se faire, mais moi, ça ne m'intéressait pas. J'approchais de la cinquantaine, et je me disais que ce que je n'avais pas fait, je ne le ferais plus. J'avais trouvé ce travail là-bas, qui n'était pas tellement mal payé, je le savais, je ne savais pas de quelle façon on travaillait, mais si je l'avais su j'y serais allé quand même. Tout un tas de choses faisaient que je n'avais pas du tout envie de me créer des soucis. En 1978, les choses, dans l'agriculture, n'allaient pas tellement du mieux, je ne voulais pas de soucis. Je préférais aller faire ma journée et avoir des congés payés quand je voulais. Voilà pourquoi je suis rentré là-bas. Et j'y ai travaillé presque dix ans, pour arriver à l'âge de la retraite.

Quoique travaillant pour la ville de Marseille, on n'était pas fonctionnaires, on était contractuels. Les employés de la décharge d'Entressen ne sont devenus fonctionnaires qu'en 1984. Certains en sont restés là, ceux qui ont eu la retraite assez vite, et d'autres ont racheté leurs parts des années précédentes pour pouvoir arriver à une meilleure retraite. On travaillait d'une façon qui pour moi était tout à fait inhabituelle, trop bien organisée. Il fallait se soumettre à un horaire d'abord : il fallait se lever tôt le matin. On commençait à quatre heures le matin pour finir à midi. Se lever tôt, ça c'était pas grave ; mais là où j'ai mis longtemps à m'habituer, pour quelqu'un qui a toujours vécu à la campagne, qui ne sait pas ce que sont les horaires, c'est qu'il fallait surveiller la montre pour ne pas finir cinq minutes après les autres ! C'était très grave, parce qu'on perturbait tout le système... On n'était pas seuls, c'est tout un enchaînement de travail...

Le travail, c'était supportable. Ce que je craignais, ce que tout le monde craignait, c'était la poussière. Ça n'est pas les odeurs de poubelle, parce que la poubelle, là-bas, était toujours fraîche, elle n'avait pas le temps de fermenter. Elle fermentait, mais une fois en tas, et à ce moment-là on n'était plus en contact avec. Les poubelles ramassées le matin dans la ville de Marseille arrivaient le soir sur la décharge, dans des wagons, et étaient vidées le lendemain matin, vidées et aplanies avec des bulldozers, et une fois aplanies on repassait par-dessus avec des compacteurs. Ce qui fait que s'il n'y avait pas eu le mistral, la décharge n'aurait pas eu tous les détracteurs qu'elle a, parce que ça n'était pas mal travaillé, en définitive.

Seulement voilà : ce satané mistral! Les jours de mistral, on avait beau aplanir assez vite, compacter par-dessus, ça n'empêchait pas le vent d'emporter des cartons, les plastiques et tout ça. Ce qui fait qu'il y avait deux côtés. Si on arrivait à la décharge côté nord, c'est-à-dire du côté des vents dominants, du côté du mistral, on voyait des arbres, de la verdure, un petit étang où la société de pêche d'Entressen lâchait des truites même, où on pouvait aller pêcher. Ça, c'est en arrivant du côté nord. Par contre si on venait du côté sud, c'est-à-dire du côté d'Entressen, du côté de l'étang d'Entressen, qui lui est plus vaste (l'étang dont je parle où on pêchait les truites était tout petit, mais avec de l'eau bien claire, puisqu'on faisait vivre des truites, c'est qu'elle était bonne), donc en arrivant par le côté sud, ça n'était plus du tout la même image.

Des arbres, il y en avait encore, mais de la verdure, plus question d'en parler! Les arbres étaient décorés de papiers plastique, de cartons, c'était une vision! Je ne sais pas, on se croyait sur la lune, presque, ça n'avait plus rien de vrai. Cela au bord de la décharge. Puis il y avait un mas au sud qui avait eu des ennuis les premiers temps où il y avait la décharge. Ils avaient des plantations de pêchers, ils trouvaient beaucoup de sacs plastique pendus dans les pêchers... Ils ont eu beaucoup de procès d'abord, la ville de Marseille payait les procès jusqu'à ce qu'un jour elle se décide à acheter le mas, et puis ils l'ont abandonné. Il servait juste à récupérer les papiers. Il y en avait des tas, de temps en temps ça brûlait, et c'est toujours comme ça, d'ailleurs. Ces dernières années, il y avait encore un berger qui avait le courage d'aller faire paître ses moutons là-bas, mais puis ça devenait trop grave, les endroits où il y avait de l'herbe étaient trop rares. Aux endroits abrités, contre les haies, les plastiques s'accumulent, les rats pullulent et ça n'est plus cultivable. Même les riverains un peu plus loin, pas carrément au sud, souffrent de ces papiers, quoiqu'il en arrive beaucoup moins.

La récupération des papiers s'est un peu arrangée. Ils ont fait des trucs qui ne sont pas formidables, plusieurs rangées de hauts grillages au sud de la décharge – on appelle ça des « pièges à papier ». Ce sont des pièges à pas grand-chose. Le premier jour où il y a du mistral, les papiers s'accumulent et ça se remplit, et le deuxième jour ça passe par-dessus, ça n'est pas tellement efficace. Les jours où il n'y avait pas de mistral on récupérait les papiers dans ces pièges, avec des tracto-pelles et des bennes, on allait les vider en tas et on s'empressait de les recouvrir de terre parce que sinon, une fois la benne vidée, au premier mistral ils retournaient d'où ils venaient. Mais en mettant assez vite de la terre par-dessus, on arrivait à en conserver un peu, pas beaucoup. Les jours de mistral, bien sûr, on ne pouvait pas y aller, et c'était inutile. Et on n'a jamais brûlé, le feu, c'est interdit.

La décharge est entourée d'une voie ferrée qui a une forme ovale, sur laquelle on circule avec des wagons, mais pas avec une locomotive. On ne pourrait pas parce que le ballast n'existe pas, la voie est montée sur de la poubelle, avec des traverses. À côté de la voie il y a un chemin de halage, et on tire les wagons au bulldozer, avec un câble qu'on peut décrocher, parce qu'il y a des montées et des descentes. Un ou deux tracteurs tirent devant et un autre peut être attelé derrière à l'envers, pour retenir le cas échéant, quand ça va trop vite. On les déplace comme ça. La voie fait le tour de la décharge : les wagons arrivent d'un côté et repartent de l'autre, pas question qu'ils retournent par où ils sont venus.

La voie sur la décharge fait environ trois kilomètres, mais on ne décharge pas tout le long. Ces derniers temps, il arrivait une centaine de wagons par jour. Eux parlent de tonnage, il paraît qu'il arrive environ mille tonnes par jour, mais on ne peut pas savoir les tonnes qu'il y a. Ce qui est sûr, c'est que les wagons font quarante mètres cubes, ça c'est invariable. Mais après, dans les quarante mètres cubes, s'ils sont pleins de cartons, c'est une chose, et si dedans il y a des débris de maçonnerie ou des déchets plus lourds, ça en est une autre. Un wagon de cartons peut ne faire que quelques tonnes, ça varie beaucoup. On n'en déballait qu'une vingtaine à la fois, sur une longueur de vingt wagons à peu près. La décharge était là, en face de l'endroit où on arrêtait les wagons. Puis ces wagons finis on avançait la rame, on en mettait vingt autres en place, et ainsi de suite jusqu'à la fin.

On arrivait le matin pour être prêts à quatre heures. Il y avait entre cinquante-cinq et soixante personnes embauchées. On travaillait cinq jours par semaine, dimanches et jours fériés compris, par roulement, donc il y avait des jours de récupération, de repos en semaine. Tel bonhomme qui avait travaillé le dimanche avait un jour de repos dans la semaine, ce qui fait qu'il n'y en avait guère plus de la moitié qui travaillaient en même temps. Pour peu qu'il y en ait quelques-uns de malades... Le dimanche on ne travaillait que trois heures.

Chaque jour, on commençait par monter les wagons sur la décharge avec un bulldozer. Pour aller sur la décharge, ça monte, ça se comprend : l'accumulation des déchets depuis que la décharge existe forme un monticule, une petite colline, quoique ça se tasse, et on dépose toujours dessus. La SNCF amenait les wagons au départ de la décharge mais n'allait pas plus loin. Une locomotive n'aurait jamais pu traîner ces wagons : ça montait trop puis une locomotive ça pèse, les plus légères doivent aller chercher au moins dans les quatre-vingts tonnes, alors elle ne serait pas allée bien loin, elle serait passée à travers le sol de la décharge, surtout avec la vitesse, même si on roulait très lentement.

Chaque jour il arrivait deux rames d'une cinquantaine de wagons chacune, à peu près. Cent wagons, ça fait trop pour une seule rame, ils arrivaient en deux fois. Cent wagons, c'était un maximum, mais il y en avait toujours plus de quatre-vingts. Quatre-vingts, c'était un minimum aussi. À Marseille, ça partait de deux gares différentes : une rame partait de la gare du Prado, et l'autre de la gare d'Arenc. Ils arrivaient à la décharge sur le soir, et le matin, le premier travail c'était d'accrocher le tracteur et de les mener en place tout doucement.

Il y avait plusieurs tracteurs et on tirait de l'extérieur de la décharge proprement dite[1], depuis une piste faite pour circuler. Quand le lieu de décharge était installé à tel endroit, ça durait plusieurs mois, des fois qu'on décharge là, parce qu'au fil des mois et des années, sur les quatre-vingt-cinq hectares de surface, le lieu de décharge se déplace, pour laisser les détritus se tasser et se composter. On en mettait plusieurs couches.

La poussière sur les pistes était la plus grosse nuisance pour ceux qui travaillaient. Ça finissait par faire une poussière très très fine, qui rentrait dans les yeux, les oreilles, le nez, c'était épouvantable, à tel point que pratiquement tout l'été – l'hiver moins parce qu'il pleuvait plus souvent – on arrosait. On avait deux vieilles arroseuses qui devaient servir à Marseille pour arroser les rues de la ville, et une fois qu'elles commençaient à se faire un peu vieilles, on nous les emmenait et on s'en servait pour arroser les pistes. Il fallait les arroser souvent, car il serait arrivé un moment où on n'aurait plus pu circuler. Un bulldozer, ça gratte sur de la terre meuble, et quand on y passe des dizaines de fois par jour... Et puis il y a des fois où ça faisait tirer quand même, les bulls arrivaient à patiner, parce que pour traîner ces wagons... Les cent wagons à la fin étaient regroupés ensemble! Ils arrivaient sur deux voies, mais on les mettait ensemble.

Il fallait deux bulldozers pour tirer. Il y en avait un troisième derrière qui suivait carrément en marche arrière, pour servir de frein éventuellement, puis il nous arrivait aussi de tourner les bulldozers en route, quand on avait assez monté et qu'on prenait la pente, un qui ne faisait plus office pour tirer faisait office de frein, on le tournait à

1. Le terme « décharge » désigne, selon le cas, l'ensemble du site du CTBRU ou le lieu précis où s'effectue le déchargement des wagons. Ici, il s'agit du lieu de déchargement : les tracteurs restent à l'intérieur du site, mais à l'extérieur des voies par rapport au point de déchargement.

l'envers. Là, il y avait un manœuvre pour décrocher, de l'avant du wagon on accrochait le câble à l'arrière, le tracteur faisait demi-tour sur place. Alors ces demi-tours et le reste, c'est ce qui faisait cette poussière. Les wagons n'étaient jamais détachés, ils restaient ensemble. Il y avait deux voies à l'arrivée mais qu'une sur la poubelle.

Les tracteurs, c'étaient des caterpillars[1], des D6, ça n'est pas des tracteurs extraordinaires, ils ne sont pas tellement gros. Le caterpillar, c'est une machine formidable si on veut, et c'est vrai d'ailleurs, mais ça revient beaucoup plus cher que le matériel japonais. Les derniers tracteurs qu'on avait étaient presque tout japonais. On avait des allemands, aussi, qui étaient quand même beaucoup moins chers que les caterpillars, je ne me souviens pas de la marque. Le matériel japonais était valable. C'étaient des tracteurs d'une puissance de – je ne sais pas – entre deux et trois cents chevaux. Sur des chenilles, ça fait pas mal, ça traîne bien, mais sur ces pistes ça faisait un dégât épouvantable. J'ai vu des tracteurs s'enfoncer dans jusqu'à vingt ou trente centimètres de poussière, de poussière très fine, assez rarement, mais ça pouvait arriver après avoir resté quelques jours sans arroser, soit qu'une arroseuse soit en panne, soit qu'on soit à court de personnel.

De l'eau dans la Crau, il y avait l'étang où on allait pêcher, et pour faire un puits il n'y avait qu'à creuser quelques mètres, les arroseuses pompaient là. La nappe phréatique de la Crau, c'est connu, est inépuisable, à part l'hiver quand on n'arrose pas les prés, mais c'est une autre histoire. Il y avait un puits où on pompait de l'eau tant qu'on voulait. Avec la pelle mécanique on faisait un puits quelque part, et à quelques mètres de profondeur on pouvait pomper.

En arrivant le matin, on faisait des équipes de trois : le chauffeur de la pelle mécanique, le chauffeur du bull et un manœuvre. Les manœuvres étaient des Algériens qui habitaient là. Les wagons en place, la pelle mécanique prend la

1. Terme anglais passé dans le milieu des chantiers de terrassement : tracteur à chenilles.

poubelle dans le wagon et la jette derrière elle. Le bulldozer, lui, quand la pelle avait fait un tas, il rentrait là-dedans et le poussait au loin sur la décharge, montait à mesure couche par couche pour arriver à en faire une colline, puisque ça fait une petite colline qui a quand même une trentaine de mètres de hauteur maintenant, à l'endroit le plus haut, au-dessus de la Crau. La pelle mécanique, une fois son wagon fini, passait à un autre, le bulldozer, lui, s'inquiétait d'égaliser le tout derrière. Le manœuvre avait une pelle et un balai et dès que la pelle avait fini, qu'elle s'en allait au wagon suivant, il montait dans le wagon qui venait d'être déchargé et ramassait ce qui pouvait rester pour que le wagon soit propre. Il jetait tout dehors, et ainsi de suite.

Avec une pelle mécanique et un tracteur, on ne peut pas nettoyer le fond d'un wagon quand même, à moins qu'on invente des aspirateurs pour finir de nettoyer ! Alors il fallait en arriver là. Ils avaient envisagé de faire basculer les wagons, mais c'était trop compliqué parce que pour les faire basculer il aurait fallu un quai énorme pour les monter par-dessus. Une fois basculé, le wagon aurait versé à côté de lui, et pour ramasser avec un bulldozer pour emporter les détritus, ça n'est pas simple le long d'un quai. Ça n'est pas comme un camion : un camion, n'importe où qu'il ait vidé, on peut y aller avec un bulldozer et pousser. D'ailleurs, aujourd'hui, des camions à benne commencent à remplacer les wagons, ce qui a l'avantage de supprimer les pelles mécaniques et une partie du travail des bulls.

Il y avait des équipes, quatre, cinq, six, selon le nombre de wagons. Le nombre de wagons déterminait le nombre de pelles. Par exemple, si une pelle mécanique arrivait à faire vingt wagons dans la matinée et qu'il y ait quatre-vingts wagons, on mettait quatre pelles. À ce moment-là, il y avait quatre bulls et quatre manœuvres. C'est à peu près ça. S'il y avait cent wagons, on mettait cinq équipes.

Et les autres, parce que quand même le personnel, il y en avait toujours un petit peu plus, servaient à l'entretien de la décharge. Il y a beaucoup d'entretien à faire. Il y avait le ramassage des papiers, puis il y a des endroits où la voie s'affaissait par moments, selon la fermentation qu'il y avait dessous. Avec un gros cric on soulevait un peu les rails, puis on fourrait un peu de la terre par-dessous. Quand je dis de la terre, c'est beaucoup dire : des vieilles godasses ou n'importe quoi, tout ce qui arrivait sous la main... Pour mettre de niveau, il y en a un qui se baissait, il regardait et il disait : « Ça marche. » Puis le nettoyage des voies. Il y avait toujours des débris qui tombaient dessus, et il y serait venu un moment où, si on ne les avait pas nettoyées, les wagons ne seraient plus arrivés à passer. Les rails étaient sensiblement plus hauts que le ballast, enfin ce qui remplaçait le ballast, parce que ça n'avait rien de solide, et c'était nettoyé plus ou moins régulièrement, en fonction du personnel qu'il y avait en rabiot, en plus des engins.

Et la dernière ressource, c'était la très vieille décharge. La décharge existe depuis 1912 et, au tout début, les plastiques, on n'en vidait pas beaucoup, les bouteilles, il ne s'en jetait pas beaucoup non plus, les détritus faisaient un bon compost. Alors la dernière ressource, c'était ça. Le personnel de reste, quand il y en avait trop de reste, allait là-bas. On faisait un tas de compost, on le chargeait avec un godet, une tracto-pelle, et on le vidait sur une grille qui le secouait, ça tombait par-dessous et on le récupérait, avec une tracto-pelle aussi, on en faisait un autre tas qui formait du terreau tout à fait propre. Il n'y avait pas de cailloux dedans, il pouvait y avoir des petits morceaux de verre, mais c'est tout... Ce terreau-là, ils le vendaient, quoique ça ne rapportait pas grand-chose, même pratiquement rien. Beaucoup de gens venaient en prendre pour jardiner. Ils venaient avec leur véhicule. J'en ai vu avec une voiture, une petite remorque derrière dans laquelle ils devaient mettre le quart de un mètre cube pour son jardin. Ça faisait du joli terreau, et ça permettait d'occuper le personnel.

De quatre heures à midi, on arrêtait demi-heure pour casser la croûte. Il n'y avait pas d'heure précise. Comme on ne travaillait que sur vingt wagons, et qu'après on déplaçait la rame, pendant un déplacement on décidait d'arrêter demi-heure. On arrêtait tous les engins et chacun mangeait dans son engin, parce que ça n'était pas tellement agréable, de descendre aller manger sur la poubelle. Pas tellement pour la poubelle : le plus dangereux, c'était les goélands, *li gabian*. Avec un sandwich à la main, il risquait juste d'y tomber quelque chose dessus. Il y en avait tellement que c'était épouvantable, ça faisait peur, on n'y voyait pas à cinquante mètres, des fois. Les manœuvres, j'ai toujours eu peur d'en écraser. D'ailleurs, ça nous est arrivé une fois, et je me demandais comment on n'en écrasait pas plus souvent.

Le bulldozer, toute la journée, ne faisait que pousser. Tous les jours, il y avait un camion et une tracto-pelle qui charriaient de la terre pour recouvrir ce qu'on avait déballé la veille. Tous les jours. Seulement c'était loin d'être suffisant pour tout recouvrir. Disons que c'était mieux que si on n'avait rien fait, mais pas beaucoup mieux. Les compacteurs, eux, passaient n'importe quand : avant, après... Il y en avait un ou deux, ça dépendait le nombre de personnel qu'on avait sous la main, mais il y en avait toujours au moins un qui montait le matin sur la décharge et qui ne s'arrêtait pas de tourner jusqu'à midi, pas auprès des wagons, mais au bout de la décharge, là où les bulldozers finissaient de pousser. Il ne s'arrêtait pas de tourner, à droite ou à gauche, là où il voyait que c'était plus haut qu'ailleurs, où il voyait qu'il y avait des gros trucs à enterrer.

On avait des compacteurs quand même assez costauds. Ils pesaient entre trente et quarante tonnes, avec quatre roues dentées qui auraient écrabouillé une voiture à peu près normale. Ne parlons pas d'une 2 CV, la 2 CV n'aurait eu plus que quelques centimètres. Mais une voiture assez solide, en y passant dessus avec ces compacteurs, n'aurait plus eu que trente ou quarante centimètres de hauteur. Du compacteur on ne voyait que les quatre roues. À elles seules, elles devaient faire un poids énorme. Des roues de un mètre de large, tout en fer, un mètre cinquante de hauteur, et avec des dents assez grosses quand même, de vingt centimètres de longueur, un peu appointées. Lui écrabouillait, c'était efficace. Avant qu'ils y soient, il partait plus de papiers, parce qu'ils les entassaient un peu. Le vent, en passant derrière, les emportait encore, mais ça ne fait rien, ça avait été une bonne chose.

Dans ces wagons, il arrivait de tout. Les poubelles d'abord, mais ça dépendait des époques. Le mois d'août, par exemple, était très calme, les Marseillais devaient partir pas mal en vacances. Par contre, les périodes de fin d'année, c'était épouvantable. Pas méchant pour le travail, parce qu'il y avait énormément de wagons et très peu de poids : beaucoup de cartons. Et on savait ce qu'il allait arriver à peu près. Déjà, la semaine entre Noël et le jour de l'an, puis après le jour de l'an, on voyait arriver les sapins de Noël. Les wagons en étaient bourrés. C'est inimaginable ce qu'il doit y avoir de maisons à Marseille qui font des sapins de Noël ! Mais ça, pour nous, ça n'était pas le plus embêtant, parce que c'était léger. En serrant le godet dans le wagon, on en ramenait un gros paquet. Et là, le mistral se régalait ! Il avait de quoi !

Et puis, de tout, des choses qui des fois donnaient mal au cœur. J'ai vu un collègue, pas loin de moi, se mettre à patiner dans un tas de bananes qui était sorti d'un wagon, et son tracteur y est resté dedans, il a fallu aller chercher des câbles pour le tirer. Pour l'accrocher, ça n'était pas commode... Et des bananes qui étaient consommables ! Il fallait que ce soit épais quand même ! Un D7 de caterpillar, c'est quand même pas une mobylette ! Après, à force d'avoir jeter le contenu d'autres wagons par-dessus, ça avait fini par se tasser.

Il y avait même des jours où ça mettait les gens en colère. J'ai vu un jour arriver une quarantaine de wagons de pommes de terre, qui étaient très bonnes, qui s'étaient trouvées là non pas parce qu'elles étaient détériorées, mais parce qu'il s'était passé des choses. Elles étaient parties avec le bateau pour aller en Algérie, puis elles étaient revenues, puis elles avaient fini à la poubelle pour des raisons administratives, je ne sais pas ce qu'il y avait eu. Et je me souviens ce jour-là avoir vu des gens venir vérifier qu'on les avait bien épandues et qu'on y avait passé dessus avec le compacteur. Alors, forcément, le soir, quand on arrive à la maison, qu'on regarde la télévision et qu'on voit des gens comme, je ne sais pas, je ne citerai pas de nom mais on en voit souvent des gens qui pleurent pour l'UNICEF ou pour le reste et qui essaient de te faire pleurer, bien quand on a vu ça, on n'a pas trop envie de les écouter, ces gens-là. Écraser les pommes de terre avec un bulldozer alors qu'on sait qu'il y a des gens qui crèvent de faim! On en prenait... et elles étaient bonnes!

Les bananes, des fois, c'était pour une question de maturité. Ou elles avaient dépassé un certain stade, ça n'était plus bon pour la vente, ou elles étaient trop vertes, c'était refusé et allez : à la poubelle, des wagons complets! C'est marrant parce que le matin, quand on arrivait sur la poubelle où la veille on avait déballé des trucs comme ça, un wagon ou deux de bananes, par exemple, ça sentait bon! Ça sentait les bananes, ça ne sentait pas mauvais, pas mauvais du tout!

Les déchets de Marseille sont des déchets comme tous les autres, seulement, quand on n'y a pas travaillé, on n'imagine pas qu'on puisse jeter des choses comme il se jette. Des bijoux et de l'argent, c'était courant. On en a vu arriver, des gens qui cherchaient leurs bijoux qu'ils avaient jetés à la poubelle. Certains arrivaient à localiser un peu. Je me souviens d'un bonhomme qui avait jeté pas mal de bijoux (je cite cet exemple pour en citer un, il y en avait beaucoup comme ça). La cachette des bijoux de sa femme – comme ils travaillaient tous les deux, ils cachaient leurs bijoux –, c'était un pot de confiture. Je me souviens de quand il l'avait retrouvé : confiture Bonne Maman. Ils étaient là-dedans et dans leur poubelle, leur poubelle à eux. Mais chaque fois qu'ils vidaient leur poubelle, ils avaient la précaution de retirer le pot de confiture dans lequel il y avait les bijoux. Et un beau jour, la femme de ménage avait balancé la poubelle, mais elle avait tout balancé! La confiture Bonne Maman aussi! Le fameux pot!

À partir de là, si ils s'en apercevaient de suite, ils arrivaient à localiser le wagon dans lequel c'était, parce que les bennes, dans Marseille, qui récoltent les poubelles savent dans quel wagon elles ont vidé, à quelque chose près. Alors, en prévenant le service de nettoiement de la ville, ils arrivaient à localiser le wagon, celui-là y était arrivé, et la ville nous téléphonait. Alors le matin on nous disait : « Tel wagon – ils ont des numéros –, il est à vérifier parce que quelqu'un a perdu quelque chose dedans, le bonhomme va venir. » Ça nous demandait un peu de travail parce qu'on était obligés d'isoler le wagon de la rame, de le mettre un peu à l'écart. « À l'écart », c'est toujours sur la voie, mais de ne pas le déballer avec les autres et surtout de ne pas toucher son contenu avec le bulldozer. On le déballait tout seul à un endroit, en jetant le plus loin possible, et puis le bonhomme arrivait avec un râteau, une pelle, il amenait des copains et puis il farfouillait là-dedans. Dans quarante mètres cubes, il faut le faire!

Il y en a qui arrivaient à retrouver leurs trucs et d'autres ne les retrouvaient pas. Ce cas-là, je m'en souviens bien, le bonhomme avait trouvé son pot de confiture et il était heureux! Il avait fait des frais le matin. C'était un employé de banque, il n'avait pas tellement de vêtements appropriés pour venir travailler, il avait acheté les bottes, des treillis, comme c'était en plein été il avait acheté un chapeau, une pelle, un râteau, il avait tout le matériel pour venir récupérer ses bijoux! C'était un touriste sur la décharge! Nous, ça nous faisait marrer. Lui avait été chic. Il avait dit : « Quand vous avez fini de travailler vous rentrez chez vous? » On avait dit : « Oui. » Seulement on avait un réfectoire où on pouvait aller boire un coup le cas échéant, et le lendemain il était arrivé avec pas mal de bouteilles de pastis, il était content d'avoir retrouvé ses bijoux!

Je me souviens d'un autre, un marchand de légumes en gros de Marseille. Lui, l'argent, il ne l'a jamais retrouvé. Il arrive, il dit : « Il y a trois millions de centimes qui promènent dans tel wagon. » Et il nous explique comment ça c'était passé. C'était de l'argent qui ne devait pas figurer dans les comptes sûrement, et on lui donne de la main à la main. Il y avait un paquet de cageots de salades qui était destiné à la poubelle et dans l'immédiat, il se dit : « Je vais le mettre là. » Il soulève une salade, il met la liasse de billets sous la salade et puis le temps qu'il discute un peu et qu'il revienne, la poubelle était passée et les cageots étaient partis. Il était revenu les chercher, il n'avait rien trouvé. Peut-être quelqu'un les a trouvés sur la décharge, les a mis dans sa poche, ou peut-être qu'ils ne sont jamais arrivés à la décharge. Celui qui les avait trouvés avait oublié de le dire, je ne sais pas.

Nous, on récupérait énormément. C'est inimaginable ce que les gens peuvent jeter. Dans le début on est dépassé, même, on trouve que c'est dégueulasse, puis après on s'y fait... Les plus gros récupérateurs, c'étaient les manœuvres. Parce que sur une pelle mécanique, quand on est au travail on est au travail, on ne voit pas tellement ce qui se passe en bas. Ces pelles mécaniques sont les mêmes pelles que celles qu'on voit travailler dans la rue pour faire les canalisations, mais leur cabine est à deux mètres de plus de hauteur, pour pouvoir surplomber et voir dans le wagon. On est très haut, il y a une échelle pour y monter. Donc en monter et en descendre, c'est pas mal de temps de perdu. Un bulldozer, c'est déjà plus commode.

Les manœuvres, eux, habitaient là-bas, ils logeaient là-bas. Et ils mettaient moins de temps pour nettoyer un wagon que ce que la pelle mettait pour le vider, beaucoup moins. Et comme ils se dépêchaient, ils allaient vite, entre deux wagons ils avaient du temps. Dès qu'ils avaient fini un wagon, ils posaient la pelle et le balai, ils prenaient leur sac qui était toujours à proximité et partaient sur la décharge ventre à terre. Et pour eux, tout était bon : l'aluminium, les fils de cuivre – le cuivre, ça se vend, l'alu aussi – et tout un tas de choses qui peuvent servir. Les vêtements par exemple. À son personnel la ville de Marseille donnait des vêtements, des bleus de travail, des chaussures, et je n'ai jamais vu un manœuvre mettre le bleu de travail que la ville lui avait donné. Il le vendait. C'était neuf, il le vendait. Ils s'habillaient sur le tas. Des gens qui jettent des vêtements, ça arrive, des vêtements propres et pas tellement usagés, ils s'habillaient comme ça. J'ai vu un manœuvre entrer dans le wagon et ressortir un moment après, je me suis dit : « C'est le même ou ça n'est pas le même ? » Il n'avait pas le même pantalon ! Il avait changé de pantalon entre-temps. Il avait dû trouver un pantalon qui lui plaisait et qui n'allait pas mal et, ma foi, il avait changé et voilà !

Le plus marrant, c'était l'hiver ! Parce que l'hiver, en commençant à quatre heures comme on faisait, c'est un fait bien connu qu'il fait moins froid avant qu'il fasse jour qu'au lever du jour. Ils arrivaient des fois à quatre heures pour travailler, vêtus un peu légèrement, et puis plus tard ils n'avaient pas d'engin, eux, pour se mettre à l'abri dans la cabine ! Et il commençait à ne pas faire chaud ! Alors ils trouvaient un manteau, une grosse veste ou un caban, et puis ils mettaient ça par-dessus. Ce qui fait qu'en arrivant avec le bulldozer, quand tu arrivais d'avoir poussé un voyage de poubelle jusqu'au bout, tu revenais et tu croyais que ça n'était plus le même. Et c'était lui ! Seulement il avait mis une veste par-dessus, une veste qu'il avait – eux, ils disaient « achetée » –, il l'avait achetée à la grande surface !

Récupérer des morceaux de ferraille, ça vaut quelques centimes le kilo, ça n'est pas rentable, mais le cuivre et l'aluminium, c'est valable. Un ferrailleur venait de temps en temps acheter, et les plus gros vendeurs c'étaient les manœuvres, c'est eux qui avaient le plus de facilité. Ils faisaient des tas, des tas bien en vue de l'autre côté de la décharge, de l'autre côté où on passait avec les bulls... Et là, c'était sacré, ça marchait assez bien. J'ai rarement entendu dire qu'il y en ait un qui piquait des choses à un autre, c'était sacré, le tas de quelqu'un, ça se respectait. C'était le tas à Untel, on ne s'en approchait pas. Chacun avait le sien, plus ou moins gros selon le courage et le temps qu'il avait pour partir récupérer.

Moi, je ne récupérais pas tellement. Évidemment, quand on pousse avec le bull, qu'on voit une Cocote-Minute, et qu'on passe à proximité, ça vaut la peine de descendre la ramasser. Une Cocote-Minute, ça fait toujours au moins un kilo d'aluminium! Le dernier tas d'alu que j'ai vendu, ça valait dans les huit francs le kilo, ça vaut la peine de le ramasser. On jetait ça dans le bull et en passant contre le tas on le jetait. Tout le monde avait son tas, mais certains étaient plus courageux que d'autres. J'ai vu des gars mettre quelques secondes, le temps d'arrêter le bull, descendre, remonter vite et redémarrer, pour ramasser une petite casserole de rien du tout. Les manœuvres, eux, s'attaquaient à tout, ils ramassaient même les bombes aérosols en alu. Je crois qu'il en faut une trentaine ou une quarantaine pour arriver à faire le kilo. Tout était bon, mais eux étaient toujours à pied...

Le ferrailleur venait avec sa camionnette. Il attendait que quelqu'un lui téléphone, il se tenait au courant de ce qui se passait. Il avait une bascule, une petite bascule portable, et il pesait un sac ou deux à la fois, l'alu et le cuivre, parce que s'il y en a qui trouvaient des bijoux ou de l'argent, ceux-là ne le disaient pas, ça n'allait pas au ferrailleur. Le cuivre se trouvait dans les fils électriques. On en faisait un gros tas loin de la décharge et puis il n'y avait qu'à y mettre le feu un jour où le temps était favorable, parce qu'il fallait demander l'autorisation pour mettre le feu. Il fallait que le fil soit propre. Une fois que ça a pris, le plastique brûle bien.

Mais au fil des années, moi, les quelques années où j'y ai travaillé, la récupération devenait toujours que plus difficile du fait de notre système de travail. On comprend très bien qu'à l'époque où ils vidaient les wagons à la main, avec une pelle et un crochet pour tirer dehors, rien ne passait au travers. Tout ce qui pouvait être récupérable, ils le voyaient, ça leur passait sous les yeux. Il y avait moins de wagons que maintenant, ils en faisaient moins, alors que maintenant, au plus ça va, au plus on se modernise, les engins sont toujours que plus grands. Les dernières années où j'y ai été, les tracteurs qui arrivaient, les bulldozers, étaient climatisés. Alors pour que la climatisation fonctionne bien, il faut fermer les portes, et une fois les portes fermées on ne voit plus rien!

Au moins, on ne voyait plus les gabians! C'était la terreur, ça! Le matin tôt, surtout après quelques jours de mistral où ils n'avaient pas pu bien manger, c'était effrayant... Ils craignent le mistral, ça les perturbe. Un gabian qui est perché sur un carton, sur une bouteille ou sur un sac-poubelle qui n'est pas ouvert, qui cherche sa nourriture et qui reçoit un carton emporté par le vent, ça ne lui plaît guère! Des fois, ils éventraient les sacs, ils savaient y faire, avec leur bec, pour voir s'il y avait de la nourriture dedans... La décharge de la ville de Marseille, pour les goélands, c'est le Negresco à Nice! Il y a à bouffer tant qu'ils veulent! Seulement, après quelques jours de mistral, ils avaient un peu freiné, ils étaient bien plus affamés, et il y a des jours où à cinquante mètres sur la décharge bien plate, il était impossible de distinguer s'il y avait une personne ou pas, tellement le vol de gabians était épais.

Et ils savaient : ils n'étaient pas devant l'engin quand on passait, ils étaient derrière, ils savaient qu'il en tombait toujours sur le bord, ils allaient voir ce qui tombait de bon. La lame de l'engin, quand on pousse, il y a plusieurs mètres cubes devant. Parce que les lames de ces bulldozers ne sont pas comme les lames normales qu'on voit, elles sont beaucoup plus hautes du fait qu'on pousse du matériau beaucoup plus léger. Un bulldozer qui travaille dans une carrière pousse de la terre ou des cailloux, il ne peut pas en pousser une très grande quantité, c'est lourd. Alors que nous, ce qu'on poussait ne pesait rien. Quand c'étaient les arbres de Noël et les cartons qui avaient servi aux jouets, on pouvait en mettre des mètres cubes et des mètres cubes devant! Le bulldozer ne souffrait pas. Ils avaient de très grandes lames. D'ailleurs, il y avait toujours quelques gabians perchés dessus.

Le soir, ils commençaient sur les wagons. Les wagons arrivaient recouverts de filets, un manœuvre enlevait les filets pour que les wagons soient prêts le lendemain matin. Ils commençaient là déjà. Le soir, ils avaient moins faim, mais ceux qui n'avaient pas fait une bonne journée, qui n'avaient pas bien mangé dans la journée, suivaient le manœuvre pour voir s'ils ne trouvaient pas quelque chose de bon à bouffer. Et les manœuvres commençaient là leur récupération. Le dessus du wagon était ratissé : ça n'était pas la peine de chercher, il n'y avait plus rien, ni aluminium ni cuivre!... Les gabians suivaient les engins. Les pelles mécaniques, ils ne s'y tenaient pas trop, parce que ça n'était jamais sûr de comment ça allait fonctionner. Au moment où la pelle ouvrait le godet et où ça tombait, s'ils étaient sur le tas en train de chercher ils en recevaient sur la gueule et ça ne leur plaisait pas. Ils étaient malins!

Au début, ça faisait peur. Il paraît qu'ils mangent plusieurs tonnes par jour! Ils ne cherchaient pas les morceaux de pain! Ils cherchaient les morceaux de viande, les trucs bons. Je l'ai dit : c'était le Negresco, pour eux, c'était un restaurant formidable, un quatre étoiles! Je ne sais pas combien de milliers il peut y en avoir. Une fois, des écologistes sont venus, ils nous ont montré des photos, et sur une ils nous ont dit : « Ça fait un mètre carré, ça ». Il y avait sept gabians. Alors ils nous ont dit : « Si vous voulez mesurer la décharge et tous les mètres carrés qu'il y a, vous multipliez par sept, il y a tout ça! » Sans compter ceux qui n'étaient pas par terre, qui étaient en l'air! C'est fou ce qu'il y a!

Ils vont tous dormir – pas tous, mais presque – au bord de mer. Le plus qu'il y en a, il paraît, c'est dans l'île du Frioul[1], je n'y suis jamais allé mais je l'ai entendu dire. Ils vont jusque là-bas. On les voyait arriver qu'il faisait encore nuit. Ils doivent voyager de nuit, je ne sais pas comment ils font mais je les voyais arriver le matin, à peine il faisait jour. Pour venir de Marseille, ça fait quand même assez loin, même à vol d'oiseau et même si ça vole vite... Il y en a beau-

1. Îlot au large de Marseille.

coup qui restaient à la décharge, mais ceux-là étaient handicapés, c'était l'infirmerie. Il y avait beaucoup de handicapés. Par le mistral, c'est pour ça qu'ils le craignaient, et même quand il n'y avait pas de mistral, ils arrivaient à s'enrouler des plastiques autour des pattes. J'en ai vu s'envoler avec un plastique sur la tête, et comme leur instinct leur commandait de filer contre le vent... S'ils avaient filé dans le sens du mistral, peut-être que le plastique aurait glissé plus vite... Alors ils se cassaient la gueule comme ça. D'autres se promenaient avec une boîte de conserve pendue au pied, ils avaient passé le pied dedans et ils ne pouvaient plus le sortir, le couvercle faisait piège. Ça, il y en avait beaucoup, comme les plastiques entortillés aux pattes. Et on en voyait avec les pattes cassées, parce que les boîtes de conserve, ils ne les gardaient pas longtemps, elles finissaient par casser la patte! Puis, là, ils s'en remettaient ou ils ne s'en remettaient pas, il y avait beaucoup d'éclopés et ceux-là restaient là.

Pour s'en débarrasser, ça aurait été trop difficile, je me demande comment il aurait fallu faire. Et puis c'est protégé, parce qu'il n'y avait pas que les goélands, il y avait des mouettes aussi. Les mouettes, l'été, on ne les voyait pas, on ne les voyait que l'hiver. C'est la mouette rieuse, ça ressemble au goéland, mais c'est beaucoup plus petit. L'été, il paraît qu'elles vont nicher dans les pays froids; les gabians, eux, nichent au bord de la Méditerranée. On voyait arriver les jeunes à la fin de l'été, ils n'ont pas la même couleur que les parents. Le gabian a une couleur qui tire sur le blanc. Il y a une couleur qu'on appelle « couleur mouette », c'est ça, ni blanc ni rose, mais les petits sont gris, tout gris.

Au début, j'ai eu peur de me faire bouffer! Je me disais toujours que si un jour les Marseillais ne jetaient plus que des gravats et des cartons vides, je n'y allais plus! Des gabians vus de près, ça a un bec, on dirait une pioche! Ils n'attaquaient jamais, mais ça ne fait rien! Les sacs en plastique, s'ils voulaient en éventrer un, s'ils imaginaient – ou peut-être qu'ils le sentaient – qu'il y avait quelque chose de bon à bouffer dedans, il était vite ouvert! Il ne leur fallait pas une heure pour faire une déchirure avec le bec, l'éventrer et voir ce qu'il y avait dedans!

Au départ – je crois que ça n'a servi à rien, ils ont dû abandonner –, des maîtres fauconniers venaient sur la décharge pour le compte de la base aérienne militaire d'Istres chercher des gabians pour pouvoir dresser leurs faucons à les faire fuir. Parce que la base d'Istres a eu pas mal d'ennuis. À vol d'oiseau, elle est à peine à dix kilomètres, et plusieurs goélands qui s'engouffrent dans des réacteurs, il paraît que ça fait des dégâts! Alors ils avaient imaginé ça. Ils venaient récupérer des goélands, et ils les mettaient en cage pour dresser leurs faucons, je ne sais pas comment ils faisaient. Ce qu'il y a de sûr, c'est que je les ai vus venir, l'après-midi, avec des faucons. L'après-midi, c'était moins grave, il y avait beaucoup moins de gabians. L'après-midi, on travaillait aussi, mais il n'y avait qu'un seul engin, c'était une surveillance surtout, pour voir qu'il n'y ait pas le feu, parce que le feu, sur la décharge d'Entressen, si on le laissait prendre, je crois que plus rien ne pourrait l'éteindre! Une poubelle de quatre-vingt-cinq hectares de surface – même si la décharge ne recouvre pas tout cet espace – sur trente mètres de hauteur, il faut voir un peu le tas de poubelle que ça fait! Si le feu arrivait au fond, il y a du gaz... Ils ont essayé de tirer le gaz, il y en a, mais pas suffisamment pour l'exploiter...

Pour en revenir à nos goélands, je crois que c'est les faucons qui en avaient peur, il y en avait encore trop! Ils venaient les habituer, mais ça ne marchait pas, elles avaient peur, ces pauvres bêtes! Quand je dis que c'est épouvantable, même les faucons sont d'accord... Quelqu'un qui est un peu inquiet, il prend peur! Il a peur de se faire agresser! Et les faucons, quoique ce soient des oiseaux de proie, prenaient peur! Le bonhomme était obligé de les chercher le soir. Quand c'était tard, il finissait par les récupérer, ils étaient bien dressés, mais quand ils les lâchaient sur la décharge... Au départ, les maîtres fauconniers en attrapaient, puis ils avaient trouvé qu'ils n'en faisaient pas assez, alors le chef de centre leur prêtait un manœuvre ou deux.

Quand leur fourgon était plein – il y avait deux ou trois soldats qui venaient le chercher –, quand ils avaient leur contingent, ils s'en allaient. Et les manœuvres étaient contents parce qu'ils avaient fini leur journée, ils n'avaient plus qu'à attendre midi.

Il fallait mettre des gants d'abord, solides, parce que si on les attrape par le cou, ça va, mais par une patte, les coups de bec, ça arrache le morceau sur la main! Les manœuvres mettaient des gants et se cachaient sous un carton, vers le bout de la décharge, là où il y a le plus de trafic. Ils avaient fini par s'y faire. Ils s'étaient aperçus qu'au plus on prend des risques, c'est-à-dire au plus on se tient près des engins, au plus on en attrape. Seulement, comme le conducteur de l'engin ne savait pas toujours sous quel carton il y avait un bonhomme, il fallait faire attention à ne pas se laisser écraser... Et ils en attrapaient. J'en ai vu qui en attrapaient deux ou trois à la fois! Ils regardaient la trajectoire de l'engin, ils visaient à peu près, ils se disaient : « L'engin va me passer à deux ou trois mètres et là ça va marcher. »

Les goélands suivaient l'engin, les manœuvres se cachaient sur sa trajectoire et attendaient que l'engin passe. Les gabians se posaient derrière et il n'y avait qu'à sortir du carton et les attraper. Quand ils en avaient cinq ou six à la main, ils partaient, ils allaient les porter au camion qui attendait de l'autre côté de la voie, sur la piste, et ils recommençaient. C'était le meilleur moyen, parce que se planquer et attendre... les gabians venaient difficilement, peut-être ils voyaient qu'il y avait quelqu'un de planqué... Au plus on se tenait près des engins, au mieux ça allait.

Et c'est comme ça qu'un jour on en a écrasé un. Le bonhomme est arrivé, il le cherchait, il a dit : « Je ne le trouve plus, je ne sais pas où il est passé, je ne le vois plus venir. » Alors on a arrêté tous les engins, on a entamé des recherches. On a eu de la chance, on l'a trouvé. Il était caché sous un sac plastique, un grand morceau de plastique, et soit il n'a pas vu arriver l'engin – c'est un compacteur qui lui avait passé dessus –, soit il a eu un malaise, on ne sait pas, on n'a trouvé que les morceaux. Quand on a soulevé le plastique on a vu que c'était lui... Ça n'était pas marrant... Et là, ça a été fini, ils ne sont plus venus chercher des goélands... Ou alors, s'ils en attrapent, ils se les attrapent chez eux, sur la base... Ça avait fait trop de bruit chez nous : plus question qu'on leur prête des manœuvres pour leur attraper les goélands !

Les manœuvres n'étaient pas payés en plus pour ce travail. Ils habitaient là parce qu'il y avait des bâtiments, et en principe ils n'avaient pas leur famille ici, ils n'avaient rien. Ils arrivaient d'Algérie. Ils travaillaient comme nous, mis à part qu'ils avaient droit à un mois de congé en plus, sans solde, pour pouvoir aller une fois de plus chez eux. Ils y allaient pendant leurs congés payés et puis on leur filait un mois de congé sans solde.

Pour la paye, il y avait deux prix : le manœuvre et le conducteur d'engin. Entre les engins, c'était le même prix. Moi, j'ai conduit surtout le bulldozer, les pelles mécaniques éventuellement, les camions, les compacteurs, tout, mais principalement le bulldozer. On s'y trouve à l'aise. Il n'y a rien de comparable avec les tracteurs à roues ni avec les tracteurs à chenilles agricoles, parce que dans l'agriculture, je connaissais ce genre de travail. Sur la décharge on roule comme sur un matelas avec un bulldozer. Il y a une différence énorme entre rouler sur la décharge avec un bulldozer et rouler dans les prés avec un tracteur à roues, on est beaucoup moins secoué sur la décharge. Le travail est valable, ça n'est pas très fatigant. C'est sûr que ça n'est pas jojo, parce qu'on est seul tout le jour dans cet engin. Le bruit que ça fait est énorme, parce qu'on n'entend pas que le nôtre de bruit. Dans un périmètre pas tellement grand il y a les pelles mécaniques, le compacteur, les bulldozers et les gabians...

Le bulldozer, il faut avoir encore un petit peu de main. Le plus délicat, c'est la pelle, le plus facile, le compacteur. Sur un compacteur on peut mettre un empoté, il fera toujours son travail, tant bien que mal. Sur une pelle mécanique, il ne faut pas tellement se mélanger les pinceaux, il ne faut pas vider à côté. Pour les questions de nettoyage, les Arabes connaissaient les chauffeurs de pelles : certains nettoyaient mieux les wagons que d'autres, on arrive à nettoyer plus ou moins bien. Alors, comme il y en a qui s'en foutaient un peu, ils disaient : « L'Arabe se débrouillera ! » Et eux le savaient, parce qu'ils sont malins, ils connaissaient les chauffeurs de pelles et ils avaient leurs préférés.

Le matin, le contremaître faisait les équipes. Avec les roulements de congés, les équipes changeaient tous les jours, de même que les engins. C'est pour ça qu'ils n'étaient pas tellement bien entretenus, ces engins. Tel chauffeur n'avait pas toujours le même engin. Il en avait un d'attitré, seulement ça n'était pas toujours lui qui le conduisait. Moi, je n'en ai jamais eu, parce qu'on me mettait à toutes les sauces, mais il y a des gars qui avaient une pelle attitrée, ils travaillaient toujours avec celle-là. Seulement, le jour où ils étaient de repos ou en congé, c'était quelqu'un d'autre qui travaillait avec.

Je les connais tous, les boulots, là-bas. J'ai arrosé : ça ne me plaisait pas ! En ville, dans Marseille, ça devait être bon d'arroser. Dans les rues de Marseille, il n'y a pas de poussière. Mais là, les jours où il y avait beaucoup de poussière, avec cette arroseuse il fallait rouler lentement pour que ça imbibe bien, en roulant vite ça n'aurait rien fait du tout. Il se dégageait un nuage, il fallait fermer les vitres ! On avait beaucoup plus de poussière dans la cabine de l'arroseuse que ce qu'on pouvait avoir sur la décharge. C'est pour ça que ça ne me plaisait pas, sinon ça n'était pas un bien mauvais boulot, conduire un camion, à toute petite vitesse, le long des pistes, arroser... On arrosait bien, mais demi-heure après, ça ne se voyait plus !

Entre autres animaux, on avait des rats, beaucoup de rats. La ville de Marseille nous envoyait des sacs de grains pour les empoisonner. On en faisait des petits tas le long des voies, il en mourait, mais il y en avait tellement qu'on n'arrivait jamais à tout détruire ! Après, avec les compacteurs ils ont presque disparu, parce que les compacteurs tassent tellement qu'ils ne peuvent plus faire leurs galeries. Les chats, c'était très rare, on n'en voyait pas souvent. Il est arrivé des petits chats vivants, parce qu'il y a beaucoup de gens dont la chatte fait les petits et qui les jettent à la poubelle vivants! On en trouvait, des fois. Seulement on les voyait ou on ne les voyait pas : on ne les voyait pas toujours. Mais je n'en ai jamais vu venir trop vieux... Ils mouraient, ils ne restaient pas, je ne sais pas pourquoi, si c'est les rats qui les bouffaient, ou les mouettes, ou les chiens. Les chiens, par contre, c'est incroyable ce qu'il y avait comme chiens!

Beaucoup de gens qui voulaient perdre leur chien, qui voulaient s'en débarrasser, venaient le jeter autour de la décharge, ils savaient qu'il trouverait à bouffer. En plus, ils y restaient, là-bas : ils trouvaient à manger, on peut le dire! Seulement il y avait des chiens, des chiennes, et ça faisait des petits. Les petits, nous, on ne savait pas toujours où ils étaient, mais les Arabes le savaient. Ils savaient quand une chienne faisait ses petits quelque part. En ce qui me concerne, les collègues, c'était pareil, si on trouvait une nichée de chiens, de petits chiens, on en tuait quelques-uns, quand ils étaient tout petits, pour n'en laisser qu'un ou deux à sa mère, pour lui tirer le lait. Les Arabes ne le faisaient pas. Ils prétendent que du moment qu'Allah les a faits, il faut qu'ils restent. Ce qui fait qu'il venait un moment où il y en avait!

La grande voie de chemin de fer de Marseille à Paris passe au nord de la décharge, et là il s'en écrasait beaucoup. Tous les jours, le garde-barrière arrivait, il nous disait : « Il y a encore un chien d'écrasé! Un de vos chiens. » Ça n'était pas nos chiens, mais enfin on allait le chercher et on allait l'enterrer. Le matin, ils venaient à la décharge pour bouffer, comme les gabians, et ils avaient l'habitude de traverser les voies entre les wagons, pendant que les wagons roulaient. Comme on n'allait pas vite, ils savaient. Seulement quand ils allaient sur la voie qui traverse la Crau, où le TGV passe maintenant, pas à trois cents à l'heure parce qu'elle n'est pas faite pour, mais souvent à plus de cent, ça faisait une grosse différence avec nos wagons, et là ils se faisaient avoir. Ils se faisaient écraser, ils n'avaient pas notion, ils ne savaient pas que les trains passaient plus vite sur cette voie que sur les nôtres. On les mettait dans le godet de la tracto-pelle, on faisait un trou, on les mettait dedans.

Le matin, ils attendaient qu'on parte. Tant qu'on ne partait pas ils n'allaient pas à la décharge : il n'y avait rien à bouffer. Ils nous suivaient. Quand les wagons partaient, ils partaient ! Ils suivaient les tracteurs... Leur nombre était variable. La dizaine ou quinzaine y était tout le temps, mais j'en ai vu jusqu'à trente. On ne s'en débarrassait pas : pour quoi faire ? On était copains avec eux. Ça n'était pas la peine de leur jeter un morceau de pain, ils ne le voulaient pas !... Quand ils étaient petits il leur arrivait souvent des bricoles. Les petits, les premiers temps, si sa mère les menait sur la décharge, ils se faisaient écrabouiller. On en écrasait comme ça, on ne les voyait pas. Et puis elle les menait plutôt vers les bâtiments que vers la décharge les premiers temps, et vers les bâtiments il n'y avait pas grand-monde qui leur donnait à bouffer. Ce qui fait qu'ils avaient une mauvaise période à passer. Mais après, une fois qu'ils avaient pris le dessus, sur la décharge ils étaient gras, ils étaient beaux !

J'ai plus vu de chiens là-bas qui cherchaient à sympathiser avec les gens que de gens qui cherchaient à sympathiser avec les chiens ! Si tel chien se mettait dans la tête qu'un tel, c'était son ami, le matin il l'attendait ! Quand il voyait arriver la voiture, il lui faisait des fêtes ! Je me souviens d'une anecdote, elle vaut la peine d'être dite. Un jour, on arrivait de travailler et les chiens revenaient en même temps. Quand on descendait de la décharge, ils revenaient. On était tout dégueulasses, pleins de poussière. Après avoir passé huit heures sur une décharge, on n'est pas propre, on se languit d'aller à la douche et de mettre les vêtements propres, on était minables ! Et il y avait des gens qui venaient de la ville, des gens du service du nettoiement, des employés de la ville de Marseille, avec le costume ! Ils arrivaient du côté opposé à celui où on arrivait et les chiens arrivaient derrière nous, tranquilles... Et quand ils ont vu cette troupe de bonhommes qui arrivaient en cravate et tout ce qu'on voudra, ils se sont mis à aboyer, à gueuler! Ça faisait marrant! Les types étaient vachement sapés et nous, on était dégueulasses, et ils aboyaient après les autres, là-bas! Ils se demandaient ce que c'était! Pour eux, c'étaient des étrangers! Ils disaient : « Qu'est-ce qu'ils viennent faire ceux-là! » Les gens en question, ça ne leur avait pas plu...

Ils dormaient dans les garages, sous les tracteurs, sous les bulls. Les pelles mécaniques, on ne les rentrait pas, c'était trop long à véhiculer, c'est sur des chenilles. Mais les bulls, on les rentrait et ils couchaient là. Les bureaux, le garage, c'est bien ombragé. Il y avait un atelier de réparation aussi, à côté du garage, il y avait une paire de mécanos en permanence pour tout ce matériel, et les chiens passaient leur après-midi là, à l'ombre. Ils restaient presque tout le matin sur la décharge, quand ils avaient assez bouffé, s'ils n'avaient plus faim, ils avaient un endroit où ils étaient en toute tranquillité : sur la voie, sous les wagons. On pouvait déplacer les wagons, faire ce qu'on voulait, ils ne bougeaient pas. Ils étaient sur la voie, entre les rails, ils étaient tranquilles. Ils savaient qu'ils ne risquaient rien, les wagons pouvaient faire du bruit, ils en avaient tellement l'habitude! Et puis ils étaient à l'ombre!

Entre les gens, ça n'était pas tellement convivial, on n'avait pas le temps de discuter. Chacun dans son engin. Pour moi qui avais été habitué à travailler toujours en compagnie de quelqu'un, à des travaux où on pouvait discuter... Par exemple, quand on faisait du charbon, quand on rentrait des foins, ou dans le moulin à l'huile, ou en cueillant des olives, c'est tout des travaux qui n'empêchent pas de discuter. Alors que là, on était dans notre engin, il n'y avait pas tellement de rapports entre les employés. Le matin, on se voyait tous : tout le monde rentrait au vestiaire, on se voyait tous. Mais on avait juste le temps de mettre les habits propres dans un placard, de prendre les habits dégueulasses dans l'autre, de les mettre et c'était l'heure de démarrer. Et à midi, quand on arrivait à la douche, ce qui nous préoccupait le plus, c'était de vite prendre la douche, mettre les vêtements propres et rentrer à la maison. Ce qui fait qu'il n'y avait pas beaucoup d'amitié entre nous, on n'avait pas le temps.

Avec les chefs, c'était pareil. On voyait le contremaître le matin, c'est tout, et le chef de centre quand il y avait quelque chose de grave. Il ne s'occupait de rien, il était dans son bureau. Des fois, il venait des chefs, de ceux de Marseille là-bas, mais eux, c'était de la rigolade. Eux venaient, ils étaient toujours d'accord, ils venaient pour dire bonjour, pour faire voir qu'ils étaient là, et puis c'est tout. Moi, je m'étais fait engueuler un jour parce que le contremaître trouvait que je ne marchais pas assez vite. J'étais fatigué, on m'avait dit qu'il y avait tous les chefs qui attendaient là-bas. Je ne sais pas si j'avais bien fait ou pas, j'ai tellement eu toujours l'habitude de dire ce que je pense, je lui avais dit que s'ils avaient marché aussi vite que ce que je les emmerdais, ils seraient été beaucoup plus loin encore. Et puis je suis allé prendre ma douche tranquille. Ils étaient là, ils attendaient qu'on ait fini de prendre la douche pour boire l'apéro avec tout le monde, pour discuter un peu. De la colère, je n'étais pas allé boire l'apéritif avec eux. Il faisait chaud, je me disais qu'ils venaient nous voir juste pour se foutre de notre gueule, ça ne me plaisait pas!

Au début, ça m'avait choqué, cette décharge. Là-bas, on n'était plus en Provence, même au milieu de la Crau, c'était un monde tout à fait à part. Le premier jour on est perdu. Pourtant, j'avais déjà cinquante ans, je commençais à ne plus guère m'effrayer, mais quand on a commencé à trois ans à coucher dans la colline au pied des charbonnières et qu'on a toujours vécu à peu près libre! Quand je suis arrivé sur la décharge, je me suis dit que je venais d'arriver sur la lune, ça n'était pas possible!... Pas un arbre... Rien! Des wagons, des tracteurs, des pelles, du bruit et des gabians!... Des chiens errants, et rien entre les gens...

On ne va pas dire que ça fait peur, mais enfin ça inquiète, on se demande où on est tombé! On ne voit rien, on voit des tas de poubelles, on les pousse avec le bulldozer, si on est dans la pelle mécanique on ne voit que les wagons, et pas la peine de chercher pour voir si il y a un arbre : rien! Les premiers temps, je me disais que je n'y resterais peut-être pas longtemps, je disais : « Ça ne fait pas, ça! » Et puis, ma foi, on s'y fait! Le premier jour je suis arrivé à midi... et le lendemain j'ai continué...

Les hommes et la chasse

Autrefois, on chassait les mêmes espèces qu'aujourd'hui, à la seule différence qu'il y en avait, maintenant il n'y en a plus, ou presque plus. Sinon, moi, je suis devenu chasseur à un âge bien avancé. Tout jeune je ne chassais pas, parce qu'il n'y avait pas de chasseur dans la famille et je n'avais pas une bien grande passion. Je ne suis jamais été[1] un très gros chasseur. Actuellement, même, je continue à prendre le permis, je crois que c'est pour faire comme tout le monde. Avant qu'on ait créé la Saint-Hubert aureilloise, la société de chasse, qui existe toujours, je ne sais pas comment ça se passait. Pendant la guerre on ne chassait pas, mais le gibier, ça a été très important dans nos villages. Avant la guerre, c'était inimaginable les lapins qu'on pouvait voir. Ils venaient jusqu'aux abords du village, il y en avait partout. Quand on voulait régénérer des oliviers, on avait de la peine à s'en défendre parce que le lapin est un rongeur, et les pieds d'oliviers jeunes, ils les rongeaient. Ils rongeaient l'écorce complètement, jusqu'à les faire mourir.

Sinon, il y a une chose qu'on ne connaissait pas tellement, quand j'étais jeune, je n'en avais vu que dans les livres, c'est les faisans. On a commencé à connaître le faisan quand le gibier est devenu rare et que des éleveurs se sont mis en tête d'élever du gibier pour le vendre aux sociétés de chasse qui

1. Forme grammaticale héritée du provençal.

le lâchaient dans la nature. On les lâchait le soir, on allait chasser le lendemain... Ils sortent d'un poulailler, à quelque chose près, un poulailler peut-être assez grand, mais... Tandis qu'autrefois, même le plus mauvais chasseur du village, il était impensable qu'il retourne bredouille. Il n'arrivait peut-être pas à chasser les lapins à coups de crosse, mais enfin pour ne pas tuer un lapin je crois qu'il aurait fallu être vraiment mauvais. Il y en avait, il y en avait...

Pendant la guerre on ne chassait plus, puisque quand les Allemands ont occupé toute la France, en 1942, il a fallu ramener tous les fusils à la mairie. Seulement il y avait les restrictions, et là tout le monde braconnait, ou presque, même les petits, ce qui fait que je me suis retrouvé braconnier avant d'être chasseur. Enfin, braconnier, c'est une façon de parler. Braconner pendant la guerre, ce n'était ni pour le gain, c'est-à-dire pour vendre le gibier, ni pour le plaisir, c'était parce qu'on avait faim, et le lapin faisait un apport de viande appréciable. Aussi, pratiquement tout le monde braconnait, si on peut l'appeler braconnage. Tout le monde attrapait des lapins pour pouvoir bouffer, avec les collets ou des pièges. Il existe des pièges à palette pour le lapin, comme pour le renard, mais en plus petits, qui, quand ils sont bien placés, sont plus efficaces qu'un collet. On les plaçait presque à coup sûr, alors que les collets, il fallait en placer plusieurs.

On pouvait fabriquer les collets soi-même, ça n'était pas difficile, à condition de trouver un peu de fil électrique. Souvent, le piège, par contre, il fallait l'acheter, et à ce moment-là on regardait à la dépense. Je n'ai jamais vu de collets sur les marchés, alors que des pièges, on en vend dans toutes les quincailleries. Les collets, c'est tout à fait artisanal, même avec un fil de fer assez souple on peut en faire. Il vaut mieux plusieurs fils de cuivre tressés, ça glisse mieux. On fait un nœud coulant, on le place à la hauteur où le lapin passe, et le lendemain matin il y est pendu ou il n'y est pas. Mais en en plaçant plusieurs, il y en avait toujours, quand il y avait des lapins. Aujourd'hui, poser des collets, je ne sais pas si quelqu'un s'y amuse encore.

Il y avait beaucoup plus de gibier. Des grives, on en voyait beaucoup plus que de nos jours. On chassait le lapin et le perdreau, et des perdreaux, il y en avait énormément aussi. Pendant la guerre, on mettait des pièges à moineaux, des pièges à oiseaux. On appelait ça des « ratières », parce que ça ressemblait aux tapettes qui servent à attraper les souris, mis à part qu'il n'y avait pas de plaque de bois dessous. On se procurait des vers, ces vers jaunes qui viennent en principe dans la farine, il y en avait chez les boulangers. Nous, on allait les chercher dans le crottin des pigeons, et on enterrait le piège dans la terre. On grattait un peu, on mettait un peu de terre par-dessus. Il fallait choisir l'endroit où il y avait des grives. L'embêtant, c'était les rouges-gorges : on n'avait pas le temps de finir de mettre le piège, du moment qu'ils avaient vu quelqu'un gratter, les rouges-gorges venaient et s'attrapaient. Ça ne nous intéressait pas tellement, à ce moment-là, parce que c'est très bon mais c'est tout petit. On préférait des grives, il y avait plus à manger.

Les tendelles, on appelait ça des *leco*. On les mettait pour les perdreaux, mais ça ne marchait pas toujours bien. C'est une grande pierre plate avec un système de bouts de bois qui tiennent à peine, et on met du grain par-dessous. Quand le perdreau vient manger le grain, il se fait prendre sous la pierre. Il paraît que dans les basses Alpes, ça se fait beaucoup pour les grives. Il y avait des braconniers professionnels qui le faisaient avant la guerre, puis qui l'ont fait après encore, mais plus maintenant, les compagnies de perdreaux sont tellement rares... Le jour de l'ouverture on en voit quelques-uns, puis la chasse est limitée.

La grande période que j'ai connue, ça a été après la guerre. On avait été privés de tout pendant des années, et quand on a recommencé à chasser, ça a pris un engouement terrible. Et il y avait encore du gibier, il y en avait énormément. Ça a duré encore bien quelques années. Puis là, c'était vraiment important, la chasse, surtout que c'était assez difficile. Parce que gérer une société de chasse privée, par exemple, ça n'est pas tellement difficile : il y a un nombre de sociétaires, il y en a vingt ou il y en a trente, ça dépend de ce que la société peut supporter, et il y a un règlement auquel tout le monde se conforme. Tous les sociétaires, qu'ils soient docteurs, qu'ils soient avocats ou agriculteurs, qui adhèrent à cette société, suivent tous le même règlement. Ça marche mieux que dans les communes.

Nous, notre chasse communale, c'était compliqué, parce qu'on disait que c'était une chasse communale, mais on ne chassait pas obligatoirement que dans les terrains communaux. On chassait dans tous les vergers d'oliviers, dans les terrains de n'importe qui, ce qui fait qu'il y avait des jalousies terribles. Pour mettre tout le monde sur un pied d'égalité, c'était laborieux, on n'y arrivait pas. Untel prétendait qu'il avait plusieurs hectares d'oliviers, plusieurs hectares dans lesquels il semait des céréales, plus des terres incultes, alors ça faisait beaucoup, et il rouspétait parce qu'il fallait qu'il paie le même prix que l'instituteur ou le facteur, qui eux n'avaient pas de terrains. Ils n'étaient pas agriculteurs, ce n'était pas leur métier, mais il fallait bien qu'ils chassent aussi! Ce qui fait que tout le monde trouvait à redire. Et il y avait des réunions de chasse, c'était formidable. Nous, petits, on y allait, la chasse ne nous intéressait pas, mais on y allait pour rigoler parce que ça valait la peine.

On voyait des discussions, même on a vu des gens qui sont sortis d'une réunion de chasse et qui, par la suite, sont restés plusieurs mois sans s'adresser la parole, parce que ça avait mal marché ce soir-là et qu'ils n'avaient pas le même point de vue. Ça, c'était pendant les assemblées générales. Chaque année il y avait une assemblée générale, et là tous ceux qui en avaient gros sur la patate et qui avaient accumulé ça toute l'année, ce jour-là, venaient et déballaient tout. Ça valait la peine! On y allait exprès pour ça, rien que pour rigoler. C'était juste après la guerre, je n'étais déjà plus tout petit, j'étais déjà grand, mais je ne chassais pas. Des réunions comme ça, on n'en voit plus, maintenant, ça se passe dans le calme.

Je me souviens d'un bonhomme qui était un grand chasseur, il était quand même assez réputé pour avoir le verbe un peu imagé. Et un jour de réunion, après avoir débité pas mal de gros mots – il faut le dire comme ça –, avoir insulté pas mal de gens, je me souviens qu'il avait fini par dire : « Et maintenant – il parlait en provençal – *se me roumpon encaro un pau li couioun, vou fini pèr mau parla*[1] ! » Ça faisait déjà un bon moment qu'il parlait mal, mais il nous avait sorti ça vite fait. Et des trucs comme ça, on en entendait toute la soirée, tout le monde gueulait... Et bien souvent, à la fin, on démissionnait! Alors ils démissionnaient avec la colère et il fallait refaire une commission!

Aux élections, il n'y avait pas de candidats. On distribuait un petit morceau de papier à tous les participants à l'assemblée générale, avec des stylos qui circulaient ou des crayons, chacun n'avait pas son stylo dans la poche comme maintenant, et chacun sur son bout de papier marquait les noms de qui il voulait. Pour être élu il fallait être dans la salle : on ne pouvait pas voter pour quelqu'un qui n'était pas là. Mais du moment que le bonhomme était dans la salle, il n'y avait qu'à regarder Untel et se dire : « Tiens, je vais mettre son nom à celui-là », et voilà. Il y avait un dépouillement qui était laborieux après, parce que des candidats, au départ, il n'y en avait point. Ceux qui avaient gueulé le plus, des fois, arrivaient en tête. On se disait : « Celui-là, il gueule, peut-être il fera quelque chose! » Après, il y avait le dépouillement, et l'année d'après, ça repartait avec une nouvelle commission. Celui qui avait le plus de voix était élu, mais il n'était pas obligé d'accepter non plus, ça arrivait. Il y en a qui se retrouvaient élus, puis ça ne leur plaisait pas, ils trouvaient que c'était beaucoup de soucis, ils ne voulaient pas. Alors on repassait au suivant, et ainsi de suite, on finissait par y arriver...

Juste après la guerre, les bons chasseurs revenaient avec au moins quatre ou cinq lapins dans leur musette et quelques perdreaux, le midi! S'ils y retournaient l'après-midi, si ça se trouve ils en tuaient encore! Les grives, on les chassait

1. « S'ils me cassent encore un peu les couilles, je vais finir par mal parler! »

– on appelait ça « à l'avant » – en marchant le long des haies, et quand elles s'envolaient on les tirait au vol. Là, c'était de la chasse de sportif. Mais le plus qu'il s'en tuait, c'était après la fermeture de la chasse. Il reste encore deux mois où on peut chasser, mais uniquement au poste. On faisait un abri dans une haie, on était caché et on attendait. Il fallait le faire à un endroit où on savait qu'elles venaient se poser, près d'un arbre où il y avait beaucoup de lierre, par exemple, parce qu'elles aimaient les boulettes de lierre. Là, c'était plus facile : il y en a qui en faisaient des douzaines. Il y en avait! Et puis ils n'en manquaient pratiquement point. Quand elles se posaient, ils tiraient. Quand il y en avait assez par terre, ils allaient les ramasser, puis ils revenaient s'asseoir dans la cabane.

Aujourd'hui, des postes pour les grives, il n'y en a plus beaucoup qui en font, et quand ils sont arrivés à en tuer trois ou quatre, ils sont contents. Elles ont beaucoup diminué. Dans les prairies, chez nous, on a beaucoup, pendant la guerre, démoli de haies. Il y a des parcelles de prés qui ont aujourd'hui un hectare et qui, autrefois, formaient trois ou quatre parcelles. Entre chaque parcelle il y avait des haies avec beaucoup d'ormeaux, et sur ces ormeaux il y avait beaucoup de lierre. Les grives affectionnaient ça.

Et puis il y a eu les plantations de pommiers au nord des Alpilles qui en ont beaucoup enlevé. Parce que les grives couchent dans les Alpilles. Par mauvais temps, le soir, beaucoup de gens allaient en tuer à la passée, quand elles montaient se coucher. Elles allaient coucher dans la colline quand il faisait beaucoup de mistral. Sinon, beaucoup couchaient dans les haies de cyprès, ici, s'il ne faisait pas trop mauvais. Elles montent plus quand il fait mauvais, et c'est plus facile de les tirer parce qu'elles volent plus bas et plus lentement à cause du mistral. Ça fait deux avantages. Elles descendent le matin et montent le soir, au lever et au coucher du soleil à peu près, le matin très tôt et le soir un peu moins tard. Le matin, on les voit arriver – on les voyait parce que maintenant, pour les voir, c'est difficile, il en arrive tellement peu –, on les voyait arriver il faisait à peine jour. Et quand on a commencé à faire beaucoup de plantations de pommiers au nord des Alpilles, comme à Châteaurenard, Noves, elles se sont beaucoup envoyées dans les pommiers manger les pépins des pommes, les pommes qui restaient par terre, qu'on ne cueillait pas. De nos jours, dans les pommiers il y en a encore un peu plus que chez nous, mais c'est presque fini aussi.

Quant au lapin, lui, ça a commencé en 53 avec la myxomatose qui l'a tout détruit, il n'y en avait plus. Il a dû en rester quelques-uns, puisqu'il y en a encore, mais enfin très peu. Puis ça a repris. Dans les années qui ont suivi 1953, toutes les années ils étaient malades. Ils n'en mouraient pas tous, comme aurait dit La Fontaine, mais ils en étaient tous frappés! On en voyait avec de gros yeux, la tête enflée, mais qui se guérissaient. Beaucoup venaient mourir au bord des routes, ils se faisaient écraser à cause de ces yeux, ça devait leur faire mal de marcher dans les branches, ils cherchaient des endroits au clair et on en voyait beaucoup sur les routes. On disait qu'au bout de dix ans la myxomatose disparaîtrait peut-être, et je vois que ça continue. 1953-1994, ça fait quarante et un ans, ça! Et des lapins, il y en a toujours que moins.

La plupart chassaient le lapin avec des chiens courants, pas des chiens d'arrêt. Les chiens d'arrêt, on a commencé à les connaître après la myxomatose. Le chien dit « de pied », c'est-à-dire le chien courant, chasse à la trace comme le chien de sanglier. Là où un lapin est passé, il met son nez par terre, il suit à la trace et il aboie en même temps, ce qui fait qu'on sait toujours où il est, on n'a qu'à le suivre. Et il finit par trouver le lapin, ou le lapin par aller dans un trou. Un chien courant, par temps sec, ne peut pas prendre la trace de trop loin; mais si le terrain est assez humide et qu'il ne fait pas de mistral, quelques heures après le passage d'un gibier il peut le retrouver.

Alors que le chien d'arrêt, quand il sent un gibier, comme son nom l'indique il s'arrête et ne bouge plus. S'il sent un lièvre à quelques mètres de lui, un lièvre qui est au gîte, il se plante, le museau pointé du côté du gibier, et il ne bouge plus même si on est à deux cents mètres de lui. Il n'y a qu'à s'approcher. Il faut chasser à vue si on veut chasser avec ; dans la Crau, par exemple, où on voit de loin, on ne peut pas chasser dans le bois. Encore que maintenant, il y a une race qui est assez efficace, qui fait les deux. L'épagneul breton est un très bon chien d'arrêt, mais il peut très bien débusquer des bêtes dans le bois quand il en trouve.

Le perdreau se chassait plutôt au chien d'arrêt, mais il y en avait très peu, à ce moment-là. Pour chasser le perdreau, ça n'était pas la même chose que le lapin, il fallait avoir de bonnes jambes. Pour chasser le lapin, avec des chiens courants, on n'était pas obligés de faire beaucoup de kilomètres. Tandis que le perdreau, on pouvait le chasser même sans chien. Si on entendait chanter une compagnie de perdreaux, il n'y avait qu'à s'en approcher : au moment où ils s'envolaient on tirait, et on en tuait ou n'en tuait pas. Si on n'en tuait pas, il n'y avait qu'à regarder où ils allaient se poser, dans un autre vallon, parce qu'en principe ils étaient dans la colline, puis traverser le vallon et aller les faire partir encore une fois. Il fallait être un très bon marcheur pour chasser le perdreau.

C'était une chasse sportive. Parfois, il y a des chasseurs qui faisaient les deux. Il y en a qui le matin allaient chasser le lapin et puis, les premiers jours de l'ouverture, comme quand même au mois de septembre, au début de l'ouverture, il fait assez chaud, quand ils revenaient ils posaient leur gibier et puis ils se disaient : « On va faire un tour aux perdreaux. » Ça, c'était sur le coup de midi. On sait que là, c'est le milieu de la journée, il fait chaud, les perdreaux sont plus calmes. Ils aiment bien chercher un endroit au soleil où il y a de la terre bien meuble et s'y rouler dedans. Nous, on disait qu'ils « s'espesouillaient[1] », ils s'enlevaient les poux.

Au début de la chasse il y avait pas mal de tourterelles. Maintenant, elles reviennent, un peu. On les chassait à la

1. Du provençal *espesouia*, « épouiller ».

volée, il faut attendre qu'elles passent parce qu'on n'arrive pas à les débusquer. Elles étaient beaucoup dans les champs de blé... C'est une chasse qui durait très peu parce qu'aux premières pluies, à l'automne, elles s'en vont, elles doivent aller dans des pays plus chauds. Et c'est à ce moment-là que les grives arrivaient. La grive se chassait tout l'hiver. Le merle, c'est pareil, c'est comme la grive, on le chasse à l'avant, en longeant les haies, du moins jusqu'à ce que la chasse au gibier sédentaire soit fermée. Les grives ne nichent pas ici, elles arrivent à l'automne puis repartent au printemps, comme les merles. Les merles, il en reste quelques-uns, mais pas tellement. Dans le sud des Alpilles on en voit très peu, dans le nord un peu plus. Du côté de Saint-Rémy, par exemple, vers les Antiques[1], il y a de grands arbres, il y a quelques merles qui y nichent, mais il y en a beaucoup qui émigrent comme les grives, ils vont plus au nord. Les tourterelles s'en vont au sud puisque les tourterelles sont ici l'été, elles arrivent au printemps, elles s'en vont à l'automne.

On chassait quelques sangliers, mais je n'en ai jamais trop vu. Dans nos régions, le plus qu'il y en a, c'est en Camargue, surtout maintenant qu'il se fait du riz, il y en a pas mal. Mais chez nous, dans les Alpilles, c'est assez rare. Ils venaient manger des glands sous les chênes quand ils ne trouvaient plus rien d'autre. Ils adorent les truffes, ils savent les trouver. D'ailleurs, on utilise des cochons pour trouver les truffes, la plupart ont des chiens, mais certains ont des cochons... Donc, les sangliers savent les trouver aussi. Le sanglier était assez rare. On ne partait pas chasser le sanglier pour dire : « On va chasser le sanglier. » Il s'organisait des battues, comme on fait toujours, le jour où quelqu'un avait annoncé qu'il avait vu des sangliers quelque part. Alors là, le téléphone sans fil, dans le village, marchait vite, et ceux qui avaient le temps prenaient leur fusil et on organisait une battue. On en tuait ou on n'en tuait pas. Et aujourd'hui, des sangliers, il y en a autant qu'il y a cin-

1. Monuments romains.

quante ans, parce qu'il y en a qui en lâchent. Ça ne fait pas l'unanimité : les chasseurs sont contents de savoir qu'il y a quelques sangliers, mais ceux qui font des champs de maïs sont moins contents. Ça fait du travail, ces bêtes-là !

Enfin, ça n'est pas en régression, alors que le reste l'est : le lapin, les grives, le perdreau... Il y a le fait que quand on a recommencé à chasser, juste après la guerre, il y avait trois cent cinquante habitants dans le village, et maintenant je crois qu'on arrive à douze cents et peut-être davantage. Du moment que la population a augmenté, c'est qu'on a fait des maisons, ce qui a diminué le territoire de chasse. Puis ça a beaucoup augmenté le nombre de chasseurs. En plus, il y a des chasseurs qui viennent de l'étranger, c'est-à-dire des villages voisins ou des villes, des gens qui ne savent pas où aller chasser et qui sont bien contents de trouver un endroit. Il n'y en a pas beaucoup qui viennent, il y en a surtout de la ville, mais presque toutes les sociétés communales en prennent, ça permet de financer un peu. Ils paient plus cher que les sociétaires du village, ça c'est sûr, sinon on ne les prendrait pas !

Le lièvre, heureusement que je regarde des fois la télévision : il n'y a pas longtemps à la télévision, dans des histoires d'animaux, j'ai vu des lièvres, sinon je ne me souviendrais plus comment ils sont faits. On chassait le lièvre dans la Crau, il y en avait pas mal mais dans les grands espaces. On chassait le lièvre presque comme le lapin, c'était à peu près la même chasse. Il faut marcher plus parce que, quand même, ça se déplace beaucoup. Puis on pouvait le chasser plus facilement au chien d'arrêt. Dans les grandes prairies de Crau, il pourrait y en avoir encore quelques-uns, mais ils ne peuvent plus se lever de devant. Autrefois, quand on fauchait, un lièvre qui était au gîte dans un pré entendait arriver la faucheuse, avec les chevaux ça faisait du bruit, on n'allait pas vite, alors le lièvre avait le temps de se lever. On en ramassait dans les lames, même avec les faucheuses à chevaux, qui étaient tapis, qui ne bougeaient pas, qui croyaient que ça passerait à côté, mais on en ramassait très peu. Alors que maintenant, avec les faucheuses rotatives, on marche à une vitesse folle, et on peut faire passer un lièvre dans la faucheuse sans s'en apercevoir ! Il est broyé. Ce n'est plus que des petits morceaux.

Il y a ça, et dans la Crau, dans la vraie Crau sauvage, maintenant, c'est les plantations de pêchers, les serres, et le lièvre insensiblement a disparu, il y en a encore mais très peu. Les sociétés de chasse en lâchent toutes les années, mais des lièvres de tir, on appelle ça du gibier « de tir », c'est-à-dire du gibier qu'on lâche pour aller le chasser le lendemain. On lâche aussi des lièvres pour le repeuplement, mais ça ne donne pas grand-chose. Pour le repeuplement, on le lâche après la chasse, mais c'est délicat... Le plus qu'il en vient c'est d'Europe centrale. Il paraît qu'en Europe centrale, il en reste encore pas mal. Mais ils ne sont pas tellement dégourdis, ils doivent quand même être élevés, ils se font écraser sur les routes. Sur tous les lièvres qu'on lâche, il n'en reste pas énormément.

De nos jours, le chasseur qui tue un lièvre est fier de lui. S'il en a tué un dans l'année il est content, parce que ça n'arrive pas à tout le monde... Avant, le chasseur qui s'intéressait au lièvre et qui était bon chasseur pouvait sûrement en tuer plusieurs dans l'année, ça devait arriver. Beaucoup de gens tuaient un lièvre ! C'était quand même un événement, ça n'était pas comme un lapin. Le lapin, à partir d'une douzaine on parlait d'événement, mais jusque-là, celui qui en tuait quatre ou cinq dans la journée, ça n'était pas un exploit ! Le lièvre, c'était plus rare, mais il y en avait. Maintenant, il y a des années que je n'en ai pas vu. En réalité si : à la télévision.

Chasser dans les Alpilles, c'est chasser dans le bois. En Crau il faut être meilleur marcheur, à part si dans les Alpilles on chasse le perdreau. Mais chasser le lapin dans les Alpilles, ça n'est pas fatigant. Maintenant, si on veut chasser sans chien et essayer de faire partir les lapins soi-même, il faut marcher beaucoup. C'était courant, autrefois, qu'un chasseur qui n'avait pas de chien parte et revienne avec une paire de lapins. S'il avait beaucoup marché, il arrivait à savoir où il y avait des gîtes, les faire partir comme ça et en tuer. Dans la Crau, on voit quelques lapins, maintenant, mais il fut une époque où il n'y en avait pratiquement pas dans les prés, le lapin se chassait en colline, alors qu'aujourd'hui il y en a autant dans la Crau qu'en colline. Celui qui chassait dans la Crau ne comptait pas tellement tuer de lapins. Il chassait le lièvre, le perdreau ou les cailles, il y en avait encore un peu.

Aujourd'hui, des cailles qui nichent ici, je ne sais pas si ça existe encore. Des perdreaux, il y en a, il y a quelques faisans aussi, qui nichent par là, c'est tout... La caille, le faisan et le perdreau sont devenus des gibiers de tir. Les poules d'eau, il y en avait un peu dans les marais, mais pas grand-chose. Des canards, il n'y en avait pas du tout, et maintenant il en vient, parce qu'on a organisé quelques petits étangs, des étangs artificiels. Là, il en vient quelques-uns. Les palombes, il en passe aussi, mais on ne peut pas le considérer comme important... Ça se chassait à la passée. C'est beaucoup plus tard que quelques-uns ont eu l'idée de faire des postes pour les palombes.

Dans la colline il n'y avait pas de lièvres. Il paraît que le lièvre ne vit pas en bonne intelligence avec le lapin. D'après ce qu'on dit, reste à savoir jusqu'à quel point c'est vrai – ce ne sont pas les scientifiques qui le disent –, c'est le lapin qui ferait disparaître le lièvre. Parce qu'après 1953, après la grosse épidémie de la myxomatose, on a essayé de lâcher des lièvres dans la colline, et ça n'a pas tenu. Et il paraît que ce sont les lapins qui les font fuir. Un lapin qui se bat avec un lièvre, il paraît que d'un coup de dents il lui sectionne les testicules. Pourtant, c'est beaucoup plus petit le lapin. Ça, on le dit. Une chose est vraie : là où il y a des lièvres, il n'y a pas de lapins, et là où il y a des lapins, il n'y a pas de lièvres. À l'époque où il y avait bien du gibier, on chassait le lièvre dans la Crau ou dans les prés, et dans la colline on allait chasser le lapin.

Le perdreau, lui, vivait aussi bien dans la Crau que dans

les oliviers ou la colline. À la différence que les premiers jours de la chasse, les premières semaines et les premiers mois même, si on veut, il y en avait partout. Et vers la fin de la chasse ils étaient tous dans la colline : ils avaient compris que c'est dans la colline qu'ils étaient le plus en sécurité. C'est difficile à débusquer, c'est difficile à tirer... On allait chasser en colline jusqu'en limite d'Eygalières, Eyguières, Mouriès.

Il y a plusieurs sortes de chasseurs. Il y a les chasseurs qui chassent pour chasser et qui partent le matin avec leur chien, le fusil, des cartouches, un quignon de pain et une bouteille à boire dans la musette, mais juste pour manger un morceau et se lever la faim. Maintenant, de ceux-là, il n'y en a plus guère, parce qu'ils sont obligés de marcher toute la journée pour des fois peut-être ne rien tuer. Ceux-là chassent plutôt seuls ou, s'ils sont plusieurs, ils s'assemblent en même catégorie. Mais ceux-là chassent. Ils ont beaucoup plus de chances que d'autres équipes, qui alors sont chasseurs pour le plaisir d'être ensemble.

Moi, je crois que j'ai fait partie des seconds surtout. On décidait du lieu où on allait chasser, on apportait un bon petit déjeuner, et puis quand on avait chassé une paire d'heures, il y en a un qui allait allumer le feu, on faisait griller les saucisses, les andouillettes, on mangeait un bon morceau! On faisait un commentaire sur ce qu'on avait tué ou sur ce qu'on avait manqué, et puis après le petit déjeuner on faisait encore un petit tour, histoire de faire la digestion. Et on retournait au village, même si ça se trouve on allait finir en faisant l'apéritif au bistrot. Le bistrot, c'est la fin de la chasse, en principe, mais pas pour le chasseur que j'ai cité en premier. Pour le vrai chasseur, le tenace, celui-là, quand il arrive il est fatigué, il va à la maison. Et puis il y a ceux qui partent tout seuls pour aller promener le fusil et le chien. À cette époque, il y en avait, de ceux-là, qui tuaient du gibier; maintenant ils vont prendre l'air. C'est qu'ils veulent passer le temps.

La chasse, en fait on chasse deux fois : une fois avec le

fusil, une fois avec la langue. C'était ça, le beau : quand on arrivait à déjeuner on se racontait toutes nos choses. Des équipes comme ça, moi, c'est le système de chasse qui me plaisait le plus, au moins on rigolait. Même si on ne tuait pas grand-chose, on avait rigolé. Je me souviens de quelqu'un, un jour, qui était réputé mauvais chasseur, il ne chassait pas beaucoup, mais il était réputé pour manquer beaucoup de gibier. Il avait tiré un lapin et il ne l'avait pas ramené. On lui disait : « *I èi ? – O ! segur : ié tirès pu ! Li tripo ié tirasson*[1] *!* » Alors on a mis tous les chiens, on a cherché le lapin. On a dit : « Puisque les tripes traînaient, c'est qu'il ne doit pas être bien loin. » Enfin on est revenu déjeuner et le lapin, on ne l'avait pas encore trouvé.

Il l'avait manqué, mais je suis sûr qu'il ne nous l'a pas fait chercher pour rien... Non, c'est qu'il y croyait, il devait y croire. Un chasseur des Alpilles ne ment pas : il exagère. Après, à déjeuner, on commentait et c'était agréable, ce qui fait que même si on n'avait pas tué grand-chose, quand on revenait on n'était pas déçus. Et ça, encore ces dernières années, on le faisait. Mais ça n'arrivait plus que quelquefois par an, les jours où il y avait des lâchers de faisans. On chassait jusqu'à l'heure du déjeuner, s'il y avait des morts tant mieux, on était contents, et s'il n'y en avait pas, on disait : « Quand on aura déjeuné, il y en aura ! » Et finalement il n'y en avait pas plus.

Il y avait les grands chasseurs, les chasseurs réputés qui tuaient beaucoup de gibier, et d'autres qui étaient réputés pour ne pas en tuer. D'un chasseur passionné, on disait que si son père avait été un lapin, il l'aurait tué ! On a eu un cafetier, il était connu dans le village, mais il y a longtemps qu'il est parti, il avait une passion terrible à la chasse. Et toutes les années il faisait l'ouverture, c'était important pour lui. Il avait divorcé, et à l'ouverture de la chasse il se trouvait seul, il n'y avait plus sa femme ! Il voulait faire l'ouverture quand même, et le soir il s'est dit : « Je vais faire l'ouverture demain, quand même il faut que je marque que le café est

1. « Il y est ? – Oh ! sûr : ne le tirez plus ! Les tripes lui traînaient ! »

fermé. » Alors il avait préparé un écriteau qu'il avait appliqué devant la porte du café. Et on l'a conservé longtemps, dans le café, cet écriteau, parce qu'il avait fait parler. Il avait mis dessus : « Fermé pour cause d'ouverture. » Et du coup, il a eu un succès monstre à l'apéritif, le café était plein, rien que pour voir le panneau. Il était allé faire l'ouverture et n'avait ouvert son café qu'à l'heure de l'apéritif!

Les étourneaux ne viennent que l'hiver, l'été ils sont dans les pays plus froids. Ça n'est pas fameux, ça ne vaut pas une grive. Ils arrivent ici à l'époque où les olives sont mûres. Et ça vit presque toujours en vol, il y en a, des gros vols, des vols immenses. Là-dessus, il y en a qui en ont raconté des choses! C'est vrai que c'est impressionnant, quand on voit un vol d'étourneaux bien compact. À la limite, en passant devant le soleil, ça arriverait à cacher le soleil, pas à faire la nuit complète mais enfin!... Il ne faut pas exagérer.

Ça, je l'avais entendu dire, puis je l'ai vu : quand ils se posent dans un champ d'oliviers pour bouffer des olives, j'ai vu des étourneaux repartir avec trois olives, une dans chaque patte et une au bec. Maintenant, les vieux disaient que ça n'était rien ce qu'on voyait, qu'autrefois alors il paraît... Seulement, autrefois... D'abord c'est sûr que quand on parle d'autrefois, on en rajoute toujours un peu. Ils disaient qu'il y avait un homme qui aimait beaucoup ses graines de laurier dans sa cour, et toutes les années les étourneaux venaient, ils lui saccageaient le laurier. Qu'ils bouffent toutes les graines, encore ça allait, mais ils lui saccageaient tout, les feuilles et tout... Alors, une année, il s'est mis en colère, il avait mis de la glu sur les branches. Il a dit : « Quand ils viendront... » Et les étourneaux sont venus, ils se sont posés sur le laurier. Là, il s'est dit : « Maintenant je vais les avoir! » Il est sorti de la maison, et au moment où il est sorti ils se sont tous envolés. Mais ils ne pouvaient pas s'envoler, bien entendu, parce qu'ils étaient pris aux branches : ils ont arraché l'arbre! Le vol d'étourneaux est parti et le laurier avec. Voilà, ça je l'ai entendu dire. Maintenant, que ce soit vrai[1]...

Il y en a un qui avait tiré dans un vol d'étourneaux même, une fois, et tellement il était dense ce vol, tellement c'était épais, il y en avait, il y en avait... Il avait tiré en plein milieu du vol, et c'est connu que quand on tire dans un vol d'étourneaux on peut en tomber... Il y a des gens qui sont arrivés à en tuer une cinquantaine. S'ils sont au sol, au moment où ils se lèvent, en tirant dedans on en tombe beaucoup. Quand je dis une cinquantaine, je ne sais pas si je n'ai pas entendu plus, il paraît qu'il y en a qui ont fait mieux. Et il y en a un qui prétendait qu'un jour il avait tiré dans un vol, il racontait ça en provençal, il disait : « *Èron talamen espés que vesiéu pu lou soulèu! I tirère li dous cop dedins, n'en toumbè pas un*[2]*!* » Alors on se demandait pourquoi il n'en était point tombé puisqu'il y en avait tant, et il disait : « *Li vivènt pourtavon li mort! E soun parti coumo acò*[3]*!* »

L'histoire du chien qui était resté en arrêt à la déclaration de guerre, ça c'est des histoires qu'on racontait pour dire que le chien d'arrêt était fameux! Le chien était tombé en arrêt devant un lièvre au moment où son propriétaire avait été appelé pour aller à la guerre, et on ne l'a retrouvé que quelques années après, quand le soldat est revenu de la guerre et est allé le rechercher. Il était toujours en arrêt devant le lièvre, mais ce n'était plus qu'un squelette, et le lièvre pareil. Ils avaient fini par mourir de faim[4].

L'ouverture de la chasse était un événement autre que maintenant. On commençait à en parler pendant une semaine avant. On se faisait les cartouches soi-même, on achetait les douilles, le plomb, la poudre, et l'outillage

1. Ce scénario est répertorié sous le numéro 1881* dans la classification internationale du conte populaire d'Aarne et Thompson, pour des versions d'Amérique latine.

2. « Ils étaient tellement serrés que je ne voyais plus le soleil! Je leur ai tiré les deux coups dedans, il n'en est pas tombé un! »

3. « Les vivants portaient les morts! Et ils sont partis comme ça! » Ce scénario est connu en Provence par d'autres versions.

4. Ce scénario est classé sous le numéro 1920F* dans la classification internationale du conte populaire.

n'était pas bien compliqué. Il fallait des bourres, on se faisait les cartons avec un emporte-pièce et un sertisseur à main, un petit doseur pour la poudre et un autre pour le plomb. Même il y avait des doseurs qui faisaient les deux, qui étaient réglables. Ça n'était pas mal, parce que ça permettait, à ceux qui faisaient la chasse au poste par exemple, quand le poste était placé au pied d'un arbre et que ça n'était pas trop loin pour tirer, de faire des cartouches moins puissantes, on abîmait moins le gibier. C'est connu : une grive, si on tire de trop près, on l'escagasse[1]. Quand on la plume, il n'y a pas que les plumes qui s'en vont, tout le reste vient avec. Le doseur, on mettait ce qu'on voulait dedans, seulement il ne fallait pas trop en mettre... Ça n'était pas tellement indiqué : le fusil risquait tout juste d'exploser dans la gueule du chasseur. Moins on pouvait.

C'était un grand événement. La veille de l'ouverture, le soir, tout le monde était bien d'accord : « À telle heure, on partira. » Les équipes se formaient dans la semaine précédente, il y en avait un par équipe qui avait repéré les quartiers, où c'est qu'on irait. Il paraît qu'il fut un temps où c'était réservé à une certaine catégorie de gens qui avaient les moyens, ça n'était pas tout le monde qui avait les moyens d'aller chasser. Puis, après la dernière guerre, ça s'est vite démocratisé : tout le monde chassait. Aujourd'hui, beaucoup de gens ne prennent plus le permis à cause de la rareté du gibier. Les sociétés comme la nôtre, à Aureille, font quelques lâchers dans l'année, deux ou trois. Ce jour-là, celui qui n'est pas trop malheureux risque de tuer un faisan ou deux.

Après, si on veut y mettre le prix, il y a des chasses à la journée. Il y en a dans la région, on n'a pas besoin d'aller bien loin : à Lamanon, près de Salon, à Roquerousse, à Mas-Thibert. C'est assez coûteux. Là, il y a des gibiers, puis on est assurés de quelque chose. Seulement c'est assez coûteux parce que les gens qui organisent ça sont aussi restaurateurs. On y va par équipe à des chasses comme ça, on sait qu'il y a le petit déjeuner et le dîner compris. Il y a un

1. Du provençal *escagassa*, « aplatir », « écraser ».

nombre déterminé de gibier. S'ils lâchent quatre faisans par personne, ils sont toujours morts le soir, et l'équipe partage. Je crois que le minimum, c'est quatre, on peut aller jusqu'à six. Il y a un peu de gibier sédentaire, mais il ne doit pas en rester beaucoup. Seulement, le minimum de ces journées, ça doit être cinq cents francs par personne. Mais c'est le vrai carnage : pendant qu'on casse la croûte, le matin, le garde-chasse va lâcher le gibier, et quand on démarre, c'est les pétarades à plus en finir. Il y a même de quoi avoir peur parce que les faisans s'envolent un peu de tous les côtés, et je me demande comment il n'arrive pas plus d'accidents. Moi, j'y suis allé une fois ou deux, parce que j'ai eu l'occasion, mais ça ne me plaît pas tellement.

À l'époque où on tuait quatre ou cinq lapins, il fallait les bouffer assez vite, on mangeait un peu plus de viande pendant quelques jours. Maintenant, avec le congélateur, on les conserve... Mais on ne peut plus manger des brochettes de grives, on n'en attrape pas beaucoup. Pour manger une brochette, il fallait quand même en attraper quelques-unes. Il fut un temps où en quelques jours, si on s'y intéressait tous les jours, on arrivait à faire une brochette. Parce que pour faire une brochette, il faut au moins une douzaine de grives, avec au moins encore une douzaine de petits gibiers pour mettre tout autour, des rouges-gorges, ne parlons pas des moineaux et des pinsons, ça c'est pas fameux. La grive, ça se chasse, le reste, ça se braconne. Le rouge-gorge, il y en a qui en mangent des brochettes, il y en a des rouges-gorges.

Ici, on a connu des gens qui étaient braconniers de profession. Il y avait une équipe qui était réputée, à Salon. Il paraît, ça doit être vrai, que le garde de la Fédération les avait piqués et ça leur avait coûté assez cher. Et ils lui avaient promis que, si un jour il venait encore à les emmerder, il aurait des ennuis. Il leur est retombé dessus un jour, ils étaient en train de ramasser des lapins au collet. Ils en ont écorché un, il paraît, et ils lui ont fait avaler les tripes, ils les lui ont fait manger sur place, ça ne devait pas être bien bon, mais[1]... Dans le village, on n'a jamais connu trop de braconniers. Il y en avait quelques-uns qui braconnaient un peu plus que d'autres, mais pas beaucoup.

La plupart des gens n'osent plus manger les lapins, à cause de la myxomatose... Moi, je ne les mange pas volontiers. Cette année j'ai fait l'ouverture, et le premier lapin que j'ai tiré, le chien me l'a ramené, il avait des gros yeux pleins de pus, je l'ai jeté. Puis je n'en ai plus tué, un peu parce que je n'y vais pas, mais si j'en tuais un, je me demande ce que j'en ferais. Plus tard dans l'hiver, c'est moins grave, parce que dès qu'il a fait un peu froid, la myxomatose disparaît...

Dans la Crau, les lapins sont plus gras, ils mangent dans les prés, mais ils n'ont pas le même goût. Dans la colline, en ne mangeant que du thym et du romarin, ils sont parfumés naturellement. Le bouquet garni, il n'y a pas besoin qu'il soit gros, dans le plat, ils sont beaucoup plus goûteux. Maintenant je crois qu'il y a plus de lapins dans les prés de Crau qu'en colline. Je ne sais pas si ça tient à la sécheresse de ces dernières années, peut-être, ou si c'est parce que le lièvre a presque disparu de la Crau, je ne sais pas...

1. Ce scénario est à rapprocher du n° 1529A* de la classification internationale du conte.

Et le progrès arriva

Le progrès, je crois qu'il est arrivé trop vite pour nous! C'est venu vite! Une fois la guerre finie, on a commencé à voir des automobiles, des tracteurs agricoles. Quand j'étais petit, je n'ai connu qu'une seule ferme qui avait un tracteur, il paraît qu'ils en avaient un avec les roues en fer mais je ne l'ai jamais vu fonctionner. Ils avaient un tracteur avec les roues à pneu, mais qui n'avait rien à voir avec ceux d'aujourd'hui, c'était un tracteur juste pour tracter quelque chose, pas pour les engins portés, ça on ne connaissait pas. Et le progrès, quand il a commencé à venir, c'était formidable! En un rien de temps il y a eu des véhicules. Pendant la guerre, il y avait un vieux camion Ford qui fonctionnait dans le village, qui servait à aller chercher le ravitaillement pour tout le monde et qui marchait au gazogène. Ça marchait comme ça voulait! Ça n'était pas parfait quand même!

Et en rien de temps, la guerre finie, on a vu des véhicules, il me semble que c'est allé vite vite. Maintenant, on s'aperçoit que ça va trop vite, c'est sûr, tout le monde se plaint : « Le progrès nous tuera, le progrès a tout détraqué, il n'y a plus de saison! » Dès qu'il pleut un peu trop, on dit que c'est la faute aux missiles que les Russes et les Américains ont envoyés, mais les Français en ont envoyé aussi, il n'y a pas que les Russes et les Américains! Mais enfin, « c'est la faute à tout ça ». Alors que, ma foi, ça doit être plus ou moins vrai! Quand ça a commencé, on l'a entendu ça : « Ça va détraquer le temps... » Aujourd'hui, on dit que ça l'a détraqué. Je n'en pense pas grand bien, moi, de ces fusées, de tout ce bazar, je suis persuadé qu'on aurait bien autre chose à faire, parce que finalement c'est pour quoi? Pour la gloire, pour se défendre, pour se défendre contre qui, contre quoi? C'est sûr : c'est un côté du progrès dont, à mon avis, on pourrait se passer. Mais il y a beaucoup de choses qui ont du bon quand même.

Quand on entend dire, quand on parle d'autrefois, que les vieux parlent de leur jeune temps : « Autrefois, ça n'était pas pareil », je crois qu'on en rajoute toujours un peu. « Autrefois, nous, quand on était jeunes, on faisait ceci, on faisait cela... » On voudrait faire croire aux jeunes qu'on leur était supérieurs. On en rajoute, là, parce qu'on ne valait ni plus ni moins que ce que valent les jeunes maintenant. C'est sûr, c'était plus dur, la vie. Mais les jeunes, on leur gueule après, pourtant si on était nés maintenant on ferait comme eux, et s'ils étaient nés à notre époque ils auraient fait comme nous. Quand on dit : « On travaillait dur, nous... » Oui, c'est vrai, c'est vrai, mais s'ils étaient nés à cette époque-là, ils auraient travaillé comme nous, ils auraient fait la même chose. Il y aurait beaucoup à dire là-dessus parce que, finalement, aujourd'hui, les jeunes, c'est la crise pour eux, il est difficile pour eux de trouver du travail. Est-ce que c'est de leur faute? Peut-être de la nôtre aussi. On pousse un peu trop, avec ces choses-là, on fait tout comme « autrefois ». Il y a des fois où ça fait rigoler...

Maintenant, la mode, c'est d'aller dans des restaurants où on mange les grillades au feu de bois « comme autrefois », et tout « comme autrefois ». C'est facile, de dire qu'autrefois c'était mieux et qu'on vivait bien... Ça n'était pas la même époque, c'est sûr, mais quand même, le jour où on a inventé l'électricité, autrefois il y avait la bougie, puis la lampe à pétrole. L'électricité, ça a été quelque chose! Autrefois, on ne l'avait pas, maintenant on l'a et je ne vois pas comment on vivrait sans. Quand quelqu'un tuait un agneau dans le village, il fallait vite qu'il en donne un morceau aux amis ou qu'il vende le reste... On ne pouvait pas le conserver! Maintenant, on a un réfrigérateur et on boit de l'eau bien glacée, et on dit que celle qu'on tirait du puits était meilleure... Je veux dire par là qu'il y a du vrai quand les anciens râlent, disent qu'autrefois on vivait mieux... Mais il y a un peu de vrai et puis il y a beaucoup de pas vrai, parce qu'il y a des choses qui ont du bon.

S'il fallait refaire comme autrefois, s'il fallait repartir à pied pour aller au village voisin faire des courses quelquefois! Il n'y a qu'à passer devant le café, le soir, il y a des gens qui habitent à beaucoup moins de cinq cents mètres et qui prennent l'apéritif mais ils sont venus avec leur voiture, ils ne sont pas venus à pied. Alors, finalement, on exagère un peu. Quand on veut aller un peu loin, la voiture, c'est commode. Le progrès nous dépasse, mais quand on a commencé à progresser, c'était beau après la guerre! Quand ça a commencé, c'était beau... Par exemple, moi, avant d'avoir une voiture, il m'a fallu longtemps, mais dans le village, entre jeunes, il y en avait toujours assez qui avaient une voiture. Ceux qui n'en avaient pas participaient aux frais chaque fois qu'on partait, car celui qui avait une voiture ne partait pas tout seul! Ça n'était pas comme maintenant. Aujourd'hui, la voiture est assurée pour quatre personnes, on y va quatre dedans et il ne faut pas monter cinq, il faut mettre la ceinture... Nous, on montait à sept ou huit et la ceinture, on ne savait pas ce que c'était, à part celle qu'on avait pour tenir le pantalon parce qu'on ne mettait déjà plus les bretelles! Les bretelles, je les avais encore quand on allait à l'école, mais après, on ne les avait plus mises. Et voilà... Avoir une voiture, quand on savait qu'il y avait un bal quelque part, c'était quand même mieux que de partir avec la bicyclette, surtout qu'on avait des mauvaises bicyclettes.

Puis tout un tas de choses. Les fêtes ont pris beaucoup plus d'ampleur. Dans les fêtes au village, les forains, on ne savait pas ce que c'était quand on était petits, il n'y en avait point, ils ne venaient pas. Les minots, on n'avait pas des sous, ça n'était pas la peine qu'ils viennent. Les fêtes après la guerre, c'était déjà mieux. C'est vrai qu'à ce moment-là, c'était beau parce que ça devenait mieux, et maintenant on exagère! Sous prétexte de faire des fêtes pour faire revivre les traditions, je crois qu'on va plus vite que ce qu'on devrait et les intentions des organisateurs ne sont pas toujours bien... On dit que c'est pour faire revivre les traditions, et en fait on pense surtout à attirer beaucoup de touristes. Mais quand on a commencé à se sentir mieux, c'était bien! C'était bien...

Quand il fallait aller chercher l'eau fraîche au lavoir, ceux qui n'avaient pas de puits... Selon où on habitait elle était loin, la fontaine! Il n'y avait que quatre fontaines dans le village. Il y avait le grand lavoir, la fontaine Pointue, celle en face le bar qu'on l'appelait la fontaine Cocotte, et celle devant le bureau de tabac où on allait piquer des bouteilles de limonade quand on était petits, ou même un peu plus grands. Il y a un arrêt de bus à la place. On l'appelait la fontaine Garonne. Garonne, ça n'avait rien à voir avec le fleuve qui va se jeter à Bordeaux, ça ne vient pas de Garonne, ça vient de *garoun*, en provençal. Un *garoun*, chez les volatiles, c'est un perdreau mâle, et dans le village on désigne par le mot *garoun* un coureur de jupons, si on veut. C'est quelque chose comme ça! Alors ça doit venir de là. Enfin il y avait quatre fontaines.

Il y en avait quatre, mais ça s'est vite dégradé. Avant qu'on ait l'eau au robinet, celle en face le bar s'était mise à ne plus couler, ça n'était pas qu'elle s'était tarie, c'était les canalisations. L'eau venait des Alpilles, à ce moment-là, d'une source. Les Alpilles, c'est connu, c'est un massif calcaire, l'eau est très calcaire et les canalisations, insensiblement, se sont presque bouchées. Il n'en venait plus de la source parce que c'était tout bouché! Si on refaisait toutes les canalisations, on pourrait toujours faire venir l'eau! La source, qu'on appelle la *font Paradis*[1], y est toujours. Et là, le progrès, ça a été les réfrigérateurs! On n'avait plus besoin d'aller chercher de l'eau fraîche. Parce que la fontaine,

1. Source Paradis.

c'était bien beau, l'eau était fraîche, mais le temps d'arriver à la maison il ne fallait pas trop que ce soit loin et trop discuter en route, parce qu'en arrivant elle n'était déjà plus fraîche. Et puis, en plein été, une heure après qu'elle soit à la maison, c'était fini. Aujourd'hui, on n'a qu'à ouvrir le Frigidaire. Et on le trouvait beau tout ça les premiers temps qu'on l'a vu!

On a mis l'eau au robinet à Aureille dans les années soixante. C'était bien, parce qu'on a eu des années terribles, les dernières années, l'eau n'arrivait presque plus. Les principaux ennuis venaient du calcaire qui finissait par boucher tous les tuyaux! Après, il y a eu une année de forte sécheresse, en 53, ça n'est pas vieux. On partait d'Aureille avec un camion-citerne chercher de l'eau à Eyguières, à sept kilomètres. Eux avaient de l'eau, pas mal. Ils avaient des sources, dans les puits ils avaient de l'eau parce que le canal de la vallée des Baux passait déjà et il passe au nord du village à Eyguières, de même qu'à Mouriès, pour citer nos deux villages voisins qui sont dans les Alpilles aussi. Alors que nous, le canal est très loin au sud. Un canal au nord du village, vu que les villages sont à la limite de la Crau et des Alpilles, ça alimente les puits qui sont au sud.

Je crois que c'est dans les années soixante qu'on a mis l'eau dans le village, dans toutes les maisons. Le forage fait, on a fait un château d'eau et amené l'eau de la nappe phréatique de la Crau, et tout le monde avait l'eau dans la maison. Ça n'a pas fait comme l'électricité. L'électricité, je ne m'en souviens pas, c'était bien avant, mais quand j'étais petit, beaucoup de fermes n'avaient pas l'électricité. Il y avait l'électricité au cœur du village, puis pour tout ce qui était un peu isolé c'était assez compliqué... Il faut avoir habité un village comme le nôtre, il faut y avoir vécu avant qu'on amène l'eau de la Crau pour savoir ce que c'était... Quand on y pense... Moi, quand je pense à ça, je me dis toujours que Pagnol, quand il a écrit *L'Eau des collines*, savait ce qu'il voulait dire, il avait dû en souffrir, de l'eau.

Les dernières années, on avait tout juste de l'eau pour

boire et se laver. Alors que maintenant, d'abord il n'y a plus besoin d'aller chercher l'eau au lavoir, et puis il y a un peu de verdure autour du village, il y a des arbres... On sème des pelouses devant les maisons. C'est une chose qui ne m'a jamais inspiré, c'est gaspiller l'eau, je crois, mais c'est une question de point de vue. Ça tient peut-être à ce que je n'ai toujours vu que des chevaux, des taureaux, et la pelouse ils ne la mangent pas, on voit plutôt un pré qu'une pelouse. Mais enfin, ça fait quand même pas mal, c'est vert.

À propos d'électricité, j'ai entendu raconter une histoire, il paraît qu'elle est vraie! Des jeunes mariés du village étaient partis quelques jours en voyage de noces. On n'allait pas bien loin, à l'époque, puis ils ne devaient pas avoir de grands moyens. C'était bien avant qu'il y ait l'électricité au village, mais elle existait déjà, dans les villes il y en avait quand même. Et ils étaient arrivés à l'hôtel. On les a conduits à leur chambre, et le garçon qui les a menés a dû éclairer, mais ils n'ont pas vu qu'il avait appuyé sur un bouton. Et comme eux s'éclairaient toujours à la bougie ou à la lampe à pétrole, quand ils ont voulu dormir et éteindre cette ampoule qu'ils voyaient au plafond, ils ne savaient pas comment faire! Il paraît qu'ils ont essayé de l'éteindre avec le tablier, avec un chiffon, ou en soufflant dessus! Et ça ne voulait jamais s'éteindre! Ce sont eux qui l'ont raconté quand ils sont retournés. « *Sian jamai arriva a l'amoussa*[1] *!* » Ils ont passé la nuit comme ça, quand on est nouveaux mariés, on s'en fout. Mais le lendemain, ils ont demandé quand même. « Il fallait appuyer sur ce bouton là! *– A! Se nous l'avias di, aurian quicha sus lou boutoun, maï l'avian meme pas vis! Èro darrié la porto*[2] *!* »

C'est comme le chemin de fer. Dans la Crau, il est passé au milieu du siècle dernier, mais il n'est arrivé au village que vers la fin du siècle. Il a eu une très grande importance,

1. « Nous ne sommes jamais arrivés à l'éteindre! »

2. « Ah! Si vous nous l'aviez dit, nous aurions appuyé sur le bouton, mais nous ne l'avions même pas vu! Il était derrière la porte! » Cette histoire est attestée par plusieurs versions dans la flopée des créations narratives relatives au progrès.

autant pour le transport des marchandises que pour celui des personnes. Et le premier train qui est passé a certainement eu beaucoup plus de succès que le premier homme qui a marché sur la lune – pour les Aureillois bien sûr! Tout le village avait tenu à assister à l'événement. Même les impotents avaient fait le voyage jusqu'à la gare, qui est à cinq cents mètres du village, poussés sur des brouettes! Le long du chemin, tout le monde se demandait : « *Saupre se siblara ?* » – Savoir s'il sifflera? C'était une chose, que le train siffle!

Des jeunes mariés, encore, partaient en voyage de noces avec le train et, bien sûr, ils ne voulaient pas dévoiler leur destination, mais même pas au chef de gare! Celui-ci eut toutes les peines du monde à leur faire comprendre qu'il ne pouvait pas leur délivrer un billet sans destination, pour une question de prix. Ils disaient : « *Pagaren, mai saubrés pas mounte anan*[1] *!* » Finalement, les choses s'étaient arrangées : ils avaient pris leur billet jusqu'au village voisin, et le complément du parcours dans ce village, incognito[2]...

Avant les Mobylettes, on avait eu les Vélosolex. Le premier qui a acheté un Vélosolex, on le lui avait amené, et on lui avait bien expliqué comment ça marchait. Pour démarrer, ça avait bien démarré! Il était tout heureux, avec son Vélosolex! Couillon : *uno bicicleto que marcho souleto*[3] *!* Il était content. Puis il est allé faire un tour un peu loin du village pour l'essayer et, arrivé devant chez lui, il a commencé à se demander comment on faisait pour l'arrêter, il ne s'en souvenait pas bien. Pas loin de chez lui il y avait une grande place, devant l'église. Il y a le monument aux morts. Maintenant il y a moins d'espace parce qu'on a planté des arbres; avant il y avait la place pour jouer aux boules, et aujourd'hui on ne peut plus. Mais là, il y avait beaucoup de place, alors il faisait le tour du monument avec son Solex. Il y en a qui le regardaient et qui se disaient : « Mais à quoi il

1. « Nous paierons, mais vous ne saurez pas où l'on va! »
2. Ce scénario est traditionnel. L'apparition du chemin de fer a donné lieu à une multitude de facéties narratives.
3. « Une bicyclette qui marche toute seule! »

joue? » Il ne pouvait pas s'arrêter! Enfin il s'était arrêté assez vite parce qu'il y avait une grille en fer forgé autour du monument, et il avait fini par faire une fausse manœuvre et rentrer dans la grille. Alors, forcément, il s'était arrêté!... Puis il en avait vite pris l'habitude... Ces Vélosolex, c'était quelque chose de formidable pour les vieux! Une bicyclette qui marchait toute seule! Il n'y avait qu'à pédaler un peu pour la faire démarrer.

Le même qui avait acheté ce Vélosolex, il était un peu farceur, et un jour il descend à Mouriès en vélo. Il arrive à l'heure de l'apéritif, et à cette époque-là on avait une façon spéciale de descendre de bicyclette, même les gens âgés. Aujourd'hui, le gars qui roule à vélo, il s'arrête, il freine, il met un pied par terre, il descend. Bon : les freins marchaient comme ils voulaient, des fois, il fallait freiner un peu avec le pied... Et on descendait en marche presque, si on peut dire. Le vélo roulait encore, on sautait par terre, on y courait à côté. Je l'ai toujours vu faire ça, je ne sais pas pourquoi on descendait comme ça. Lui arrive à Mouriès, et à l'heure de l'apéro il y avait beaucoup de monde devant le bistrot, à la terrasse. Arrivé à la terrasse, il descend et quelque chose n'a pas bien fonctionné, il s'est cassé la gueule, en plein devant le bistrot. Les autres en ont profité pour rigoler, ça c'est sûr! C'est ce qu'on fait en pareil cas. Il se relève et, de la colère, il dit, en provençal : « *De qu'avès a rigoula? À Auriho, davalan coumo acò*[1] *!* »

Et le téléphone, ça n'a pas été un progrès? De nos jours on en abuse, c'est même presque périmé! On a le Minitel, c'est plus vite fait pour trouver quelque chose. Autrefois, je me souviens qu'il fallait aller téléphoner à la poste, il n'y avait qu'un téléphone dans le village. Il n'y avait guère plus de trois cents habitants, mais ça ne fait rien. Puis il y en avait un, à la mairie, et ça a duré longtemps, il a fallu attendre les années après la guerre pour que ça se développe... Après, ça

1. « Qu'est-ce que vous avez à rigoler? À Aureille, on descend comme ça! » Cette histoire, ainsi que la précédente, est attestée comme traditionnelle par diverses versions.

est allé vite, il y en a eu n'importe où. Les premiers qui ont eu un téléphone, on n'allait plus téléphoner à la poste, on allait chez le voisin. Parce qu'à la poste, c'était encore tout un problème! À partir du moment où il n'y en avait pas de téléphone, on ne savait pas téléphoner. Celui qui voulait téléphoner, pas neuf fois sur dix, mais on pourrait presque dire quatre-vingt-dix-neuf fois sur cent, il fallait que ce soit le préposé aux PTT qui téléphone! On lui disait ce qu'on voulait dire, puis voilà!...

On ne parlait pas beaucoup provençal au téléphone. Je connais beaucoup de gens avec qui j'ai toujours parlé le provençal et je parle le provençal au téléphone, mais c'est vrai que des gens qui avaient l'habitude de parler plus le provençal que le français, dans le village, eh bien quand ils téléphonaient parlaient français. Ils devaient croire que c'était trop moderne pour parler le provençal! Et même maintenant. Je connais beaucoup de gens, il en reste pas mal dans le village, avec qui il me semblerait impensable de discuter, dans la rue, au café, chez eux ou chez moi, quand on se rencontre, autrement qu'en provençal. Il ne me viendrait pas à l'idée de parler le français, on a toujours parlé le provençal et on continue. Et beaucoup de ces gens-là, quand ils me téléphonent, me parlent français. Peut-être que ça doit m'arriver aussi. On doit imaginer que ça ne passe pas. Ça doit passer quand même, mais... Parce qu'il y en a un qui avait vu un nœud à un fil, une fois, et il avait dit : « *Dèu pas marcha lou telefone, an fa un nous au fièu*[1] *!* »

Et puis il y a eu la télévision! C'est venu encore après. Ça n'est peut-être pas la plus belle invention qu'on ait faite, c'est beau quand même, mais on s'en rend victime. Alors c'est nous qui avons tort. Je ne parle pas pour moi, je n'en suis pas victime, je m'en fous royalement. Pour les informations, je lis les journaux, et pour le reste je ne la regarde pas souvent. Mais quand c'est arrivé, c'était important! La première, il y en a eu une, bien sûr, puis il y en a vite eu pas mal, mais pas mal ça veut dire peut-être une demi-douzaine.

1. « Il ne doit pas marcher, le téléphone, ils ont fait un nœud au fil! »

Avant que ça soit généralisé il a fallu attendre bien quelques années. Ah! Quand il y avait un match de football important, celui qui avait une télévision avait droit à tous les voisins. Il fallait qu'il sorte des chaises nouvelles, même il y en a qui apportaient leur chaise parce que si ça se trouve, il n'y en avait pas assez!

Je me souviens de la Coupe du monde en 58, je crois que c'était en Norvège. On avait l'équipe de Reims qui était dans ses beaux jours. J'allais chez mon voisin voir le football, il avait assez la passion, et il y avait du monde! Il fallait qu'il pousse la table dans un coin, c'était quelque chose! Puis, après, tout le monde en a eu, et maintenant on exagère. Surtout quand j'entends parler de feuilleton! On voit des gens, on est en train de discuter, et : « Oh! il faut vite aller à la maison! Ça va être l'heure de ça », ou de je ne sais quoi! Moi je n'en suis pas victime et je suis bien content. Mais quand les premières sont arrivées, on trouvait que le progrès avait du bon.

Même maintenant. On gueule bien après un tas de choses, on dit bien « comme autrefois », mais s'il fallait y revenir, à autrefois! S'il fallait faire tout ce qu'on a fait! Non, il vaut mieux rester avec le progrès même si des fois ça nous dépasse un peu, si ça nous rend un peu niais... Autrefois, quand je faisais du charbon, qu'il fallait rester une semaine dans la colline et qu'on avait de l'eau juste pour boire, quand même, c'est aussi bien maintenant, avec l'eau au robinet et la douche! Sûr, ça ne nous manquait pas, puisqu'on ne le savait pas! On ne savait pas que tout le reste viendrait! Aussi, quand c'est arrivé, tout était beau. Maintenant, on se lamente un peu, mais je crois que s'il fallait y revenir... D'abord on ne peut pas, ça n'est pas possible, ça n'est pas la peine d'en parler.

C'est sûr qu'à l'époque où on a fait la route d'Aureille à Mouriès, par exemple, je ne sais pas si c'est un truc qu'on raconte ou si c'est vrai, mais enfin, à ce moment-là, il n'y avait pas encore le progrès. Il devait bien y avoir des ingénieurs, parce qu'on faisait déjà pas mal de choses. Mais il paraît que pour des routes comme ça, qui vont d'un village à l'autre (on en parle surtout pour celle qui va d'Aureille à Mouriès, en passant par les vergers d'oliviers au pied des Alpilles), à cette époque on ne se cassait pas la tête pour faire le tracé. On allait chercher un âne, on prenait un âne dans un village, par exemple on prenait un âne de Mouriès et on l'amenait à Aureille, on le laissait un jour sans manger, et puis le lendemain ceux qui faisaient office de géomètres partaient avec des brassées de piquets à la main, un marteau, et on lâchait l'âne. On savait que l'âne allait retourner directement chez lui. Parce que personne n'était d'accord pour le tracé de la route, personne ne voulait que ça passe chez lui. Ça n'a guère changé, maintenant, mais enfin à cette époque il paraît que c'était encore pire. Alors on se disait : « On lâche l'âne, on le suit, et partout où il passera, on plantera des piquets. Comme ça la route sera droite, il n'y aura pas de problèmes, personne ne pourra rouspéter, c'est l'âne qui l'aura décidé. »

Seulement voilà : cette route est pleine de virages! Parce que tous ceux qui savaient où l'âne allait passer, à quelque chose près, et qui avaient un verger d'oliviers ou autre chose, étaient au coin de leur verger avec un gourdin, et dès qu'ils voyaient arriver le bourricot, ils se montraient avec le gourdin à la main. Et le bourricot, bien entendu, bifurquait, le gourdin ça ne lui plaisait pas. Un peu plus loin, il y en avait un autre, alors il bifurquait de l'autre côté. Ce qui fait qu'au lieu d'avoir une route bien droite, on a une route toute tordue! Pleine de virages! Et finalement, cette route est magnifique pour aller jusqu'à Mouriès! D'ailleurs, elle fait partie d'une des routes de l'Olivier qui ont été mises en valeur il n'y a pas longtemps. L'âne était arrivé chez lui mais il avait dû faire deux ou trois kilomètres de plus que ce qu'il fallait. Ça augmente un peu les distances, ça permet à ceux qui veulent aller à pied de prendre des raccourcis.

Sinon, il y a des choses qui ont disparu aussi. Le progrès, il y a différentes façons de le voir. Par exemple, il y a eu le « progrès » quand on a démoli les cheminées dans les maisons. Autrefois, quand j'étais petit, toutes les maisons du village avaient leur cheminée, et elles ne fumaient pas. Maintenant, il y a tout un tas de systèmes récupérateurs de chaleur qui empêchent que ça fume. Autrefois, elles ne fumaient pas, forcément, il y avait la chatière à la porte qui donnait de l'air frais, il y avait les fenêtres qui jointaient plus ou moins bien, et on se chauffait comme on pouvait. Savoir si c'était aussi bien? Ceux qui ont le chauffage électrique aujourd'hui ne se chauffent pas tellement mal! Il y a eu les cuisinières à bois, puis on s'est un peu plus modernisés.

Quand il a commencé à y avoir un peu moins de bois, on achetait du charbon, c'était plus vite fait. Puis il y a eu les poêles à mazout, les cuisinières aussi, là on se cassait encore moins la tête, il n'y avait plus besoin de se salir ni de scier du bois. Et puis, quand on en a eu assez de se moderniser, on a commencé à parler de faire « comme autrefois ». Alors on a commencé à refaire des cheminées, maintenant c'est la mode. Tous ceux qui font une nouvelle maison ont une cheminée. Mais ça ne durera pas. Parce que tout le monde a voulu une cheminée, mais une vraie cheminée, c'est-à-dire avec le feu ouvert sur le devant, ça consomme beaucoup de bois, et il est cher, le bois, de nos jours.

Les animaux dans le village ont disparu par force. Ça faisait bien : tout le monde allait faire boire son mulet ou son cheval à la fontaine. Mais ils ont disparu parce qu'il y a eu les tracteurs, et c'était quand même plus vite fait de verser du gasoil ou de l'essence (les premiers tracteurs marchaient à l'essence, maintenant ils sont tous diesel) que de nourrir les animaux. Ça avait son charme. Tous les soirs, quand les petits troupeaux rentraient dans le village, les enfants étaient contents, on regardait ça, ils caguaient[1] partout, ça entraînait le crottin partout dans les maisons, mais ça n'était pas grave. Ça a bien été obligé de disparaître. Maintenant, on élève des animaux à la campagne seulement. À la campagne : pas dans les villages, dans les fermes. Parce qu'autrefois, dans les villages, c'était la campagne.

1. Français régional, du provençal *caga*, « déféquer ».

On voyait les chiens dans les rues. Les chiens ne savaient pas ce que c'était, d'être attachés. Je n'ai jamais vu des chiens attachés quand j'étais minot, à part qu'ils soient trop méchants. Ils étaient dans la rue, ils pissaient contre toutes les portes, on trouvait ça normal. Les poules aussi se promenaient dans la rue, ceux qui avaient des poules ne les tenaient pas enfermées. De nos jours, sûrement, à les laisser courir dans la rue on ne ramasserait pas beaucoup d'œufs! Il s'en ferait écraser pas mal. Ça arrivait. Je me souviens qu'à bicyclette on pouvait rentrer dans une poule. Et même quand il y a eu les voitures, il y avait encore de la volaille en liberté, mais ça a vite disparu. Au fur et à mesure que le nombre de voitures a augmenté, les poules ont diminué, puis désormais il n'y a plus que dans les fermes qu'on peut les laisser en liberté, et encore il leur arrive des accidents. Il y avait des chiens de chasse, aussi, qui promenaient dans la rue, mais ils ne disaient rien aux poules. Parce qu'à partir du moment où les bêtes sont habituées à vivre ensemble...

Les puits n'ont pas disparu, ils y sont toujours, mais il y en a beaucoup dont l'eau n'est pas bonne. De toute manière, là, c'est le progrès. Parce qu'il y a deux versions sur la qualité de l'eau des puits. Beaucoup de puits dans le village n'ont plus d'eau bonne à boire, elle n'est plus potable. Certains disent que c'est à cause des détergents ou de tous ces trucs dont on se sert pour faire la lessive. Avant qu'il y ait le tout-à-l'égout, ça coulait dans les rigoles, alors on dit que c'est ça qui a pollué les puits. Mais je crois que s'ils se sont pollués, c'est qu'on a cessé de tirer de l'eau, c'est surtout ça : l'eau ne se renouvelle pas. Maintenant, on a de la facilité, on peut mettre des pompes pour l'eau, seulement on a l'eau au robinet, alors on n'y pense plus, on les abandonne. Autrefois, on ne tirait l'eau rien qu'avec le seau, seulement on en tirait tellement! Il en fallait! Pour se laver, faire la lessive, la vaisselle, pour faire boire les animaux. Ce n'est pas tout le monde qui allait à la fontaine. Ceux qui avaient la chance d'avoir une maison là où on pouvait avoir un puits... Parce qu'il n'y a qu'un quartier bien distinct où il y a des puits, c'est tout l'ouest du village, le long du gaudre.

Les veillées, forcément, ont disparu depuis qu'on a la télévision. Au moment où la télévision est arrivée, qu'il n'y en avait que quelques-unes, tout le monde se rassemblait chez ceux qui en avaient une pour aller la voir. Mais ça n'était plus une veillée : il ne fallait pas parler! Alors on s'assoyait, on écoutait, on regardait. Les veillées, on ne peut plus en faire. On dit qu'on n'a pas le temps, alors qu'en fait... Moi, j'ai fait partie de ceux-là, j'ai dû le dire, toute ma vie j'ai dû dire que je n'avais pas le temps. Et là, depuis quelques années, depuis que j'ai la retraite, je me suis aperçu que le temps, c'est la seule chose que j'ai eu à volonté dans ma vie. De l'argent, j'en ai pas toujours eu quand j'en voulais, je n'en ai pas toujours eu à volonté. Toujours suffisamment pour se nourrir, pour s'habiller, pour faire ce qu'on avait à faire, mais enfin... C'est de tout qu'on n'a jamais eu à profusion, alors que du temps, il n'y avait qu'à le prendre, ça ne coûtait rien. Eh bien, on disait qu'on n'avait pas le temps! Je dis « on disait » parce que je parle pour moi. Maintenant je ne le dis plus... Seulement maintenant, c'est trop tard. Je suis trop vieux.

Bibliographie

Les quelques ouvrages ou articles cités ci-dessous, récents dans leur ensemble, ne constituent qu'une bibliographie indicative. Ils permettent de mettre en contexte le témoignage présenté ou d'en éclairer l'un des aspects. La plupart d'entre eux comportent une bibliographie raisonnée à laquelle on se reportera. Les innombrables publications touristiques ainsi que les ouvrages littéraires, dont aucun ne peut être considéré comme représentant fidèlement la vie quotidienne dans l'aire géographique envisagée, n'ont pas été retenus.

AMOURETTI (M.-C.) et COMET (G.), *Le Livre de l'olivier*, Aix-en-Provence, Édisud, 1985.

ARLOT (F), *Aureille*, Marguerittes, Équinoxe, 1994.

BENOIT (F.), *La Provence et le comtat Venaissin*, Paris, 1949 ; rééd. Avignon, Aubanel, 1975.

BERTRAND (R.), BROMBERGER (C.) *et alii*, *Provence*, Paris, Bonneton, 1989.

La Colline. Défi et paradoxe des forêts dans les Bouches-du-Rhône, DDAF/ADEAR, s.l., 1986.

De Crau en Vercors. Une grande transhumance ovine, Drailles, Musée dauphinois, Die, A. Die, 1991.

DUCLOS (J.-C.) et PITT (A.), *L'Homme et le mouton dans l'espace de la transhumance*, Grenoble, Glénat, 1994.

Du dinosaure au cabanon. Approche insolite des patrimoines des Bouches-du-Rhône, Arles, Actes Sud, 1993.

DUPUY (P.), *Cent ans de la Crau des gardians*, s.l., Toros, 1991.

GALTIER (C.), « De la récolte au cassage des amandes en Alpilles et Crau », *Arts et traditions populaires*, Paris, janvier-juin 1969, p. 1-39.

MARTEL (C.), *Le Parler provençal*, Paris, Rivages, 1988.

– *Amandiers, amandes et cassoirs en Haute-Provence, suivi d'un glossaire de l'amande, Les Alpes de lumière*, Mane, 1994, n° 116.

MARTONARA (F.-F.), *Le Mas de Lansac, ou le fantôme de la manade Raoux dans la zone industrielle de Fos*, Aix-en-Provence, Clair Obscur, 1977.

MISTRAL (F.), *Lou Tresor dou Felibrige*, Avignon, 1879-1986; rééd. Aix-en-Provence, Édisud, 1979.

PELEN (J.-N.), « Le Pays d'Arles : sentiments d'appartenance et représentations de l'identité », *Terrain, carnets du patrimoine ethnologique*, Paris, 1985, 5, p. 37-45.

– (dir.), *Le Pays d'Arles par ses gens*, Paris, rapport pour la Mission du patrimoine ethnologique, ministère de la Culture, 1987.

– et MARTEL (C.) dir., *L'Homme et le taureau en Provence et Languedoc*, Grenoble, Glénat, 1990.

PEZET (M.), *Les Alpilles*, Paris, Horizons de France, 1955.

PICON (B.), *L'Espace et le temps en Camargue (essai d'écologie sociale)*, Le Paradou, Actes Sud, 1978.

Table des matières

Cet ouvrage a été réalisé par la
SOCIÉTÉ NOUVELLE FIRMIN-DIDOT
Mesnil-sur-l'Estrée
pour le compte des Éditions Payot
en mai 1995

Imprimé en France

Dépôt légal : mai 1995
N° d'impression : 30481